Gangpferde besser reiten

BIRGIT DRESEL · CHRISTIANE GOHL

Gangpferde besser reiten

TÖLT · WALK · FOXTROTT

KOSMOS

Die 130 Farbfotos im Buch wurden aufgenommen von Gabriele Boiselle: S. 53; Klara Decker: S. 16, 26, 40, 41, 44, 45, 60, 61, 71 li, 75 re, 84, 88, 93 o, 106, 110, 114, 147, 150; Hans D. Dossenbach: S. 14, 54 u, 66, 86, 96, 124, 140, 146 o, 151u; Christiane Gohl: S. 10, 11, 46, 50, 510, 68, 72, 73, 75 li, 76, 77 o, 82, 83, 85 li, 98, 103, 108, 113 u, 120, 121, 127, 137; Igmasen: S. 70 li; Fotostudio Imgenberg: S. 51 u; Gerhard Kapitzke: S. 13 li, 18, 38, 67; Sabine Küpper: S. 52, 59 re, 89; Lother Lenz: S. 19, 20 re, 22, 23, 28, 30, 32, 35, 47 u, 48, 54 o, 56, 57, 59 li, 63, 69, 71 re, 80, 85 re, 87, 92, 93 u, 101, 113 o, 115, 123 li, 131, 135, 139, 145, 148, 155; Ulla Rafail: 77 u, 79; Edgar Schöpal: S. 123 re, 146 u: Christiane Slawik: S. 9, 33, 49, 55, 65, 68, 70 re; Sorrel: 13 re, 20 li, 29, 37, 39, 47 o, 57, 74, 78, 126, 136; Sabine Stuewer: S. 158.

Die Gangdiagramme und Computergrafiken erstellte Cornelia Koller, Schierhorn.

Grundlayout und Umschlaggestaltung von Friedhelm Steinen-Broo, eSTUDIO CALAMAR; Titelbild nach Fotomotiven von Lothar Lenz, Fotos auf der Rückseite von oben: Sabine Küpper, Klara Decker, Hans D. Dossenbach, Lothar Lenz.

Die Deutsche Bibliothek-
CIP-Einheitsaufnahme
Gangpferde besser reiten: Tölt, Walk, Folktrott/ Birgit Dresel; Christine Gohl, – Stuttgart: Kosmos, 1999
ISBN 3-440-07702-0

ISBN 3-440-07702-0
Lektorat: Sigrid Eicher
Printed in Germany / Imprimé en Allemagne
Satz und Herstellung: Die Herstellung, Stuttgart
Repro: Reprographia, Lahr
Druck und buchbinderische Verarbeitung: Westermann Druck Zwickau GmbH, Zwickau

VORWORT

Faszination Gangpferde

Faszination Gangpferde: weich und locker sitzen, während das Pferd lebhaft dahintöltet oder im Walk majestätisch über den Boden gleitet. Neue Bewegungsvarianten entdecken, sich in ganz andersartige Pferderassen und -persönlichkeiten hineindenken – das alles beflügelte die „Entdecker" von Tölt, Walk und Foxtrott und bewog sie dazu, Isländer und Pasos, Mangalarga Marchadores und Tennessee Walker nach Mitteleuropa zu holen und hier weiter zu züchten. Gerade unter Freizeitreitern – von jeher experimentierfreudig und auf der Suche nach Alternativen zum Reiten im konventionellen Verein – fand sich sehr schnell ein Interessentenkreis für die neuen Pferderassen mit den weichen Bewegungen. Insbesondere der Isländer eroberte sich bald einen riesigen Freundeskreis.

Die Nachfrage nach Pferden, aber vor allem nach Unterricht, qualifizierten Trainern und Information über die ungewöhnlichen Bewegungsvarianten konnte zunächst kaum gestillt werden. Insofern beschränkten sich die Angaben zu Tölt, Walk und Foxtrott denn auch oft auf „das ist nun einmal so", „genetisch fixiert", „rassetypisch". Nicht gerade hilfreich für Reiter und Pferd, erst recht, wenn der Viertakt anscheinend auch letzterem ein Buch mit sieben Siegeln war! Inzwischen hat sich zwar besonders im Islandpferdebereich eine umfangreiche Turnier- und Bereiterszene etabliert, aber an der Basis besteht auch heute noch ein starkes Informationsbedürfnis. Bei anderen Gangpferdereitern und -besitzern, die sich mutig der noch „exotischeren" Pferderassen aus Übersee angenommen haben, ist das zum Teil noch stärker der Fall. Wenn die Pferde ihre Viertaktgangarten nicht programmgemäß „von selbst" laufen, bleibt ihrem Besitzer meist nur der Weg zum Profibereiter. Denn auch wenn das Reiten auf Gangpferden überall als kinderleicht hingestellt wird: Allein kommt kaum einer darauf, wie man ihnen Tölt, Walk oder Foxtrott fachgerecht entlockt! Selbst erfahrene Reiter brauchen ein paar Grundinformationen und Wissen um bewegungsphysiologische Zusammenhänge, um die richtige Hilfengebung erahnen zu können. Anfängern fällt es verständlicherweise schon schwer, die Gänge auch nur auseinanderzuhalten. Von gezielter Förderung des Viertaktes sind sie weit entfernt. Andererseits sind aber gerade Anfänger und unsichere Reiter die Zielgruppe für Gangpferdevermarktung: „Reiten wie auf Wolken", „Tölt ohne Ende", „keine große Reiterfahrung erforderlich", „Pferde von Natur aus scheufrei" – all das lockt unerfahrene, ängstliche Reiter, während erfahrene Pferdeleute eher skeptisch werden.

Sehr häufig wird dem Kunden suggeriert, die Veranlagung zu einer Viertaktgangart sei unweigerlich mit anderen Eigenschaften wie Robustheit, Umgänglichkeit und Scheufreiheit gekoppelt. Dressurarbeit, Bahnreiten, Ausbildung für Pferd und Reiter könnten entfallen oder auf ein Minimum reduziert werden. Gangpferdereiten wird auch oft als spezielle „Reitweise" gehandelt, und viele Reiter meinen, es stünde gleichberechtigt neben dem Englischen, Western- oder klassisch-iberischen Reitstil. Vorkenntnisse in einer dieser Reitweisen seien zur Beherrschung des Gangpferdes eher schädlich als notwendig. In Wirklichkeit ist das nicht der Fall. Korrektes Reiten von Viertaktgangarten stellt keine eigene Reitweise, sondern lediglich eine Erweiterung reiterlicher Kenntnisse dar. Man könnte es vielleicht mit dem Reiten von Seitengängen in der Klassischen Dressur vergleichen: Wer die Hilfen zum Geradeausreiten noch nicht kennt, wird kaum ein Pferd ins Schulterherein bringen! Zumindest Grundkenntnisse in einer der gängigen Reitweisen sollten also vorhanden sein, bevor man sich ins Gangpferdereiten einarbeitet. Bei unseren Lesern setzen wir deshalb eine gewisse allgemeine Reiterfahrung voraus. Besonders der praktische Teil beschränkt sich weitgehend auf die Hilfengebung zum Reiten der Viertaktgangarten. Sofern Anreiten und Anhalten eines Pferdes, Lenken und Abfordern von Schritt, Trab und Galopp noch nicht „sitzen", empfehlen wir zunächst die Lektüre allgemeiner Reitlehren[1] sowie ausgiebigen Unterricht. Aber keine Angst: Wenn wir eine Hilfe erwähnen, so erklären wir auch, wie man sie korrekt gibt und warum man es so macht und nicht anders! Insofern können Sie auch als Reiter eines Dreigängers vom praktischen Teil profitieren.

Im theoretischen Teil holen wir zudem etwas weiter aus und vermitteln Neulingen und Fortgeschrittenen ein grundlegendes Wissen über Wesen und Verwandtschaft der verschiedenen Gangarten. Hier werden Sie auch die Lösung der Frage finden, warum wir alle Viertaktgangarten in einem Buch abhandeln und nicht spezielle Reitlehren für Tölt und Walk, Foxtrott oder die verschiedenen rassetypischen Töltvarianten aufstellen. Gangarten existieren nämlich nicht isoliert nebeneinander und sind fein säuberlich trennbar, sondern beeinflussen sich gegenseitig und sind stark von grundlegenden Veranlagungen abhängig. Natürlich wollen wir Ihnen das anschaulich, mit möglichst vielen Beispielen und Vergleichen vermitteln, um die Lektüre sowohl informativ als auch unterhaltsam zu machen.

Die Vorstellung einzelner Gangpferderassen ist kein Schwerpunktthema dieses Buches. Auch dafür gibt es Spezialliteratur[2]. In den jeweiligen Kapiteln beschränken wir uns deshalb weitgehend darauf, die für die jeweilige Rasse typischen oder erwünschten Gangvarianten aufzuzeigen. Wir möchten Ihnen damit Entscheidungshilfen zum Kauf eines Gangpferdes geben und Hintergrundinformationen zu Gangveranlagung und Möglichkeiten, aber auch Problemen der einzelnen Rassen liefern. Das ist uns auch bei den Kapiteln zur Ausrüstung und bei brandheißen Themen wie Gangpferdemanipulation ein wichtiges Anliegen. Wir wollen Ihnen zu einem entspannten, freundlichen Umgang mit Ihrem Gangpferd verhelfen, Ihnen den richtigen Weg zur harmonischen, gemeinsamen Arbeit aufzeigen – aber dabei nicht verschweigen, wie die kürzeren, harten Wege zum Ziel aussehen! Die von außen so sonnige Welt des Gangpferdesports hat ihre Schattenseiten, und nur wer sie kennt, kann für sich und sein Pferd die richtigen Entscheidungen treffen. Kurz und gut: Dieses Buch liefert Information pur. Am Ende möchten wir Sie als kritischen und kundigen Beobachter in die Gangpferdeszene entlassen – und natürlich als sichereren und bewußteren Reiter!

Wir wünschen Ihnen und Ihrem Pferd viel Spaß und Ihnen viele „Aha-Erlebnisse" beim Lesen und Ausprobieren der verschiedenen Tips!

Bitte beachten: Dieses Buch ist chronologisch aufgebaut und nicht wie ein Nachschlagewerk. So können Sie die Kapitel zum Reiten der Viertaktgangarten zum Beispiel nicht hundertprozentig verstehen, wenn Sie die theoretische Einführung nicht kennen. Insofern wäre es sinnvoll, sich etwas Zeit zur Einarbeitung in den Gesamtkomplex „Viertaktgangarten" zu nehmen und sich ausschließlich nicht auf das Kapitel über Ihr spezielles Gangproblem zu beschränken. Lassen Sie auch die Texte zum Walk nicht aus, nur weil Sie einen Tölter besitzen, oder umgekehrt. Viele Informationen über die beiden Gangarten gleichen sich, und es wäre sinnlos, sie in jedem Kapitel zu wiederholen.

---

[1] Zum Beispiel Horst Stern: „So verdient man sich die Sporen" als Einführung in die „Englische Reitweise", Antje Holtappel: „Go West!" für die Freunde des Westernreitens

[2] Zum Beispiel Chr. Gohl: „Pferde und Ponys" als knappe Einführung und Nissen: „Enzyklopädie der Pferderassen" in 3 Bänden als reichhaltige Fundgrube zu Geschichte und Erscheinungsbild verschiedener Pferderassen

1 Alles Viertakt – oder was? Die Gangarten

Die Grundlagen – diagonale und laterale Bewegungsvarianten

Wir Menschen haben es einfach: Als Zweibeiner können wir uns nur vorwärtsbewegen, indem wir das rechte und das linke Bein im Wechsel aufsetzen. Variationen lassen sich hier lediglich mittels Schwung und Temposteigerung einbauen: Wir können gehen, laufen und springen.

Der Vierbeiner hat dagegen erheblich mehr Möglichkeiten, seine Vorwärtsbewegung zu gestalten. Seine Gänge variieren nicht nur nach Geschwindigkeit, sondern auch danach, wie viele Beine in welcher Folge auf den Boden gesetzt werden. Zudem hat jede Gangart ihren eigenen Takt. Er wird danach benannt, wie oft wir das Pferd auftreten hören, bevor sich der Bewegungsablauf wiederholt. Am deutlichsten wird das beim Galopp, einem Dreitakt: Man hört ein deutliches Ta-da-damm, dann folgt eine kurze Pause, während der das Pferd springt, und anschließend wiederholt sich die Tonfolge.

Die Spezialgangarten, mit denen wir uns in diesem Buch schwerpunktmäßig beschäftigen, sind durchweg Viertaktgangarten. Da ein Pferd aber kein Computer ist, bei dem man durch Mausklick vom Programm Trab zum Programm Tölt wechseln kann, müssen wir uns auch die anderen Gänge genau ansehen. Die verschiedenen Bewegungsvariationen stehen in vielfältiger Beziehung zueinander. Nur wenn wir diese Zusammenhänge kennen, können wir unsere Pferde besser verstehen und besser reiten.

Im wesentlichen gibt es zwei Möglichkeiten für einen Vierbeiner, Vorder- und

Laterale Zweibeinstütze

Hinterbeine koordiniert zu bewegen. Zum einen kann er abwechselnd das rechte Vorderbein und das linke Hinterbein und das linke Vorderbein und rechte Hinterbein gemeinsam nach vorn setzen. Damit bewegt er die einander diagonal gegenüberstehenden Beine. Würde man die so entstehenden Hufspuren mit einer Linie verbinden, so entstünde eine Diagonale; zöge man dann noch einen Strich zwischen den beiden in der Luft befindlichen Beinen, so kreuzten sich die beiden Diagonalen in der Mitte. Man nennt diese Bewegungsform deshalb eine diagonale Gangart.

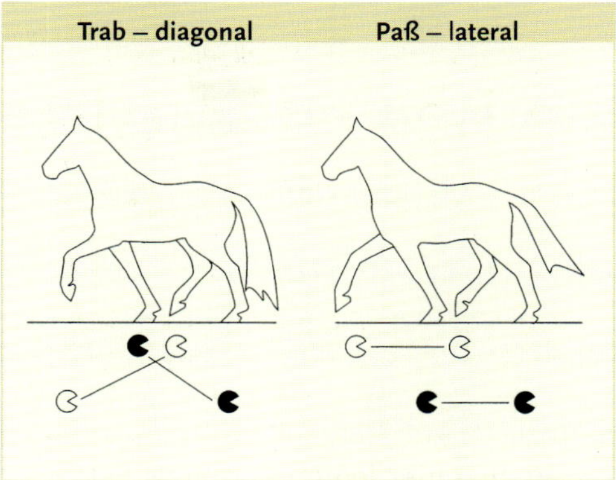

Die zweite Möglichkeit vorwärtszukommen besteht darin, das rechte Vorderbein und das rechte Hinterbein gleichzeitig nach vorn zu bewegen und dann das linke Vorderbein und das linke Hinterbein. Es gehen also die gleichseitigen Beine jeweils gemeinsam vor. Nach dem lateinischen Wort für „seitlich" bezeichnet man diese Gangvariante als lateral. Betrachtet man auch hier wieder die entstehende Fußspur, so hätte man eine gerade Linie in Bewegungsrichtung. Verbindet man im Gangdiagramm die auffußenden Beine durch eine Linie und die in der Luft befindlichen durch eine weitere, so erhält man zwei parallel verlaufende Linien.

Wenn wir uns gleich die Diagramme der verschiedenen Gangarten ansehen, werden wir feststellen, daß Zweitakt- und Dreitaktgangarten jeweils ganz klar der diagonalen oder lateralen Bewegungsvariante zuzurechnen sind. Viertaktgangarten beinhalten dagegen laterale und diagonale Bewegungsphasen.

Diagonale Zweibeinstütze

Der Schritt

Betrachten wir uns das zunächst einmal bei der langsamsten aller Viertaktgangarten, die jedem Pferd zu eigen ist: dem Schritt.

Im Schritt tritt das gut gerittene Pferd mit dem Hinterbein, zum Beispiel mit dem linken Hinterfuß, an. Es steht in dieser ersten Bewegungsphase auf drei Beinen: vorn rechts und links, hinten rechts. Als nächstes hebt das Pferd auch noch den linken Vorderhuf. Es steht jetzt also auf dem rechten Vorderhuf und rechten Hinterhuf gleichzeitig: Wir haben eine laterale Zweibeinstütze. Der linke Hinterhuf setzt nun wieder auf, und das Pferd steht erneut auf drei Beinen: hinten rechts und links, vorn rechts. In der nächsten Bewegungsphase hebt es das rechte Hinterbein – und steht wieder auf zwei Beinen. Diesmal ist es jedoch das linke Hinterbein und das rechte Vorderbein: Wir haben eine diagonale Zweibeinstütze. Im Schritt wechseln diagonale und laterale Bewegungen miteinander ab. Im ruhigen Tempo ist es also jedem Pferd möglich, die gleichseitigen Beine gleichzeitig vorzubringen. Welche Bewegungsform es endgültig bevorzugt, entscheidet sich allerdings erst in den schnelleren Gangarten.

Ausgangspunkt Zweitakt – Trab und Paß

In den meisten Büchern werden Schritt, Trab und Galopp als die Grundgangarten des Pferdes bezeichnet. Tatsächlich gibt es aber noch eine weitere, den Paß. Genau wie beim Trab handelt es sich dabei um eine Zweitaktgangart, zu hören ist ein gleichmäßiges 1-2.

Während der Trab jedoch eine klare diagonale Gangart ist – rechter Vorderfuß und linker Hinterfuß sowie linker Vorderfuß und rechter Hinterfuß gehen gemeinsam vor und fußen auch gleichzeitig auf –, ist der Paß eine ebenso saubere laterale – rechter Vorderfuß und rechter Hinterfuß sowie linker Vorderfuß und linker Hinterfuß gehen gemeinsam vor und fußen gleichzeitig auf. Zwischen dem Auffußen der Beinpaare liegt bei beiden Gangarten eine kurze Schwebephase. Für den Reiter bedeutet das eine gewisse Unbequemlichkeit: Sowohl im Trab als auch im Paß wird er „geworfen".

Trab und Paß sind Gangarten in mittlerer Geschwindigkeit – je nach Veranlagung des Pferdes aber auch stark steigerungsfähig. Es gibt sowohl Renntraber als auch Rennpasser. Betrachtet man nicht nur die Equiden, sondern das gesamte vierfüßige Tierreich, so können beide Gangarten beobachtet werden. In manchen Tiergattungen findet man sowohl Trab- als auch Paßveranlagung, so etwa beim Hund. In anderen scheint Paß nicht vorzukommen. So haben wir zum Beispiel noch nie eine paßgehende Katze gesehen. Überhaupt scheint sich die diagonale Fortbewegungsart beim Vierfüßer eher bewährt zu haben

GANGDIAGRAMM Schritt

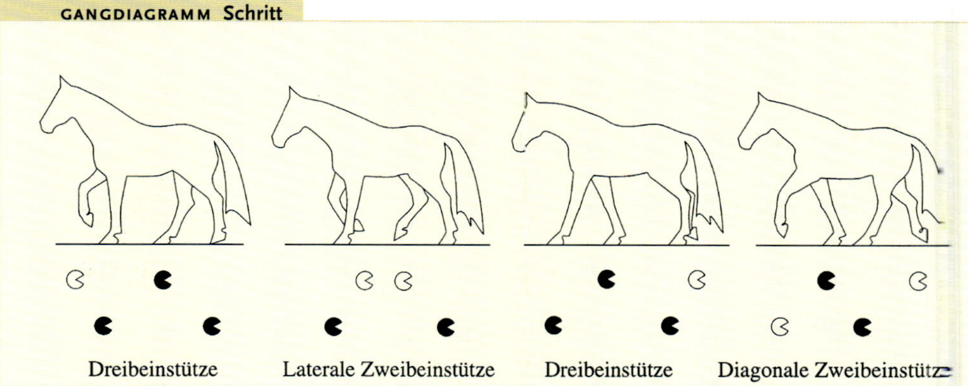

In dieser Trabphase wird der Reiter „geworfen".

Nicht nur Pferde können Paß gehen!

als die laterale. Abgesehen von der Familie der Kamele gibt es kaum reine Paßgänger. Auch in der Pferdepopulation – sowohl in der Gesamtheit aller Rassen als innerhalb der Einzelrassen – dominieren die Traber.

Über die Ursachen dieses Phänomens können wir nur spekulieren. Ein möglicher Grund wäre, daß Paßgänger eher dazu neigen, kopflastig zu laufen. Sie belasten die Vorhand damit stärker als Traber. Insbesondere bei Huftieren, bei denen die Bewegung nicht durch Abrollen der Pfote oder Sohle abgefedert wird, bedingt das einen höheren Verschleiß der vorderen Extremitäten. Dies könnte sich im Verlauf der Evolution nachteilig ausgewirkt haben. Es wäre auch möglich, daß die Neigung zum Vierschlaggalopp, die oft mit der Paßveranlagung einhergeht, die Fluchtgeschwindigkeit einschränkte und Paßgänger damit häufiger Opfer der Raubtiere wurden. Beim Pferd speziell kommt natürlich noch der Eingriff des Menschen hinzu. Schon die ersten Züchter dürften den Traber – oder eben den Tölter oder Walker – dem Paßgänger vorgezogen haben. Wer läßt sich schon gern von rechts nach links durchschütteln, zumal wenn er ohne Sattel auf dem Pferderücken hockt?[3]

[3] Falls Sie nun gerade empört einwenden wollen, Ihr eigenes Pferd ginge aber einen sehr bequemen Paß, so halten sie Ihre Erregung bitte noch ein Weilchen zurück. Ihr Pferd geht dann nämlich mit ziemlicher Sicherheit keinen reinen Paß, sondern Saddlegait, aber darauf kommen wir noch ...

GANGDIAGRAMM Trab

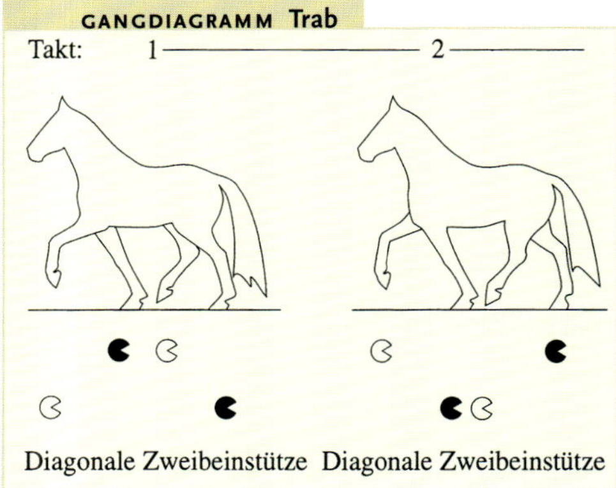

GANGDIAGRAMM Paß

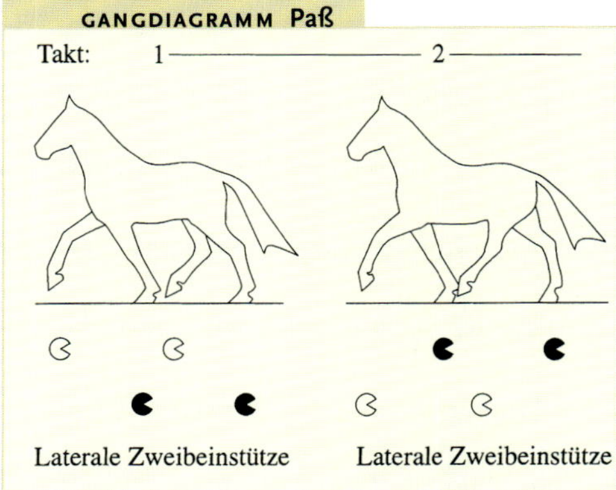

Gelegentlich zeigen auch Barockpferde wie dieser Lusitano Gangveranlagung.

Wie auch immer: Halten wir fest, daß es unter allen uns bekannten Pferderassen keine gibt, bei der Paß die einzige genetisch fixierte mittlere Gangart ist. Bei Individuen innerhalb von Gangpferderassen kommt das zwar vor, aber es ist alles andere als wünschenswert. Wenn ein Pferd nämlich Tölt, Walk oder eine der anderen Viertaktvarianten gehen soll, so muß es grundsätzlich Veranlagung für beide mittlere Grundgangarten mitbringen. Wir werden gleich noch deutlicher machen, warum das so ist. Zunächst aber noch ein paar Worte zur mehr oder weniger starken lateralen Gangveranlagung.

▸ 70 % Tölter?

In Büchern und Zeitschriftenartikeln findet man immer wieder die Behauptung, in 60 bis 70 Prozent aller Pferderassen beziehungsweise Pferdeindividuen stecke eine Töltveranlagung. Hauptsächlich im Zuge der Militarisierung der Reiterei habe man den Pferden die Fähigkeit zu den bequemen Viertaktgangarten weggezüchtet, aber wenn man sich nur richtig bemühe, ließe sich auch heute noch der Tölt in so manchem Dreigänger erwecken.

Diese Behauptung ist nur bedingt richtig. Tatsächlich hat, wie schon gesagt, jedes Pferd, das Schritt gehen kann, eine geringfügige laterale Veranlagung. Von Natur aus gute Schrittgänger bringen etwas mehr davon mit, und man kann sie durch solide Arbeit am Schritt geringfügig fördern. Unter einigen Pferderassen, die wir heute als Dreigänger kennen, hat es früher mit Sicherheit Mehrgänger gegeben. Alte deutsche Reitlehren, bestimmt für den Gebrauch bei der Kavallerie, widmen dem Thema „Wie treibe ich meinem Pferd den Paßgang aus?“ stets mehrere Seiten. Auch hier wurde also Gang herausgezüchtet und herausgeritten. Über die Gründe dafür kann man wieder nur spekulieren. War es wirklich, weil der Viertakt die militärische Ordnung störte? Wer jemals die Sieger diverser Islandpferdemeisterschaften im

Gleichschritt nebeneinander hertölten sah, wird das anzweifeln. Vielleicht war es eher die angestrebte Größe des Soldatenpferdes, mit deren züchterischer Förderung der Viertakt schwand, oder der Grund war das bessere Spring- und Galoppiervermögen des rein diagonal orientierten Pferdes. Das würde auch das Herauszüchten des Ganges im jagdbegeisterten England erklären. Zudem sind trabveranlagte Pferde unbestreitbar leichter dressurmäßig auszubilden als Mehrgänger – wahrscheinlich der Grund, weshalb man Barockpferden den Paß abzüchtete.

In fast allen Pferderassen, die man züchterisch in Richtung Trab beeinflußte, ist allerdings nach wie vor eine rudimentäre Lateralveranlagung feststellbar. Meist ist es der Schritt, bei dem diese Pferde zur Taktunreinheit neigen. Wenn sie müde oder verspannt sind, verlängern sie die laterale Zweibeinstütze. Oft erkennt man die versteckte Neigung zum Paß aber auch beim Galopptraining: Insider der klassischen Dressurszene wissen, daß beim Friesen gelegentlich eine Neigung zum Vierschlaggalopp auftritt. Auch beim Welsh Cob und Tinker kommt das vor. Außerdem erkennt man eine verstärkte Lateralveranlagung in den ersten Lebenstagen eines Fohlens. Die Pferdekinder machen zum Beispiel einen Paßschritt, bevor sie in den Galopp oder Trab finden, oder sie beschleunigen den Schritt so stark, daß er fast schon als Walk durchgeht. Später verliert sich das in aller Regel völlig, obwohl es immer wieder Ausnahmen gibt: Auf der letzten Equitana war zum Beispiel ein perfekt töltendes Welsh-A-Pony in einem englischen Gespann zu sehen!

Bei einem so stark gangveranlagten Pferd spricht natürlich nichts dagegen, es auch unter dem Sattel zu tölten. Allgemein wäre es aber fatal, ein Pferd mit wirklich nur rudimentären lateralen Ansätzen zu einer Viertaktgangart zwingen zu wollen. Das gilt auch für die vielen fast dreigängigen Isländer, die man heute mit viel Geld, aber weniger mit guten Worten denn mit bösen Hilfsmitteln „zu ihrem Glück zwingen" will. Meist handelt es sich dabei um Produkte des Versuchs, Tölter ohne Paßveranlagung zu züchten. Warum das nicht funktionieren kann, zeigen wir im nächsten Kapitel.

Der Walk

Wir kommen nun zu den Viertaktgangarten und beginnen mit der weniger bekannten Variante Walk, um Ihnen den Einstieg zu erleichtern. Hier begegnet uns nämlich ein Gangdiagramm, das wir bereits kennen: Walk ist absolut identisch mit dem Schritt. Auch hier wechseln also Dreibeinstütze und abwechselnd laterale und diagonale Zweibeinstütze. Vergleichen wir das

GANGDIAGRAMM Walk

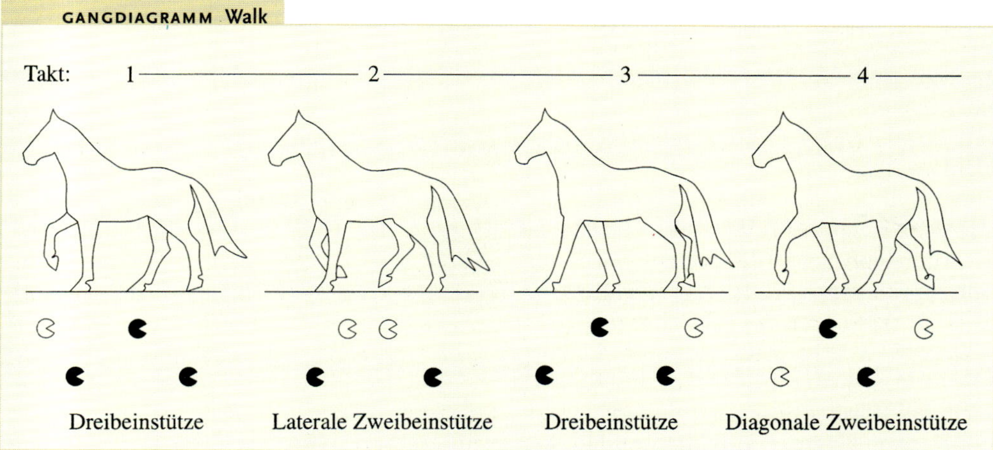

Die Fußfolge im Running Walk und Flat Walk entspricht genau dem Schritt.

Gangdiagramm des Walks mit dem des Trabs und des Passes, so stellen wir fest: Jede zweite Walkphase ist mit einer Phase Trab und einer Phase Paß vergleichbar! Anstelle der Flugphase bei den Zweitaktgangarten findet sich die Phase mit der Dreibeinstütze. Der Walker löst sich also nie gänzlich vom Boden, und der Reiter wird folglich nicht geworfen – letztlich das Geheimnis aller bequemen Viertaktgangarten.

Beim ganz korrekten Walk ist jede Bewegungsphase – also Dreibeinstütze, laterale und diagonale Zweibeinstütze – absolut gleich lang. Man hört ein ganz gleichmäßiges 1-2-3-4.

Tendiert unser Pferd nun mehr zum Trab oder zum Paß, so wird es dazu neigen, die diagonale oder die laterale Zweibeinstütze eigenmächtig zu verlängern. Wäre eine der beiden Gangarten genetisch gar nicht fixiert, so käme das Pferd im Walk nicht über Schrittgeschwindigkeit hinaus – es hätte, salopp gesagt, Probleme, seine Beine zu sortieren.

Um Ihnen das Nachvollziehen dieser Überlegung zu erleichtern und unsere Ausführungen nicht zu theoretisch werden zu lassen, möchten wir Sie hier zu einem kleinen Selbstversuch ermuntern. Auch der Mensch hat ja vier Extremitäten, und selbst wenn wir gewöhnlich nicht auf allen vieren laufen, neigen unsere Arme doch dazu, den Rhythmus der Fortbewegung mitzumachen. Wenn Sie gehen oder laufen und die Arme dabei entspannt hängen lassen, so schwingen sie mit, und zwar meist in der Diagonalen. Auch der Durchschnittsmensch erweist sich also als „Traber“, wobei Ausnahmen die Regel bestätigen. „Paßgänger“ unter den Menschen sind beim Militär nicht unbekannt. Beim Marschieren in Reih und Glied fällt es eben auf, wenn jemand die Arme im anderen Rhythmus bewegt als die Mehrheit. Sollten Sie nun ein „Traber“ sein, so versuchen Sie doch einmal, Ihre Arme statt dessen im lateralen Rhythmus zu bewegen – „Paßgänger“ machen es umgekehrt. Das wird Ihnen verhältnismäßig leicht fallen, solange Sie langsam gehen und sich konzentrieren. Kommen Sie allerdings

Ein gut veranlagter Walker zeigt seine Spezialgangart schon im Fohlenalter.

In dieser Bewegungsphase nickt der Walker mit dem Kopf.

Ein gut gerittener Walker geht in schöner Aufrichtung und drückt nicht den Unterhals heraus.

ins Laufen oder bemühen Sie sich gar um den Bewegungsablauf des sportlichen „Gehers", so wird es schwierig. Und nun stellen Sie sich mal vor, Sie müßten dabei auch noch Ihr eigenes Gewicht und das eines Reiters auf allen vieren ausbalancieren!

Kommen wir nun aber zurück zu den Pferden und sehen wir uns die Viertaktgangart „Walk" näher an. Walk ist, wie schon gesagt und am Gangdiagramm überprüft, nichts anderes als ein bis auf Trabgeschwindigkeit gesteigerter Schritt. Das Pferd verlängert den Schritt zuerst zum Flat Walk, dann zum Running Walk, und bei all dem ergibt sich keine Veränderung des Bewegungsablaufs. Der Takt wird nicht anders, sondern die einzelnen Phasen laufen nur schneller nacheinander ab, so wie sich der Grundtakt eines Musikstückes nicht verändert, nur weil man eine Schallplatte schneller abspielt. Damit das funktioniert und die Phasen gleich bleiben können, muß das Pferd die Schritte verlängern. Würde es trippeln, um schneller zu werden, käme es zur Taktunreinheit. Letztlich ist das nicht anders als beim Dreigänger: Gerät ein trabendes Pferd ins Trippeln, so verwischt sich der Takt, und der Dressurrichter notiert Strafpunkte.

Übrigens ...

Um die Gänge eines jungen Pferdes zu beurteilen, ist es nicht sinnvoll, es mit Peitschen im Kreis herumzujagen. Die dabei entstehende Erregung verfälscht unweigerlich das Bild: Ein sensibles Pferd verspannt sich und neigt zum Paß (besonders häufig bei Walkern), ein nervöses wirft sich vor Aufregung in Positur und imponiert. Ein solches Verfahren bringt keine sicheren Ergebnisse. Wenn hier Saugfohlen in fremder Umgebung von ihren Müttern getrennt und im Viereck herumgetrieben werden, so ist dies auch aus Tierschutzgründen fragwürdig. Den Jungtieren wird ohne vernünftigen Grund Angst gemacht und unter Umständen auch Schmerz zugefügt.

WIE BEWEGT SICH DER WALKER IM FREILAUF?

Nur beim absoluten Naturwalker sieht man ganz korrekten Walk auf der Weide. Dazu muß das Pferd nämlich vollkommen ausbalanciert sein. Ist es zu angespannt, so tendiert es zum Paß. Ist es stark erregt, so geht es Imponiertrab.

Die Veranlagung zum Walk ist allerdings leicht auszumachen, wenn man sich ein bißchen in die Beobachtung von Bewegungsabläufen eingearbeitet hat. Ein normal begabtes Pferd zeigt die Viertaktgangart häufig in den Übergängen von Schritt zu Trab (Paß), Trab (Paß) zu Galopp und zurück. Sehr häufig sieht man Walk auch bei jungen Pferden, vor allem bei Fohlen. Selbst bei ihnen kann er aber nicht die einzige mittlere Gangart bleiben, denn dazu ist Walk schlicht zu langsam. Nur Spitzenpferde erreichen mittlere bis höhere Trabgeschwindigkeit im Running Walk, und dazu müssen sie sich schon etwas anstrengen. Ohne den Einfluß des Reiters finden sie es viel einfacher, in Galopp, Trab oder Paß zu wechseln. Dabei spricht es für die Qualität des Pferdes, wenn es den Trab bevorzugt oder Paß und Trab zu gleichen Teilen zeigt.

Ein reiner Paßgänger ist mit Vorsicht zu betrachten. Es kann sein, daß die Veranlagung zu diagonalen Bewegungsabläufen bei ihm sehr gering ausgeprägt ist, was ihm die Arbeit im Walk grundsätzlich erschweren dürfte. Vielleicht ist er aber auch einfach nur verspannt, weil er falsch oder schlecht geritten wird. Das Phänomen taucht zum Beispiel häufig bei Walkern auf, die entgegen ihrer Veranlagung getöltet statt im Walk geritten werden.

Natürlich wäre es auch fragwürdig, wenn ein Walker auf der Weide ausschließlich Trab zeigte. Das kommt bei auf Walk gezüchteten Rassen aber so gut wie nie vor.

WORAN ERKENNT MAN, DASS EIN PFERD WALK GEHT?

Als Sie gelernt haben, ein Pferd im Schritt am Zügel zu reiten, dürfte Ihr Reitlehrer Sie darauf hingewiesen haben, daß Ihre Hände dabei nicht starr bleiben dürfen. Mit der Schrittbewegung ist ein leichtes Kopfnicken verbunden, dem Sie folgen müssen, wenn Sie das Pferd nicht verspannen wollen. Dieses Kopfnicken verstärkt sich, je schneller das Pferd im Schritt wird, und es ist ein fast untrügliches Zeichen für den korrekten Walk. Das Pferd nickt immer dann mit dem Kopf, wenn sich ein Vorderbein hebt und alle anderen drei Beine Bodenkontakt haben.

Ein weiteres Charakteristikum des Walks ist, daß es sich um eine schreitende Gangart handelt. Achten Sie dabei vor allem auf die Hinterbeine. Das Pferd soll mit ihnen nicht laufen, sondern weit voranschreiten. Macht es das richtig, so zeigt sich unweigerlich eine gewisse Vorhandaktion, die der im Trab ähnelt. Vereinfacht gesagt sieht es aus, als ginge der Walker hinten Schritt und vorn Trab. Dabei drückt ein korrekt gerittenes Pferd auf keinen Fall den Unterhals heraus, sondern geht in dressurmäßiger Aufrichtung, etwa wie im versammelten Schritt. Achten Sie bei der Beurteilung eines Walkers auch besonders auf die laterale Zweibeinstütze. Wenn das Pferd sie so lang zieht, daß man nicht nur das gemeinsame Vorgehen der Beine, sondern auch das gleichzeitige Aufsetzen in aller Ruhe beobachten kann, so tendiert es zum Paß.

WORAN FÜHLEN SIE, DASS EIN PFERD WALK GEHT?

Walk vermittelt dem Reiter die Empfindung des Schreitens, des gleichmäßigen Geschobenwerdens. Sie sollten nicht das Gefühl haben, im „Auge des Hurrikans“ zu sitzen, während unter Ihnen die Pferdebeine rotieren, oder gar die Empfindung, von einer Seite zur anderen geworfen zu werden. Eher sollten Sie sich fühlen, als liefe das Pferd unter Ihnen auf Rollen dahin und machte mit seinen Rollschuhen lange Schritte.

Der Tölt

Der Tölt ist die bekannteste und infolgedessen auch gefragteste Viertaktgangart. Im Unterschied zum Walk wird hier nicht einfach die Schrittgeschwindigkeit verstärkt, sondern wir haben eine eigenständige Gangart mit neuer Schrittfolge. Einfach gesagt: Der Tölter ist nicht wie der Walker „stufenlos verstellbar“, sondern muß buchstäblich einen anderen Gang einlegen, um schneller zu werden.

Eine gänzlich neue Fußfolge finden wir hier jedoch auch nicht. Als inzwischen geübter Leser von Gangdiagrammen erkennen Sie auf einen Blick Unterschiede und Gemeinsamkeiten zu den schon besprochenen Gangarten: Auch im Tölt finden sich Bewegungsphasen wie im Trab und Paß. Die Gangart beinhaltet eine laterale und eine diagonale Zweibeinstütze. Wie beim Walk fällt die Schwebephase weg. Allerdings tritt eine Einbeinstütze an die Stelle der Dreibeinstütze.

Diese „geringere Bodenhaftung“ ermöglicht dem Tölter eine höhere Geschwindigkeit. Durch das „Abschnellen“ auf einem Bein gewinnt er mehr Raum, dazu kann die Gangart gelaufen werden. Das Element des Schreitens, das eine Bewegung immer erhabener und langsamer werden läßt, entfällt. Tölt ist folglich bis zur Galoppgeschwindigkeit steigerbar und wird oft auch so geritten.

Einbeinstütze statt Dreibeinstütze

WIE BEWEGT SICH DER TÖLTER IM FREILAUF?

Auf der Weide sieht man Tölt nur selten und im Renntempo so gut wie nie. Selbst die seltenen Naturtölter bedienen sich des Tölts allenfalls im mittleren Tempo und galoppieren an, wenn es schneller wird. Manchmal wechseln sie auch ab dem ruhigen oder mittleren Tempo in Paß oder Trab, wie wir es schon vom Walker kennen. Das normal begabte Pferd zeigt lediglich in den Übergängen zwischen Schritt und Trab/Paß beziehungsweise Trab/Paß und Galopp Töltansätze. Außerdem tölten entsprechend begabte Pferde in der Regel in ihren ersten Lebenstagen. Hier zeigt ein junges Gangpferd stets die ganze Palette seiner Fähigkeiten.

Warum die überwiegende Mehrzahl der Pferde später eine klare diagonale oder laterale Gangart vorzieht, obwohl ihnen der Tölt unleugbar in die Wiege gelegt wurde, können wir nicht erklären. Möglicherweise liegt es daran, daß Tölt einen anderen Spannungsbogen erfordert als Schritt und Walk, Trab und auch lockerer Paß. Die Gangart erfordert eine gewisse Aufrichtung und eine Aufwölbung der Rückenmuskulatur, also eine Spannung, die der des zumindest ansatzweise versammelten Dressurpferdes ähnelt. Und genau wie das dreigängige Dressurpferd nur selten von sich aus in diese Spannung gerät, etwa dann, wenn es imponiert, zeigt sich auch der freilaufende Tölter nur selten „in Stimmung" für den Viertakt. Auch in Imponierlaune bevorzugt er in aller Regel den Trab. Lediglich bei äußerster Aufregung und dabei vielleicht noch abschüssigem Gelände wird sich der Mehrgänger in einen schwungvollen Tölt steigern.

So klaren Tölt im Freilauf sieht man selten.

GANGDIAGRAMM Tölt

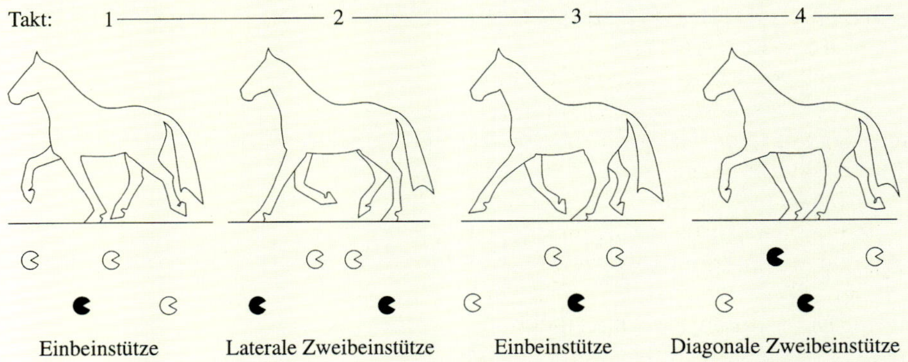

Genau hinsehen!

Sowohl bei der Erklärung zum Walk als auch zum Tölt haben wir dem Trab und dem Paß verwandte Schrittfolgen erwähnt. Bei beiden Viertaktgangarten gibt es jeweils eine Bewegungsphase, bei der die diagonalen oder lateralen Beinpaare gemeinsam auffußen. Die Unterschiede zum Trab bzw. Paß liegen jedoch in der Bewegungstendenz.

Betrachten Sie dazu die Zeichnungen: Während im Trab die diagonalen Beinpaare jeweils gleichzeitig nach vorn schwingen, bevor sie aufsetzen, also eine klare diagonale Vorwärtstendenz erkennbar ist, ist die Vorwärtstendenz in der vergleichbaren Töltphase eher lateral. In unserer Zeichnung schwingen das linke Vorderbein und das linke Hinterbein gemeinsam vor, auch wenn das Hinterbein erheblich früher und gemeinsam mit dem rechten Vorderbein aufsetzt.

Ähnliches erkennen Sie in der Zeichnung zur lateralen Zweibeinstütze. Hier tendiert der Tölter eher zur diagonalen Vorwärtstendenz, während der Paßgänger eindeutig lateral vorschwingt.

Im Walk ist das genauso zu beobachten, im Foxtrott und in der Marcha Batida ist die Tendenz zur Diagonalen während der lateralen Stützphase so stark, daß das laterale Auffußen mit bloßem Auge gar nicht mehr erkennbar ist.

Töltveranlagung ist in aller Regel da, wenn ein junges Pferd, das zu einer töltenden Rasse gehört, auf der Weide Trab und Paß zeigt. Wechselt es diese beiden Gänge allerdings zu oft oder bevorzugt es eindeutig den Paß, so kann seine starke laterale Veranlagung beim Tölten Probleme bereiten. Die besten Tölter sind oft Pferde, die als Fohlen mehrere Tage lang klaren Tölt zeigen, dann aber Trab bevorzugen. In den Übergängen zwischen Trab und Galopp sollten sich gelegentlich laterale Phasen einschleichen, auch beim Schritt bergab kann und darf sich laterale Veranlagung zeigen. Wird so etwas nie beobachtet, so ist das Pferd vermutlich ein Dreigänger mit nur rudimentärer Paßveranlagung. Es läßt sich dann nur von Profis eintölten, und die da-

Nicht der Unterhals macht den guten Tölter!

Diese Tölthaltung und die leichte Zügelführung sind wünschenswert.

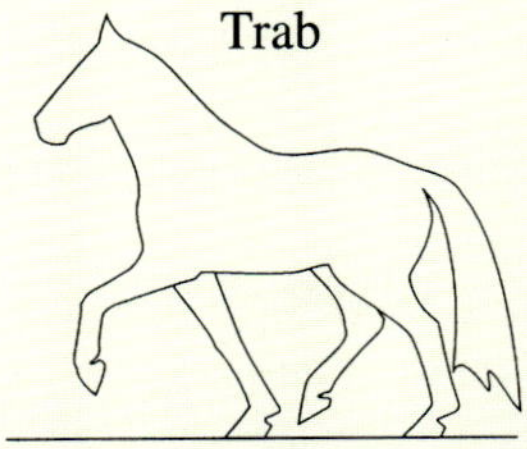

Gleichzeitiges Vorschwingen der diagonalen Beinpaare

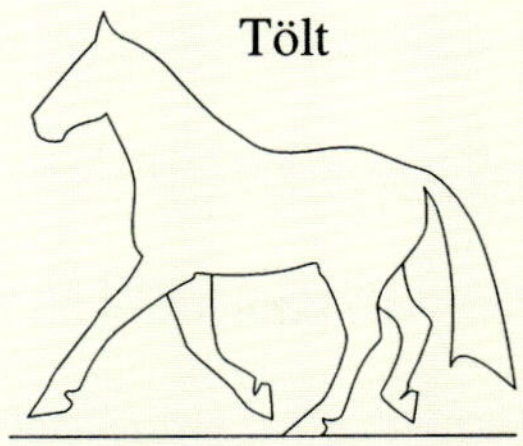

Gleichzeitiges Vorschwingen der lateralen Beinpaare

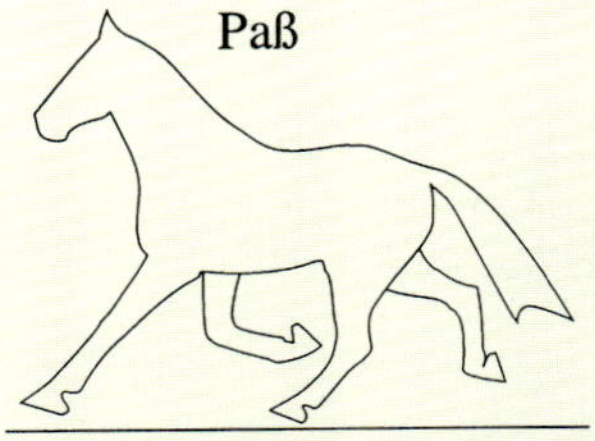

Gleichzeitiges Vorschwingen der lateralen Beinpaare

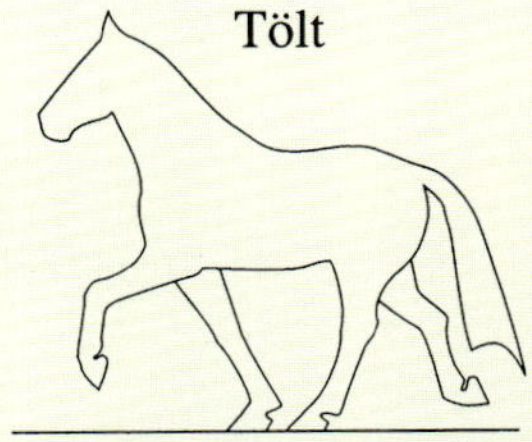

Tendenz zum gleichzeitigen Vorschwingen der diagonalen Beinpaare

bei eingesetzten Mittel müssen zumindest mit Skepsis betrachtet werden.

WORAN ERKENNT MAN, DASS EIN PFERD TÖLTET?

Tölt ist eine eher gelaufene Gangart, die Pferdehufe bewegen sich extrem schnell. Für den ungeübten Beobachter erweckt der Bewegungsablauf damit den Eindruck des Trippelns, obwohl das Pferd keine kurzen Schritte macht. Um Tölt zu erkennen, achten Sie am besten auf das Ihnen zugewandte Beinpaar: Sie sehen die Beine gleichzeitig vorschwingen, aber das Hinterbein fußt deutlich früher auf als das Vorderbein.

Leider wird Tölt in der Regel unter viel Spannung geritten, und viele Reiter halten es für unabdingbar, das Pferd mit extrem hoher Kopfhaltung und verkrampfter Rükkenmuskulatur zu tölten. Eine solche Haltung ist aber kein Charakteristikum der Gangart, sondern eine Zwangshaltung, die beim Pferd auf die Dauer zu Rückenschmerzen und damit oft zu Verweigerungsreaktionen führt. Wir werden später noch genauer darauf eingehen.

Wichtig an dieser Stelle: Nicht der Unterhals macht den guten Tölter, und erst recht nicht die Kraft, die der Reiter einsetzen muß, um den Pferdekopf hoch und das Pferd einigermaßen unter Kontrolle zu halten. Ein gut gerittener Tölter geht mit stets leichter Anlehnung und nur geringfügig erhobenem Kopf. „Sternguckerhaltung“ ist hier genau so falsch und verursacht später die gleichen Probleme wie beim Dreigänger.

WORAN FÜHLEN SIE, DASS EIN PFERD TÖLTET?

Während der Walker optisch den Eindruck vermittelt, er bewege sich in Zeitlupe, entfaltet der Tölter unter dem Reiter geradezu hektische Aktivität. Das spürt man auch, wenn man in seinem Sattel sitzt. Das Gefühl entspricht etwa dem, als säße man im ruhigen Zentrum rotierender Beine. Unter dem Sattel geht etwas vor, aber man selbst wird davon nur am Rande berührt. Tölt ist eindeutig eine dynamischere Viertaktgangart als Walk.

Grenzgänge – *Paßtölt* und *Trabtölt*

Viele Publikationen über Gangpferde unterscheiden zwischen „Trabtölt" und „Paßtölt", und oft entsteht der Eindruck, als handele es sich dabei um zwei ganz unterschiedliche Gangarten. Häufig hört man auch, daß zum Tölt der Paß oder Trab gebrochen werden muß, wodurch dann der Trabtölt oder Paßtölt entsteht. Hierzu sollten Sie sich noch einmal ins Gedächtnis rufen, daß Walk, Tölt und alle anderen Viertaktvariationen irgendwo zwischen Trab und Paß anzusiedeln sind. Entweder findet eine Verschiebung aus der Diagonalen zur Lateralen statt oder umgekehrt.

Der ideale Tölt liegt – ebenso wie der ideale Walk – genau in der Mitte zwischen den beiden Gangarten. Läuft das Pferd auf

Beim Paßtölt verlängert das Pferd die laterale Phase.

was andere Schrittfolge aus als der „Normalgalopp“. Hier fußt nämlich nicht der äußere Hinterhuf als erster auf, worauf dann eine Dreibeinstütze folgt, sondern zuerst der innere Hinterhuf, danach der äußere. Erst dann kommt der äußere Vorderfuß zur Dreibeinstütze vor. Der so entstehende Vierschlag ist am Gangdiagramm noch einmal deutlich gekennzeichnet.[6]

Optisch erkennt man diesen Galopp an einer besonders erhabenen Sprungtechnik. Die Phase, in der die Vorderbeine des Pferdes in der Luft sind, wird ja verlängert. Das Pferd nimmt sein Gewicht mit der Hinterhand auf und wird vorn ganz leicht. Ursprünglich erzielte man diese Galoppade durch langjährige Dressurarbeit. Auch heute werden Barockpferde noch oft so geritten und bieten diese Galoppade auch an, während man im modernen Dressursport den flacheren Dreischlaggalopp favorisiert. Gangpferden ist diese Galoppvariante in der Regel nicht in die Wiege gelegt. Von amerikanische Rassen wird das zwar behauptet, aber auch sie wollen trainiert sein, bevor sie langsam und getragen galoppieren. Ein Vierschlag-Canter im Sinne der alten Meister läßt sich zudem nur aus wenigen, stark trabveranlagten Individuen herauskitzeln. Trotzdem sieht man die beschriebene Viertakt-Galoppade in Amerika auf jedem Tennessee Walker-Turnier, und auch hierzulande konnte sie schon bei verschiedenen Gangpferden beobachtet werden. Die Pferde werden dazu aber nicht durch lange, geduldige Arbeit auf die Hinterhand gebracht, sondern mit weniger feinen, dafür ausgesprochen zeitsparenden Mitteln. In Amerika sind es vor allem „Pad-Horses“, die diese Gangvariante zeigen, also Pferde, deren Vorderhufe man regelrecht auf „Stelzen“ stellt und sie damit zwingt, ihr Gewicht mit

[6] Wer Canter in Zeitlupe auf Video verfolgen möchte, sei auf den Spielfilm „Lucky Luke“ mit Terence Hill verwiesen. Der vierbeinige Darsteller des „Jolly Jumper“, ein Barockpferd mit zirzensischer Ausbildung, geht unübersehbar Canter.

Die hintere Zweibeinstütze unterscheidet den klassischen Canter vom Galopp.

Wie „anders" sind Gangpferde?

Ohne Frage: Gangpferde sind etwas ganz Besonderes. Sie bieten in gewisser Weise mehr reiterliche Möglichkeiten, erweitern unseren Horizont in bezug auf Bewegungsvariation und Bewegungsgefühl und können sogar unsere Einstellung zum Reitsport grundlegend ändern – ein Ausritt im sanft gleitenden Walk hat schon so manchen Distanzreiter den „Kick" durch pure Geschwindigkeit vergessen lassen! Andererseits ist das Ausbildungspotential der meisten Gangpferde in bestimmten reiterlichen Disziplinen eingeschränkt. So erreicht zum Beispiel kaum eines die Weihen der Hohen Schule, und wenn Sie Springturniere reiten wollen, ist Ihnen auch nicht gerade zum Kauf eines Tölters zu raten.

Auch Gangpferde wollen individuell gefördert werden.

Wie eigentlich jede Pferderasse sind Gangpferde für eine bestimmte Einsatzart prädestiniert, und jeder Reiter muß für sich entscheiden, ob er sie deswegen schätzt oder ein dreigängiges Pferd bevorzugt. Von den Spezialgangarten einmal abgesehen ist ein Gangpferd jedoch ein Pferd wie alle anderen. Gangveranlagung und Rasse haben keinen besonderen Einfluß auf sein Verhalten, seine individuelle Belastbarkeit und seine Fähigkeit, den Reiter zu tragen. Einfacher gesagt: Ein Tennessee Walker ist nicht von Natur aus davor gefeit, vor einem Hasen zu scheuen. Ein 1,30 m großer Isländer trägt einen 2-Zentner-Mann nur mit Mühe, und ein Tölter, der mit

der Hinterhand aufzunehmen. Auch andere Gangmanipulationen, auf die wir in späteren Kapiteln eingehen werden, haben den Viertakt-Canter als Nebeneffekt. Vorsicht also, wenn Sie diese Gangvariante bei einem Pferd beobachten, das erst kurze Zeit unter dem Sattel ist und sie folglich kaum über jahrelange Dressurarbeit erlernt haben kann!

PASSERGALOPP

Häufiger als mit dem Vierschlag-Canter wird der Freizeitreiter mit einer anderen Galoppvariante konfrontiert, dem passigen Galopp. Er ist meist Ausdruck einer besonders starken lateralen Veranlagung, kommt also schwerpunktmäßig bei Pferden vor, die auch im mittleren Gangbereich stark zum Paß tendieren.

GANGDIAGRAMM Canter

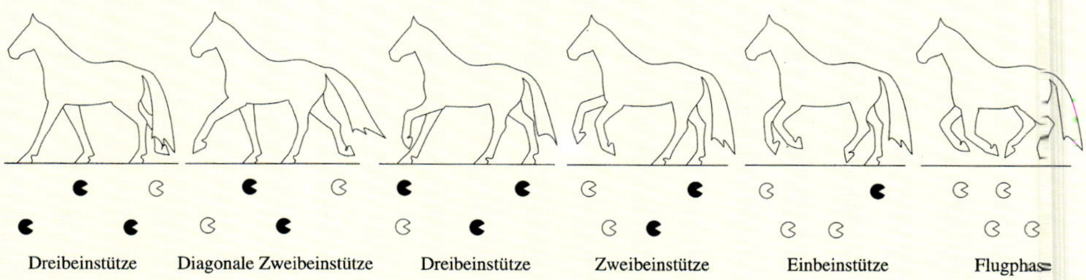

weggestrecktem Rücken in Sternguckerhaltung läuft, wird ebenso häufig Rückenschmerzen bekommen wie ein Traber in der gleichen Haltung.

Vielleicht erscheinen Ihnen diese Bemerkungen banal und selbstverständlich, aber leider gehört es oft zur Verkaufsstrategie von Gangpferdehändlern und -züchtern, Gangpferden geradezu magische Eigenschaften anzudichten. Für die Pferde hat das fatale Auswirkungen. Viele Reiter brettern mit ihren Isländern, Pasos oder Trabern arglos im Renntölt über Asphaltstraßen, weil sie der festen Überzeugung sind, Gangpferdegelenke seien belastbarer als die vergleichbarer Pferde. Sonst fürsorgliche Pferdehalter lassen neugeborene Islandfohlen im eiskalten Dauerregen stehen oder verzichten auf die Fohlenlähmeimpfung, weil man die Robusten damit ja „nur verpimpelt". Hunderte von Gangpferden gehen mit hochgerissenem Kopf und weggestrecktem, in Folge der Verspannung natürlich bretthartem und bei jeder Anstrengung schmerzendem Rücken, weil ihre Besitzer das bei Töltern für notwendig halten.

Letztlich dient die Vorstellung und Argumentation „Gangpferde sind eben anders" meist als Begründung dafür, es den Besitzern und Reitern dieser Pferde möglichst bequem zu machen: Anstelle von Pferdepflege und anstrengendem Reitunterricht verspricht man ausschließlich Vergnügen – und stimmt die Werbestrategie damit hervorragend auf die Menschen der modernen Freizeitgesellschaft ab. Pferde sind aber keine Motorräder oder Autos, die man über „Fahrspaß" vermarkten darf. Das Pferd als Lebewesen fordert Zuwendung, kundige Behandlung und Pflege. Es ist Stimmungen unterworfen, kann sich wohl oder unwohl fühlen und möchte als Individuum geachtet werden – egal ob es aus Island, Tennessee oder Westfalen kommt!

Nun ist bei fast allen Gangpferden – und selbst bei nur rudimentär lateral veranlagten Rassen – der Galopp ein Schwachpunkt. Wie schon gesagt, gibt es keine mittlere Viertaktgangart ganz ohne Paßveranlagung, und die spielt unweigerlich auch etwas in den Galopp hinein. Fast alle Gangpferde neigen folglich von Natur aus zu einer eher flachen, gelaufenen Galoppade, der durch Dressurarbeit entgegengewirkt werden muß. Viele Freizeitreiter helfen sich hier auch, indem sie Galopp grundsätzlich recht flott reiten. Dann müssen die Pferde schwungvoll durchspringen, um vorwärtszukommen. Solange das unter Kontrolle bleibt, ist dagegen nichts einzuwenden. Mit dem beim amerikanischen Gangpferd erwünschten langsamen Schaukelgalopp hat es aber selbstverständlich nichts zu tun.

Arbeitet man der Paßverschiebung im Galopp nicht entgegen oder macht man dabei etwas falsch, so neigt das Pferd in langsamem Tempo und vor allem in Kurven zum passigen Vierschlaggalopp. Wie beim Dreischlaggalopp kommt dabei das äußere Hinterbein zuerst auf, dicht gefolgt vom äußeren Vorderbein. Erst dann kommt das innere Hinterbein zur Dreibeinstütze auf den Boden. Bei dieser Galoppvariante wird die Sprungphase stark verkürzt, und das Pferd läuft auf der Vorhand.

Lassen Sie sich nicht einreden, diese Gangart sei identisch mit dem Canter und bei irgendeiner Pferderasse erwünscht! Eine Abart davon wurde lediglich in Island von Langstreckenreitern geschätzt, da das Pferd dabei in annehmbarer Geschwindigkeit vorwärts kommt, sich nicht so anstrengt wie beim Dreischlaggalopp und auch noch einigermaßen angenehm zu sitzen ist. Bei Turnierpferden gilt dieser „Valhopp" allerdings als Fehler. Wir werden im Praxiskapitel darauf eingehen, wie man ihm entgegenarbeitet.

Der Rennpaß – Rasanz im Zweitakt?

Der Rennpaß gehört nicht zu den Schwerpunktthemen dieses Buches. Ebenso wie der Renntrab ist er eine Spezialdisziplin, mit der sich Freizeitreiter selten beschäftigen. Im Gangpferdebereich spielt er denn auch lediglich im Islandpferdeturniersport eine Rolle und wird hier oft von hochspezialisierten Pferden unter Profi-Reitern gezeigt. Im Rahmen des Sonntagsausritts spricht oft schon das Fehlen einer geeigneten Bahn gegen die Einbindung einer Rennpaßreprise: Die Gangart wirkt selbst auf sonst ruhige Pferde ziemlich berauschend, und man wird sie kaum aus voller Fahrt stoppen können, wenn plötzlich eine Familie mit Kinderwagen um die Ecke kommt!

Trotzdem möchten wir der Gangart hier eine kurze Besprechung widmen. Denn auch wenn Sie vielleicht niemals Rennpaß reiten werden: Wer sich mit Gangpferden beschäftigt, sollte fähig sein, die Gangart zu erkennen und einzuschätzen, ob sie korrekt geritten wird.

Nun ist es nicht sonderlich schwierig, Paß zu erkennen, das entsprechende Gangdiagramm können Sie inzwischen sicher in- und auswendig! Der Unterschied zwischen langsamem Paß und Rennpaß ist auch nicht sehr groß, er liegt hauptsächlich in der verlängerten Schwebephase. Das Pferd ist hier nicht nur ganz kurz in der Luft, sondern schnellt sich mit einem lateralen Beinpaar schwungvoll ab und macht einen regelrechten Sprung, bevor es mit dem anderen Beinpaar wieder auf dem Boden ankommt. Aus diesem Sprung ergibt sich allerdings eine Besonderheit: Da der Pferdekörper eine Flugkurve beschreibt und nicht mitten in der Luft abstoppt und zu Boden fällt, kann der Rennpasser nicht hundertprozentig gleichzeitig mit beiden Beinen aufkommen. Er landet unweigerlich erst mit dem Hinterbein. Das gleichseitige Vorderbein fußt Sekundenbruchteile später auf. Damit wird aus dem sauberen Zweitakt Paß ein ganz knapper Viertakt, ähnlich wie beim Saddlegait. Das verzögerte Aufkommen des Vorderbeins sollte mit bloßem Auge aber kaum erkennbar sein.

Das frühere Auffußen des Hinterhufes im rasanten Paß ist hier gut zu erkennen.

Wenn Sie dagegen Rennpasser sehen, die mit sehr hoher Aufrichtung laufen und deren Hinterbein obendrein deutlich eher auffußt als das Vorderbein, so haben Sie keinen echten Passer vor sich, sondern einen Renntölter, egal, was Ihnen Richter, Ausbilder und Turniersprecher erzählen. Möglicherweise ist dieses Pferd eigentlich ein Viergänger, also ein Pferd mit nur recht geringer Paßveranlagung, aus dem man unbedingt das Maximum an lateralen Fähigkeiten herauskitzeln wollte. Häufiger handelt es sich aber um ein Pferd, das unter natürlichen Bedingungen durchaus Rennpaß gehen könnte, dem man aber künstlich zu stärkerer Vorhandaktion im Tölt „verholfen" hat. Nun schafft es auch im Rennpaß nicht mehr, sich zu strecken und die Laterale wiederzufinden. Bildlich gesprochen: Der mit Gewalt „gebrochene Paß" ist auf die schnelle nicht zu kitten!

Seien Sie hier also skeptisch und lassen Sie sich nicht vom Rausch der Geschwindigkeit und der Rasanz der Gangart zu unkritischen Begeisterungsstürmen hinreißen. Das gilt besonders, wenn Sie daran denken, Ihre Stute von einem dieser Rennpasser decken zu lassen. – Gangmanipulation ist ja nicht nur deshalb verwerflich, weil sie den unmittelbar betroffenen Pferden Schmerzen zufügt, sondern auch weil sie den Blick auf die Zuchtqualitäten verwischt!

2 Gangpferderassen

Der „Mythos zum Pferd“

Pferde sind eine Handelsware und als solche ein Objekt für Werbestrategien. Um Rasse A von Rasse B abzugrenzen, muß einem Werbetexter schon einiges einfallen. Schließlich sieht es der Kunde nicht unbedingt sofort ein, weshalb er beispielsweise ein Warmblutpferd aus China importieren soll, obwohl in seiner Tageszeitung drei vergleichbare Inländer angeboten werden. Ein guter Werbetexter geht die Sache nun so an, daß er dem Tier erst einmal ein Image schafft. Irgend etwas muß besonders an ihm sein – und wenn es denn nichts anderes kann, als längere Strecken artig geradeaus zu laufen, so schreibt man ihm zum Beispiel eine Teilnahme an Maos langem Marsch zu ... Ist der Texter gut und die Geschichte stimmig, so werden sich Leute finden, die dafür bezahlen – und später auch bereitwillig das „Buch zum Pferd“, die landestypische Ausstattung und Reitkleidung sowie die Reise auf den Spuren der Pferderasse bestellen. Und natürlich lassen sich in unserem Fall auch spezielle Reispellets verkaufen, Akupunkturkurse zur korrekten medizinischen Behandlung des Pferdes anbieten und und und ...

Falls Sie das jetzt für einen Ausflug in die Satire halten: Schauen Sie den Mythos rund um den spanischen Cartujano an, denken Sie an isländische Grasmehlpellets und das neue Zusatzfutter für Appaloosas, streng nach indianischen Rezepten ...

Nun tut diese Vermarktung einer Rasse im Prinzip niemandem weh. Im Gegenteil, sie kurbelt die Konjunktur an, bringt Farbe in den Reitsport und schafft eine gewisse Weltoffenheit. Viele Menschen lassen sich durch die Begeisterung für eine Pferderasse zum Lernen fremder Sprachen, Reisen und Entdecken anderer Kulturen und Philosophien anregen. Unangenehm wird die Sache nur dann, wenn der Stolz auf die eigene Rasse zur Arroganz und Abschottung gegenüber der sonstigen Pferdeszene führt, und erst recht, wenn er dem Pferd schadet. Das wäre zum Beispiel der Fall, wenn man unserem fiktiven Chinapferdchen aus kulturellen Gründen die Kolikoperation verweigerte und statt dessen konsequent bis zum Ende akupunktierte ...

Dieses Buch dient nicht in erster Linie der Rassenvorstellung. Einige Hinweise zu den gängigen Gangpferderassen, ihre Entstehung, Verwendung im Ursprungsland und vor allem den Spezialgangarten möchten wir Ihnen aber trotzdem geben – auch als Entscheidungshilfe, falls Sie noch kein Gangpferd gekauft haben, sondern erst mit dem Gedanken spielen, einen mehrgängigen Freizeitpartner zu wählen. Hierbei werden natürlich unsere persönlichen Erfahrungen und Wertungen mit hineinspielen, während wir weitgehend darauf verzichten, Mythen und Verkaufsargumente der jeweiligen Interessengemeinschaften zu wiederholen.

Beim Kauf eines Gangpferdes ist fast noch stärker als beim Dreigänger zu bedenken, daß nicht jedes angebotene Pferd dem Zuchtziel entspricht! Das macht das Individuum zwar nicht weniger liebenswert, sollte sich aber auf den Preis auswirken. Anders ausgedrückt: Ein „Tausend-Dollar-Pferd“ sollte hierzulande nicht für das Zehnfache

den Kopf zum Tölten nicht hochreißen und ihn dann während der gesamten Reitstunde tragen müssen, und vor allem sollten Sie es problemlos lenken und anhalten können!

Vorsicht bei „ausgedienten" Turnierpferden – sie wurden oft jahrelang auf so überschäumendes Temperament hin gedrillt, daß sie jetzt kaum noch sicher zu halten sind. Und Vorsicht vor „Mitleidskäufen" – also dem Ankauf oft hinreißend hübscher und spektakulär töltender Pferde aus Profihand, die abgegeben werden, weil sie dem psychischen Druck im Turniersport nicht standhalten. Diese Pferde sind oft derart schwer gestört, daß man fundierte Fachkenntnisse in der Korrektur von Problempferden braucht, um sie wieder einigermaßen reitbar zu machen. Turniermäßig einsetzbar werden sie praktisch nie mehr, und letztlich sind sie auch nicht „billig", obwohl sie oft zu „Schnäppchenpreisen", wenn nicht gar zu Schlachtpreisen abgegeben werden. Letztlich werden Sie so viel Geld in Kurse zum Erlernen von Korrekturmethoden und eventuell auch Berittkosten stecken, daß der Preis eines unproblematischen Pferdes weit übersteigen wird.

TURNIERREITEN AUF ISLÄNDERN

Die Turnierszene auf Isländern ist ungeheuer vielseitig. Vom „Babytölt" für die jüngsten Familienmitglieder bis hin zum „Mitternachtstölt" für Romantiker sollte hier jeder eine Möglichkeit finden, seinen Tölter vorzustellen. Es gibt nationale Meisterschaften, Europameisterschaften und Weltmeisterschaften für Jugendliche und Erwachsene. Und damit nicht immer die gleichen gewinnen, gibt es inzwischen auch verschiedene Wettbewerbe für Profis, Amateure und Freizeitreiter. Überall werden allerdings Pferde nach vorn gestellt, die professionell ausgebildet wurden und entsprechend spektakulär gehen.

Neben dem Tölt gibt es Rennpaßkonkurrenzen, Dressurausschreibungen, die hier „Gehorsamsprüfungen" heißen, und gelegentlich auch Angebote für Trail- und

AUF EINEN BLICK

Klar im Ponytyp – das Islandpferd

Islandpferd

Herkunftsland
Island

Stockmaß
132–146 cm

Exterieur
Kräftiges Kleinpferd im deutlichen Ponytyp, klare Gliedmaßen, abfallende Kruppe

Gangveranlagung
Beim Fünfgänger sind Schritt, Trab, Tölt, Galopp und Rennpaß erwünscht, beim Viergänger entfällt letzterer. Langsamer Paß soll nicht gezeigt werden, der Tölt sollte möglichst klar sein und nicht zum Saddlegait tendieren.

Traber sind beliebte Freizeitpferde.

Geländeritte. Das Angebot ist inzwischen ziemlich flächendeckend. Sie können zwar noch nicht an jedem Wochenende am Turnier in einer Nachbarstadt teilnehmen wie der Springreiter von nebenan, aber ein- bis zweimal im Jahr sollte das auch ohne stundenlange Autofahrten möglich sein. Im übrigen veranstaltet der Islandpferdeverband auch spezielle Distanzritte für Pferde seiner Rasse. Dafür müssen Sie allerdings oft weiter fahren. Und wenn Sie einem eingefleischten Distanzreiter erzählen, daß Sie gerade „Deutscher Meister über die 30-Kilometer-Distanz“ geworden sind, dürfen Sie ihm nicht nachtragen, wenn er kichert!

Der Töltende Traber

In den siebziger Jahren entdeckte die Schriftstellerin Ursula Bruns – immer auf der Suche nach töltenden Pferderassen – töltende Pferde vor der eigenen Haustür: Viele ausgemusterte Traber von der Rennbahn zeigten die Viertaktgangart. Was damals als Sensation gefeiert wurde, entpuppte sich bei näherem Hinsehen als leicht erklärbar. Während bei uns nämlich nur Trabrennen vor dem Sulky gefahren werden, gibt es in Amerika gleichartige Konkurrenzen für Paßgänger (pacer). Alle Sulky-Pferde entstammen aber letztlich gleichen Zuchtlinien, Traber und Pacer wurden zumindest früher häufig miteinander gekreuzt. Im Zuge der internationalen Rennpferdezucht gelangten insofern auch Pferde mit zumindest rudimentärer Paßveranlagung nach Europa und gaben ihre Gene weiter.

Der Töltende Traber fand sehr schnell Interessenten unter den Gangpferdefreunden, denn Traber haben gegenüber anderen Gangpferden einen entscheidenden Preisvorteil. Man braucht sie schließlich nicht extra zu züchten oder gar aus Übersee zu importieren, sondern kann sozusagen „aus dem Vollen schöpfen“: Jedes Jahr kommt eine große Zahl junger Traber auf die Rennbahnen, und die Trainer entscheiden meist schon nach kurzer Zeit, welches Pferd sich zum Rennen eignet und welches nicht. Die „Versager“ – und dazu gehören natürlich alle Pferde mit sehr viel oder gar ausschließlicher Paßveranlagung – landen in der Regel beim Schlachter.

Auch schon vor ihrer Entdeckung als Gangpferd gerieten sie jedoch oft als Reitpferde in Privathand. So erstanden zum Beispiel Reitervereine in den Hochburgen des Trabrennsports oft Traber als Schulpferde. In diesem Rahmen hatte eine von uns, Christiane Gohl, als Jugendliche reichlich Gelegenheit, die Rasse im örtlichen Reitstall kennenzulernen: *„Wir bekamen oft zwei oder drei neue Pferde von der Rennbahn, und die fortgeschrittenen Reitschüler durften helfen, sie anzureiten. Das ging in der Regel problemlos, da die Pferde gut erzogen und menschenfreundlich waren. Nur mit dem Galoppieren gab es natürlich Probleme, denn diese Gangart war in der bisherigen Ausbildung unterdrückt worden. Unser Reitlehrer ging die Sache dann so an, daß er ein beherztes Mädchen auf den Traber setzte und so lange treiben ließ, bis er ansprang. Das hört sich jetzt schlimmer an, als es war, denn in der Regel bekamen wir junge Pferde, die das Galoppierverbot noch nicht allzu tief verinnerlicht hatten. Aber ein bißchen gefährlich und aufregend war es schon, so mit dem Pferd durch die Reithalle zu schießen! Was wirklich dabei passieren konnte, merkte ich erst, als eine junge Paßgängerin in einer Ecke ausglitt und gemeinsam mit ihrer Reiterin in die Bande fiel. Zum Glück ist beiden nichts passiert, aber mir wurde klar, daß die Methode zumindest beim Passer ihre Tücken hatte! Dank Ursula Bruns war ich damals immerhin schon so weit, Paß und Trab auseinanderhalten zu können. Mit dem einzigen anderen „Aufgeklärten" in unserer Abteilung suchte ich eifrig nach Töltern – und erlebte meinen ersten Viertakt dann auf einem freundlichen Braunen namens Florian. Im nachhinein dürfte sein Gang im übrigen eher Walk als Tölt gewesen sein, denn er steigerte nur seinen Schritt. Wurde es schneller, so ging er in völlig normalen Trab über.*

Andere Pferde taten das nicht. Wir erlebten immer mal wieder Paßgänger, allerdings meist aus Privathand. Für den Verein hätte unser Reitlehrer, ein alter Ka-

AUF EINEN BLICK

Trabtölt wird klar bevorzugt.

Europäischer Standard-Traber *Töltender Traber*

Herkunftsland
Europa, USA

Stockmaß
145–170 cm

Exterieur
Meist leichte Pferde im Vollbluttyp, mitunter aber auch größere, schwerere bis hin zum Warmbluttyp. Gezüchtet wurde stets mit Hinblick auf Gangveranlagung (Trab), nicht auf ein spezielles Erscheinungsbild hin. Der töltende Traber wird gern im Typ des Saddlers gesehen.

Gangveranlagung
Unterschiedlich, erwünscht ist Tölt in verschiedenen Tempi, Trabtölter werden bevorzugt. Allerdings finden sich auch stark paßveranlagte Pferde und gelegentlich sogar Walker.

Kauf auf der Rennbahn – ein paar Auswahlkriterien

- Erkundigen Sie sich, ob Ihr Wunschpferd schon Rennen gelaufen ist. Oft sind die Verkaufskandidaten noch gar nicht gestartet, was die Umschulung leichter macht. Außerdem ist es dann weniger wahrscheinlich, daß das Pferd bereits Knochenschäden durch Überanstrengung erlitten hat. An der Tierarztuntersuchung sollten Sie beim Pferd von der Rennbahn aber trotzdem nicht sparen!
- Lassen Sie sich das Pferd an der Hand vortraben. Läuft es dabei Paß, so hat es sicher eine starke Lateralveranlagung, die Ihre Arbeit mit ihm erschweren kann. Zeigt es Paß und Trab, so ist es zwar möglicherweise ein notorischer Gangwechsler, aber mit etwas Arbeit bewegen Sie es sicher zu einem guten Tölt!
- Geht das Pferd beim Vorführen nur Trab, so lassen Sie es wenn möglich eine abschüssige Strecke herablaufen, am besten hartes Geläuf, damit Sie hören, wann es

vallerist, der keine Ursula Bruns brauchte, um Paß zu erkennen, solche Pferde nicht angeschafft. Ein einziges Mal hatten wir einen echten Tölter, ebenfalls ein Privatpferd. Mein Freund und ich beobachteten über Wochen mit blutendem Herzen, wie die Besitzer alles unternahmen, den bildhübschen und sehr repräsentativen Fuchs zum Traben oder wenigstens zum Springen über annehmbare Hürden zu bringen. Es war alles vergeblich. Dieses Ausnahmepferd zeigte den berühmten „Tölt ohne Ende". Er ging eben deswegen zum Schlachter ..."

Christiane Gohl schildert den Supertölter als Ausnahmepferd, und selbst wenn man berücksichtigt, daß ihr Reitlehrer gezielt auf Trab hin selektierte, zeigt sich hier schon das Problem, das die Vermarktung des töltenden Trabers zunächst langsam anlaufen ließ: Die Gangveranlagung ist in der Rasse nicht sicher genetisch angelegt. Wer zehn Traber kauft und zu Freizeitpferden umschult, hat hinterher vielleicht nur einen Tölter. Den „Rest" kann er nur zu Schleuderpreisen abgeben.

Töltende Traber kamen denn auch erst in größeren Mengen auf den Markt, als sich Leute mit gutem Draht zu den Rennbahnen und der Bereitschaft zum gnadenlosen Selektieren der Sache annahmen. Die fürs Schlachthaus bestimmten Pferde wurden einfach zuerst auf Tölt hin getestet. Wer Veranlagung hatte, durfte zur Ausbildung bleiben, der Rest ging den letzten Weg.

Nun sind viele Pferderassen so entstanden, und es liegt uns fern, darüber zu richten. Der Freizeitreiter, der sich selbst ein Pferd auf der Rennbahn kaufen und damit das Geld für den Bereiter sparen will, muß allerdings damit rechnen, doch einen Dreigänger zu erwischen. Falls er das ausschließen will, indem er ein deutlich paßgehendes Pferd ersteht, kann es ihm passieren, daß es nicht weiter als bis zum Saddlegait förderbar ist.

Traber sind meist umgängliche liebenswerte und oft sehr hübsche Pferde, nervenstark und häufig traumhaft weich und hinreißend raumgreifend im Trab. Mit oder ohne Tölt empfehlen sie sich als Distanzpferde. Tölt ist allerdings nur dann garantiert, wenn das Pferd vom Trainer kommt.

GANGVERANLAGUNG

Der Renntraber und der ihm nah verwandte Pacer wurden nie speziell auf Viertakt hin gezüchtet, sondern immer nur auf die diagonale oder laterale Zweitaktgangart. Im Rahmen seines Gangspektrums findet sich insofern alles zwischen Trab und Paß – hätte Ursula Bruns nach Walkern und nicht nach Töltern gesucht, hätten wir heute den Zweitakt bricht. Möglicherweise kommt es schon zu Gangverschiebungen in Richtung Viertakt, wenn das Pferd nur am langen Führstrick heruntergeführt wird. Falls nicht, versuchen Sie es selbst oder bitten eine/n kundige/n Helfer/in: Nehmen Sie das Pferd kurz am Halfter oder an der Trense und geben Sie seinem Kopf deutlich Aufwärtstendenz, während Sie es anführen. Treiben Sie dabei mit der Gerte von hinten. Bergab müßte sich jetzt zumindest ein knapper Viertakt ergeben, wenn das Pferd deutlich erkennbare Töltveranlagung hat. Falls Gelegenheit besteht, das Pferd im Freilauf zu sehen, kann auch die Beobachtung der Galoppade Hinweise auf bestehende Viertaktveranlagung geben. Beim Kauf auf der Rennbahn besteht diese Möglichkeit aber nur selten, und falls doch, so kann es gut sein, daß das Pferd nicht wagt zu galoppieren.

- Zeigt das Pferd nun immer noch keine Verschiebung zum Viertakt, so heißt das nicht unbedingt, daß überhaupt keiner vorhanden ist. Leicht zu finden und zu fördern ist der Tölt dieses Pferdes allerdings nicht. Aber vielleicht haben Sie sich inzwischen ja trotzdem in den kleinen Traber verliebt und nehmen seine Gänge, wie sie sind. Dann lassen Sie sich überraschen. Nach einem Jahr dressurmäßiger Arbeit, wenn das Pferd stärker auf die Hinterhand gebracht worden ist, kann es sich vielleicht doch noch zu einem besonders ausdrucksstarken Tölter entwickeln!

wahrscheinlich den „Walkenden Traber"! Die führenden Reiter in der Interessengemeinschaft, die sich inzwischen auch um die spezielle Zucht des Töltenden Trabers bemüht, orientieren sich in letzter Zeit immer mehr am American Saddlebred Horse, also am Ideal des repräsentativen Trabtölters.

Es gibt aber auch reichlich Paßtölter auf dem Markt, gelegentlich sieht man Traber, die als Rennpasser geritten und vorgestellt werden. Auswahlkriterium für den Freizeitreiter, der einen garantiert töltenden Traber erstehen will, ist also lediglich, ob der Viertakt klar ist und sicher gehalten wird, vielleicht noch, wieviel Tempo das Pferd entwickelt. Zuviel Paßneigung sollte das Pferd nicht aufweisen, achten Sie also auf einen trippelnden Gang und darauf, ob das Pferd beim Reiten sehr nervös scheint. Das alles spricht für einen künstlich angetölteten Paßgänger mit Angsttemperament. Wenn starke Paßneigung Ihnen nichts ausmacht, ist es preiswerter und für das Pferd sicher nervenschonender, Sie kaufen das Pferd selbst auf der Rennbahn und schulen es allein um. Wenn Ihre Reitkenntnisse zumindest denen der zwölfjährigen Mädchen aus Ruhrgebietsställen entsprechen, sollte das kein Problem sein!

TURNIERREITEN AUF TRABERN

Die Internationale Gangpferde-Vereinigung e.V. veranstaltet inzwischen Turnierprüfungen für alle Gangpferderassen. Traber können sowohl in speziellen Prüfungen als auch in offenen Gangpferdeprüfungen gezeigt werden. Den Tölt wünscht man sich dabei „locker, raumgreifend und ohne übertriebene Aktion auf Kosten des Raumgriffs". Zeigen jedoch zwei Pferde den gleichen Raumgriff, so wird das mit der höheren Aktion bevorzugt. Im Klartext: Gewünscht wird möglichst spektakulärer, am Isländer oder am Saddler orientierter Tölt.

Sehr häufig nehmen Traberbesitzer auch an Distanzritten im Tölt teil und haben dabei gute Plazierungschancen. Über den Sinn solcher Konkurrenzen kann man sich aus Sicht des Langstreckenreiters zwar streiten. Ursprünglich zielt Distanzreiten auf möglichst kraftsparendes Vorwärtskommen. Tölt ist jedoch meist anstrengender als Trab. Immerhin bieten Distanzritte auch dem Freizeitreiter auf dem selbstausgebildeten Pferd reelle Chancen, eine Schleife zu gewinnen. Dabei ist er im übrigen nicht auf die Veranstaltungen der Gangpferdereiter angewiesen, sondern kann auch die räumlich oft näher liegenden Angebote der Distanzreitervereinigung nutzen.

Nordamerikanische Gangpferde

Das Tennessee Walking Horse

Ein Naturwalker zeigt seine Spezialgangart auch locker an der Hand.

Wir müssen zugeben: Bei der Schaffung des Mythos rund um das Tennessee Walking Horse haben wir mitgewirkt. Die Darstellung des sanften, langmähnigen Walkers aus den Südstaaten als „Pferd zum Film“ war zu verlockend. Der Walker – das Pferd des reichen Plantagenbesitzers aus „Vom Winde verweht“ und „Fackeln im Sturm“. Zu seiner Präsentation paßten die entsprechende Titelmusik, Frack und Damensattel, und in der Anmoderation beschworen wir Scarlett O'Hara und Rhett Butler. Ein schöner Traum, der seine Wirkung auf das Publikum nicht verfehlte – aber wie die meisten Mythen nur im Ansatz richtig! Tatsächlich saßen die O'Haras und Wilkes nämlich nicht auf Tennessee Walking Horses, sondern allenfalls auf deren Vorgänger, dem Plantation Walker. Die Rasse des Tennessee Walkers konsolidierte sich erst nach dem Bürgerkrieg auf der Basis von Plantation Walker, Narragansett Pacer, Standardtraber, Saddler und Morgan-Horse. Seit 1939[7] ist das Zuchtbuch geschlossen.

Nun umreitet in den letzten fünfzig Jahren kaum noch jemand Plantagen, zumindest nicht in Tennessee. Der Walker wurde denn auch nicht schwerpunktmäßig als Gebrauchspferd, sondern vor allem als Showpferd konzipiert. Zuchtziel war und ist das möglichst gute Abschneiden bei Gangpferdekonkurrenzen. Anfänglich tat das der Verwendung des Walkers als Freizeitpferd keinen Abbruch. Im Gegenteil: Der Walker trat seinen Siegeszug in amerikanische „Ställe hinterm Haus“ an. Er ist heute noch die am häufigsten vertretene Rasse gleich nach dem Quarterhorse, über 250 000 Tiere sind registriert. In der Turnierszene gewann jedoch das stark manipulierte Gangpferd – Pad-Horse oder Big Lick-Horse – immer mehr an Beliebtheit. Die Gänge dieser „auf Stelzen“ gestellten Pferde sind unzweifelhaft imponierend – für europäische Augen allerdings auch monströs!

Die Preisgelder stiegen – und die Züchter stellten sich darauf ein, den Bereitern möglichst geeignetes „Material“ zur Manipulation zur Verfügung zu stellen. Das bedeutete leider, daß der Trab gegenüber dem Paßelement im Gangspektrum zurückgedrängt wurde. Wie wir im Kapitel zur Zucht schon angedeutet haben und unter „Gangpferdemanipulation“ noch genauer ausführen werden, ist ein Passer nämlich sehr viel leichter durch Veränderung der Hufstellung zu beeinflussen als das eher trabveranlagte Pferd oder das eigentlich ideale Gangpferd, das die Waage zwischen Paß- und Trabveranlagung hält. Das Ergeb-

[7] In den dreißiger Jahren dieses Jahrhunderts herrschte überall in Europa und USA eine Art „Zuchtbuchgründungswelle“. Wer die Geschichte der wichtigsten Pferderassen verfolgt, wird feststellen, daß sich fast alle Zuchtorganisationen in diesem Jahrzehnt zusammenschlossen.

nis des Ganzen ist leicht vorstellbar – und in Amerika und Kanada bei jedem Provinzturnier zu überprüfen: Auch das Freizeitpferd, bei turnierorientierten Zuchten schließlich kein eigenes Zuchtziel, sondern „Abfallprodukt", tendiert immer mehr zum Paß. Selbst in Staaten mit hoher TW-Population ist es folglich nicht ganz leicht, wirklich gut veranlagte Pferde für den Freizeitreiter zu finden und einzukaufen.

ERWÜNSCHTE GÄNGE

Der Tennessee Walker wird im Ursprungsland nicht im Trab geritten. Auch hier macht man das nur zu Ausbildungszwecken. Das erwachsene Pferd soll praktisch nur zwei Gänge zeigen: Schritt, gesteigert bis hin zu Trabtempo (Running Walk), und Galopp, möglichst gut gesprungen als langsamer Canter und mit wenig Paßverschiebung. Beim Kauf würden wir es allerdings positiv bewerten, wenn das Pferd im Freilauf und das junge Pferd vielleicht auch unter dem Sattel Trab zeigt. Klaren Paß kann man dagegen nur im Freilauf akzeptieren. Unter dem Sattel sollte das Pferd deutlich erkennbar Walk gehen, besser langsam und klar als schnell und passig. An der Geschwindigkeit kann man dann immer noch arbeiten.

Tölt und Saddlegait sind nicht rassetypisch. Sie führen eher zu Schwierigkeiten, als daß sie den Wert des Pferdes steigern. Wer einen Saddlegaiter möchte, hat reichlich Auswahl unter Trabern und Kreuzungen. Tennessee Walker sind zu teuer, um sich hier auf Kompromisse einzulassen.

HINTERGRUNDINFORMATIONEN

Wer einen Tennessee Walker und besonders ein Importpferd kauft, sollte sich über einige Dinge im klaren sein. Zum einen: Tennessee Walker werden im Ursprungsland sehr jung angeritten. Sie kommen oft schon mit 15, spätestens mit 18 Monaten bis zwei Jahren unter den Sattel. Der Bereiter entscheidet dann, ob sie sich zum Showpferd eignen – und macht bei starker Paßveranlagung oft den Versuch, das Pferd auf Pads zu stellen. Weniger geeignete Pfer-

AUF EINEN BLICK

Südstaatengentleman – ein Tennesse Walker-Deckhengst

Tennessee Walking Horse

Herkunftsland
USA

Stockmaß
140–170 cm

Exterieur
Von alten Fotos her kennt man den Walker als sehr großes, oft äußerst muskulöses Pferd. Heute dominiert dagegen der sog. „Pleasure-Typ", ein kleineres, feingliedriges Pferd im Typ des Vollblüters. Typisch sind ein langer und schmaler Kopf mit spitzen Ohren, eine kräftige Hinterhand unter breiter Kruppe, feste Hufe und volles Langhaar.

Gangveranlagung
Idealerweise Flat Walk und Running Walk, Schritt und Galopp, mitunter etwas starke Neigung zum Paß. Tölt ist fehlerhaft! Im Turnier sind Flat Walk und Running Walk, je nach Prüfung und Ausbildungsstand auch Canter, erwünscht.

Eine junge Stute in gelassenem Walk

de werden in diesem Alter an Freizeitreiter verkauft, sie könnten also auch für den Import nach Europa erworben werden.

Nun wissen jedoch europäische Importeure, daß hierzulande kein Mensch ein so junges gerittenes Pferd haben möchte. Verständlicherweise befürchtet jeder frühen Verschleiß und psychische Schäden infolge der sehr kurzen Aufzucht. Der Importeur sucht also eher nach drei- bis vierjährigen Pferden, die er in Europa als „angeritten" verkaufen kann, und schaut sich den zweijährigen Nachwuchs gar nicht erst an. Tatsächlich gibt es aber praktisch keine rohen oder gerade erst angerittenen Drei- und Vierjährigen auf dem Markt. Die Pferde sind entweder im Turniersport, oder sie haben gerade ein neues Heim bei einem Freizeitreiter gefunden, der sie verständlicherweise nicht gleich wieder abstößt. Insofern sind die Chancen, wirklich gutes Pferdematerial in der gewünschten Altersklasse zu importieren, äußerst gering. Erhältlich sind allenfalls Pferde, die im Sport versagt haben (meist trotz starker Paßneigung), Pferde, die aufgrund irgendwelcher Besonderheiten (Krankheiten, Aufzuchtschäden) tatsächlich erst verspätet unter den Sattel kamen oder – wenn auch selten bei den duldsamen TWs – aufgrund charakterlicher Probleme weder mit dem Ausbilder noch mit dem neuen Besitzer zurechtkamen. Ausnahmefälle bestätigen hier zwar die Regel (so kommt es zum Beispiel immer mal vor, daß ein verwöhntes Lieblingspferd des Züchters länger stehen darf oder daß ein Zuchtbetrieb mit vielen für Pad-Konkurrenzen trainierten Pferden nicht dazu kommt, eins auf Light Shot-Prüfungen vorzubereiten), aber die sind dann auch erheblich teurer als der Durchschnitt.

Fast das gleiche gilt für ältere Pferde: Fünfjährige und ältere Billigpferde haben entweder eine Turnierkarriere hinter sich und sind entsprechend verbraucht, oder sie kommen von einem Freizeitreiter, der nicht mit ihnen zurechtkam. Gute, voll erwachsene Freizeitpferde sind seltener auf dem Markt und haben ihren Preis. Seien Sie also grundsätzlich vorsichtig, wenn ein Tennessee Walker – oder ein anderes amerikanisches Showpferd – als „Schnäppchen" zu haben ist. In der Regel ist dabei etwas faul.

Sinnvoller, als auf den Glücksgriff zu hoffen, wäre es auf jeden Fall, einen Importeur Ihres Vertrauens mit der Suche nach einem veranlagten Jungpferd zu beauftragen. Es hindert Sie dann ja niemand, Ihren Zweijährigen noch ein oder zwei Jahre auf die Aufzuchtweide zu stellen und die Grundausbildung dann selbst schonend zu wiederholen. Sie erhalten damit ein gutes Pferd zu erschwinglichen Preisen und tun obendrein ein gutes Werk!

TURNIERREITEN AUF TENNESSEE WALKERS

Eine Turnierszene für Tennessee Walking Horses ist in Europa erst im Aufbau. Man versucht dabei, sich so weit wie möglich am Ursprungsland zu orientieren, die Auswüchse in bezug auf „Schönheitspflege" (Abrasieren der Tasthaare, Schwitzpackungen usw.) und Gangmanipulation aber weitestgehend zu vermeiden. Wieweit diese Gratwanderung funktionieren wird, bleibt abzuwarten. Bisher sind die Prüfungen noch sehr gering beschickt, und jeder TW-Besitzer hat Plazierungschancen. Geritten werden Gangprüfungen im Flatwalk und Running Walk, je nach Ausbildungsstand der Pferde auch im Canter. Dazu kommen „Modell-Klassen", also reine Schönheitskonkurrenzen.

Das American Saddlebred Horse

Das Five Gaited American Saddlebred Horse, wie sein voller Name lautet, ist zweifellos die imposanteste Gangpferderasse. Es steht im Vollbluttyp, zeigt sprühendes Temperament und eindrucksvolle Gänge. An der Entstehung der relativ alten Rasse – der Zuchtverband wurde bereits 1891 gegründet – waren Vollblüter, Morgans und Hackneys beteiligt. Die Gangveranlagung steuerte der Narragansett Pacer bei, der auch zu den Ahnen des Tennessee Walkers und Missouri Foxtrotters gehört. Von jeher züchtet man das Saddlebred Horse sowohl als Tölter wie auch als Dreigänger. Der Trab ist also sicher im Erbgut verankert.

Der Saddler wird in den USA schwerpunktmäßig als Showpferd gezüchtet und hat dort den Ruf, für den durchschnittlichen Freizeitreiter erheblich zu temperamentvoll zu sein. Anfängerpferde sind die großen Tölter mit den enormen Bewegungen ganz sicher nicht.

Wer von einem Saddler träumt, sollte seinen Reitstil also sehr kritisch betrachten – der reibungslose Umstieg vom frustrationstoleranten Isländer auf den hochsensiblen Saddler klappt so gut wie nie! Versierte

Der typische Schweif des Show-Saddlers: wunderschön, aber nicht gerade ein Beweis für artgerechte Haltung!

AUF EINEN BLICK

Ein Saddler in der typischen Showaufstellung

Five Gaited American Saddle Horse

Herkunftsland
USA

Stockmaß
150–170 cm

Exterieur
Elegantes Pferd im Vollbluttyp, gerader edler Kopf, hochgetragener Hals, lange Schulter, eher langer Rücken, gerade Kruppe, trockene Gliedmaßen

Gangveranlagung
Idealerweise Trabtölter mit viel Aktion.
Im Turnier sind Schritt, Trab, langsamer und schneller Tölt (Slow Gait, Rack) und Canter erwünscht.

Der Saddler als Showpferd

Reiter werden dagegen Freude an der Vielseitigkeit des eleganten Großpferdes haben. Die dreigängige Variante des Saddlers ist dressurmäßig bis zur Klasse S förderbar, und auch der Fünfgänger eignet sich besser für die konventionellen Sportarten als die meisten anderen Gangpferde – immer vorausgesetzt, der Ausbilder verfügt über das nötige Können.

„BARBIEPFERDCHEN"

In den USA schätzt man den Saddler wie gesagt hauptsächlich als Showpferd, wobei die Begeisterung für ihn ähnlich seltsame Blüten treibt wie beim Umgang mit dem Tennessee Walker. Das amerikanische Showpferd verbringt sein Leben in einer Box, eingespannt in ein Metallgestell zum Hochhalten des Schweifs. Hier werden nämlich zur „Verschönerung" des Tieres am Anfang der Showkarriere zwei Sehnen durchtrennt. Das Pferd kann den Schweif dann nicht mehr normal hängen lassen, sondern trägt ihn stets so hoch wie sonst nur beim Imponiergang. Das „Tail Set" hält ihn auch während der Nacht in dieser Lage, damit die Sehnen auf keinen Fall zusammenheilen können und das Pferd wieder normal aussähe. Die Halslinie wird durch Schwitzpackungen betont, oder man hängt das Pferd stundenlang in einen an der Boxdecke aufgehängten Autoreifen, um die „edle Halsung" zu verstärken. Der Schweif wird ständig eingeflochten, um ihn bis zur Überlänge hin wachsen zu lassen. Das Ergebnis dieser Behandlung schwebt dann wie ein fleischgewordenes Barbie-Pferdchen durch den Show-Ring – zur unbeschränkten Begeisterung der meist unkundigen und vor allem unkritischen amerikanischen Zuschauer. Bei der Vorstellung der hierzulande gezeigten Saddler werden die Auswüchse rund um die „Schönheitspflege" meist verniedlicht. Hört man die Vorführer der Pferde, so könnte man glauben, die Tiere kämen direkt aus dem Offenstall und präsentierten sich nur aus Spaß ein bißchen im Showring.

Vertrauen Sie hier bitte auf Ihr gesundes Urteilsvermögen: Ein Pferd mit meterlangem Schweif kann nicht aus artgerechter Haltung kommen. Stechtölt in angespannter Körperhaltung und ein Gesichtsausdruck, als käme das Pferd gerade aus der Geisterbahn, sind auch für hochblütige Pferde nicht normal!

GANGVERANLAGUNG

Der Saddler wird als Fünfgänger bezeichnet, ist aber tatsächlich ein Viergänger. Zusätzlich zu Schritt, Trab und Galopp geht er Tölt, wobei die Amerikaner langsamen Tölt – Slow Gait – und schnellen Tölt – Rack – unterscheiden. Natürlich hat auch der Saddler wie alle Gangpferde Paßveranlagung, sie sollte aber nicht deutlich sichtbar sein. Beim Tölt und auch beim Trab wünscht man sich möglichst viel Knieaktion. Das Pferd sollte von Natur aus einiges davon mitbringen – ansonsten hilft der amerikanische Showtrainer aber auch gern ein bißchen nach, wie im Kapitel zur Gangmanipulation nachzulesen ist.

Hierzulande sind Saddler noch recht selten, und es ist fraglich, ob sie sich auf die Dauer durchsetzen werden. Als Freizeit- und Familienpferde sind die geborenen Showstars einfach zu wenig geeignet, und viele Freizeitreiter möchten auch kein so großes Pferd.

Was Kauftips angeht, so orientieren Sie sich am besten an den Hinweisen zum Tennessee Walker. Auch der Saddler kommt in Amerika sehr früh unter den Sattel, also Vorsicht bei nicht gerittenen drei- bis fünfjährigen Pferden. Was Exterieur und Gangbeurteilung angeht, so sollten Sie als Käufer eines so anspruchsvollen Pferdes bereits ausreichend Kenntnisse besitzen. Anfänger sind mit dem Saddler sicher überfordert.

Das Racking Horse

Racking Horse bedeutet nichts anderes als „Töltendes Pferd". Meist bezeichnet man damit töltende Kreuzungen zwischen Saddler und Tennessee Walker oder auch zwischen diesen Rassen und anderen Pferden. Voraussetzung für die Aufnahme in das seit 1971 bestehende Zuchtbuch ist die Töltanlage: Das Pferd soll die Gangart möglichst in verschiedenen Tempi zeigen. Erwünscht sind ruhiges Tempo (Slow Rack), Arbeitstempo (Rack) und Renntempo (Fast Rack). Übertriebene Aktion ist zumindest offiziell nicht notwendig, aber auch hier prämiert man natürlich bevorzugt spektakuläre Tölter.

In Amerika vermarktet man das Racking Horse als ausgeglichenes Familienpferd, was es teilweise sicher auch ist. Es dürften allerdings die für Kreuzungen typischen Schwankungen in Temperament und Gangveranlagung auftreten. Hierzulande ist das Racking Horse bisher kaum vertreten. Der Kundenkreis, den es in Amerika anspricht, ist hier mit dem erheblich preisgünstigeren Töltenden Traber besser bedient.

Ein Saddler im Rack

AUF EINEN BLICK

Ein reiner Saddler im spektakulären Rack.

Racking Horse

Herkunftsland
USA

Stockmaß
140–170 cm

Exterieur
Leicht gebautes Pferd im Typ zwischen Tennessee Walker und Saddler

Gangveranlagung
Idealerweise Tölt zwischen Schritt- und Galopptempo. Mitunter starke Paßneigung. Im Turnier nur Schritt und Tölt in verschiedenen Tempi erwünscht.

GANGVERANLAGUNG

Selbst der Zuchtverband gibt zu, daß die Paßveranlagung beim Racking Horse sehr deutlich ist. Das Pferd hat deshalb häufig Galopp-Probleme. Allerdings dürfte die individuelle Gangveranlagung stark davon abhängen, ob das Pferd schwerpunktmäßig auf Tennessee Walker- oder auf Saddler-Ahnen zurückgeht. Inzwischen züchtet man übrigens auch das Racking Horse mit dem

Der „Österreichische Foxtrotter"

Vermarktungstechnisch eine geniale Idee: Man setzt einen Hengst zum Decken beliebiger Stuten ein und gibt den daraus entstehenden Fohlen einen klangvollen Rassenamen mit auf den Weg. Schon ist man heraus aus dem etwas umstrittenen Bereich der wilden Kreuzungszucht, und die vermeintlichen „Rassefohlen" lassen sich auch besser verkaufen als der übliche „Haflinger mal Spotted Saddle Horse-Mix". So geschehen in Österreich, wo man einige wenige Missouri Foxtrotter bevorzugt mit Saddlern und Trabern, aber auch anderen Gangpferderassen mixt und die Ergebnisse unter dem klingenden Namen „Österreichischer Foxtrotter" auf den Markt bringt. Die Fohlen sollen möglichst Foxtrott und/oder Walk gehen, aber natürlich kommt es auch mal zu Entgleisungen in den Paß. Da Foxtrott vielen Käufern ohnehin ein Buch mit sieben Siegeln ist, fällt ihnen das meist gar nicht auf. Dafür gibt es aber schon den Spezialsattel zum Pferd ...

Lassen Sie sich hier nicht blenden: Der österreichische Foxtrotter ist keine Rasse, und es darf bezweifelt werden, daß er jemals eine wird. Das Zuchtziel, ein Gangpferd mit wenig Aktion, aber sicherer Gangveranlagung speziell für den Freizeitreiter zu schaffen, ist zwar nobel, besagt für sich gesehen aber noch nichts. Solange kein Zuchtkonzept wie etwa das für den Aegidienberger vorliegt, wird hier letztlich nichts anderes getan, als ins Blaue gezüchtet. Mit allen Risiken wie unter „Kreuzungen" beschrieben.

Schwerpunkt auf spätere Showteilnahme. Wieweit sich das auf die Konsolidierung des Ganges innerhalb der „Rasse" auswirken wird, bleibt abzuwarten

Der Missouri Foxtrotter

Das Missouri Foxtrotting Horse ist sozusagen die „Western-Variante" des Gangpferdes. Die Rasse entwickelte sich im schwierigen Gelände der Ozark-Berge, einem Gebiet zwischen Missouri und Arkansas. Die dortigen Siedler schätzten die trittsichere Viertaktvariante Foxtrott beim Zurücklegen langer Strecken. Gleichzeitig war das deutlich traborientierte Pferd gut für die Rancharbeit zu gebrauchen. Wie bei allen Westernpferden waren und sind weder übertriebene Aktion noch besonders raumgreifende Gänge erwünscht. Bequemlichkeit, Ausdauer und Trittsicherheit sind Trumpf. Auch heute noch wird der Missouri Foxtrotter vor allem als bequemes Wander- und Freizeitpferd eingesetzt und vermarktet. Die amerikanische Forstbehörde setzt ihn gern als Dienstpferd für ihre Ranger ein. Teilnehmer an Wanderritten in den USA schwärmen von seiner Sicherheit und Unermüdlichkeit.

Die Turnierszene für Missouri Foxtrotter in den USA ist klein, die Preisgelder nicht hoch dotiert, Gangmanipulation spielte lange Zeit keine Rolle.[8] Das ist um so interessanter, da Missouri Foxtrotter und Tennessee Walker außerordentlich nah verwandt sind! Das Zuchtziel der beiden Rassen ist vom Exterieur her praktisch identisch, und sie gehen auf die gleichen Ursprungsrassen zurück. Trotzdem soll die eine Rasse die Hufe bis zum Kinn reißen, die andere braucht mit den Hinterhufen nicht einmal überzutreten – Züchterwillkür, bei der der Foxtrotter deutlich den besseren Teil erwischt hat!

Foxtrotterstute im Flatwalk.

[8] In der letzten Zeit nimmt der Einsatz von Ketten und Gewichtseisen hier allerdings zu.

In Europa ist der reinrassige Foxtrotter noch nicht weit verbreitet, über die Gangart *Foxtrott* herrscht weitgehende Unkenntnis. Nun neigt man hier aber selbst im Ursprungsland nicht zur Analyse: Trotz mannigfaltigen Informationsmaterials fanden wir kein Gangdiagramm „Foxtrott", sondern mußten uns die Gangart mühsam über Standbilder auf dem Videorekorder erarbeiten. Wenn die Rasse in Europa Boden gewinnen soll, bleibt zu hoffen, daß sich jemand des Foxtrotters züchterisch annimmt, der sich wirklich für den Spezialgang interessiert.

GANGVERANLAGUNG

Auf Turnieren wird der Missouri Foxtrotter im *Flat Walk, Foxtrott,* Trab und Galopp gezeigt. Letzteren wünscht man sich als ruhigen Canter wie bei allen amerikanischen Gangpferderassen. Um Foxtrott zu erhalten, muß das diagonale Element in der Zucht gefördert werden, was oft auch dem Walk zugute kommt: Der Missouri Foxtrotter hat im Gegensatz zum Tennessee Walker seltener Paßprobleme. Foxtrott ist dafür die am wenigsten bequeme Viertaktvariante – im Tölt und Running Walk sitzt man deutlich erschütterungsärmer. Letztlich muß jeder selbst entscheiden, ob er die Gangart mag oder nicht. Beim Kauf des Foxtrotters ist wieder auf klare Gangtrennung zu achten. Pferde mit Paßneigung entsprechen nicht dem Zuchtziel und sollten insofern auch nicht allzuhoch bezahlt werden – selbst wenn es sich um Importpferde handelt. Das Herkunftsland ist schließlich kein Gütekriterium.

Auch was den Charakter angeht, ist die übliche Vorsicht geboten. Als Rasse ist der Missouri Foxtrotter zwar nett und menschenbezogen, genau wie sein naher Verwandter aus Tennessee. Einzelindividuen können jedoch Haare auf den Zähnen haben. Also: Nicht unreflektiert zugreifen, sondern ausführlich probereiten und Skepsis zeigen wie beim Kauf jedes anderen Pferdes auch.

Foxtrott – nicht unbedingt die bequemste Viertaktvariante

AUF EINEN BLICK

Elegant und freundlich – typvolle Foxtrotterstute

Missouri Foxtrotter

- **Herkunftsland**
  USA
- **Stockmaß**
  140–160 cm
- **Exterieur**
  Leichtes Pferd im Typ des Tennessee Walkers, kompakt, muskulös
- **Gangveranlagung**
  Idealerweise Flat Walk und Foxtrott, dazu Schritt, Trab und Galopp. Im Turnier sind Flat Walk, Foxtrott und Trab erwünscht, je nach Prüfung und Ausbildungsstand auch Canter.

Südamerikanische Gangpferderassen

Der Peruanische Paso

Peruanische Pasos gehen auf die Pferde zurück, die spanische Eroberer Anfang des 16. Jahrhunderts mit nach Südamerika brachten. Den zierlichen, feurigen Pferden ist das südländische Temperament bis heute anzumerken. Es sind sprühende, lebhafte Geschöpfe, aufgeschlossen und sympathisch. Vom Reiter erfordern sie ein hohes Maß an Einfühlsamkeit und Sensibilität, sie werden mit leichtester Zügeleinwirkung geritten und nehmen harte Einflußnahme schnell übel. Anfängerpferde oder „geborene Familienpferde“ sind es folglich nicht.

Peruanische Pasos werden unter dem Vorzeichen „Ein-Gang-Pferde“ vermarktet. Ihre Züchter behaupten, der elegante Peruaner ginge von Fohlenbeinen an nichts als Tölt, Trabveranlagung sei praktisch nicht vorhanden. Als aufgeklärter Leser dieses Buches wissen Sie natürlich längst, daß dies im Prinzip nicht geht. Züchtet man den Trab weg, so verschiebt sich die Gangbreite in Richtung Paß, und beim Peruanischen Paso ist dies auch bereits geschehen. In Zeitlupe betrachtet ist sein scheinbar recht

Sensibel und leichtführig – ein gut gerittener Peruanischer Paso

aktionsstarker Tölt oft nichts anderes als Paß – höchstens leicht gebrochen durch den *Término*, also das Bügeln. Diese schlenkernde Seitwärtsbewegung aus dem Vorderfußwurzelgelenk heraus ist beim Paso rassetypisch. Es sollte aber nicht als einziges Instrument zur Brechung des Passes dienen, denn dann geht das Pferd, objektiv gesehen, keinen wirklichen Tölt, sondern Saddlegait.

Sehr häufig zeigen Pasos sehr kurze Bewegungen, was als Folge starker Versammlung ausgegeben wird. Auch das kann jedoch ein Indiz dafür sein, daß hier extreme Paßveranlagung mühsam zum Tölt hin gebrochen wird. Und noch ein Problem plagt die Paso-Zucht: Um den Gang weicher zu machen, züchtet man die Pferde mit extrem langen Fesseln, was auf die Dauer gesehen zur Überdehnung der Beugesehnen führt. Mitunter berühren die Fesselköpfe der Pferde fast den Boden. Zum Geländereiten sind diese Kunstprodukte dann kaum noch zu verwenden. Der kurze Gang und die weiche Fesselung machen sie unsicher auf unebenem Boden. Natürlich muß das nicht sein. Wer ein bißchen sucht, findet durchaus gutgezogene Pasos mit weiten Bewegungen, annähernd durchschnittlichem Fesselstand und klarem Tölt. Danach muß man sich allerdings gezielt umsehen, die angeblichen Rassestandards auch mal vergessen und vor allem viel Geld einstecken. Ein erstklassiger Paso hat seinen Preis und ist ihn auch wert!

Peruanische Pasos werden gern als „von Natur aus nobel" im Umgang mit Menschen hingestellt. Auch ihre Fohlen kommen aber selbstverständlich nicht wohlerzogen auf die Welt, sondern brauchen Erziehung wie jedes andere Pferd. Dabei sind sie temperamentsmäßig eher dem Araber und anderen sensiblen, sehr menschenbezogenen Rassen vergleichbar als etwa dem gelasseneren Nordlandpferd. Das Fohlen ist leicht zu erziehen, aber auch leicht zu erschrecken! Etwas Erfahrung sollten Sie also schon mitbringen, bevor Sie dem Charme des eleganten Südländers verfallen.

AUF EINEN BLICK

Südlicher Charme – ein Paso im Ursprungsland

Peruanischer Paso
Paso Peruano

Herkunftsland
Peru

Stockmaß
143–155 cm

Exterieur
Leichtes Pferd mit trockenem Kopf und geradem oder leicht konvexem Profil; trockene Beine, oft etwas weiche Fesseln, starker Behang

Gangveranlagung
Idealerweise *Paso Llano* (Tölt) und *Paso Sobredando* (Paßtölt), kein Trab, reiner Paß unerwünscht. Galopp wird im Turnier nicht gezeigt. Bügeln *(Término)* ist rassetypisch.

GANGVERANLAGUNG

Erwünschte Gänge beim Paso sind der *Paso Llano*, ein klarer, ruhiger Tölt, und der schnellere *Sobredando*, der stärker zum Paß verschiebt. Das ist rassetypisch und durchaus erwünscht. Ernsthafte Pasozüchter sind deshalb zu Recht verärgert, wenn Islandpferdeausbilder ihre Pasos im Renntölt reiten. Galopp brauchen Peruanische Pasos im Turnier nicht zu zeigen. Beim Kauf sollten

Sie trotzdem darauf achten, ob das Pferd die Gangart einigermaßen klar zeigt, denn das beweist, daß noch ausreichende diagonale Gangveranlagung vorhanden ist.

Der Paso Fino

Der Paso Fino ist dem Peruanischen Paso nah verwandt. Auch er geht auf spanische Pferde zurück, angeblich auf die Stuten und Hengste, die Kolumbus einst nach Santo Domingo in der Dominikanischen Republik brachte. Später kreuzte man die unterschiedlichsten anderen Rassen ein; der Zuchtverband – Asociación de Caballos de Paso – konstituierte sich 1947. Im Ge-

Beim Paso Fino ist Trab erwünscht.

Ein Paso Fino und sein Reiter im traditionellen Outfit

gensatz zum Peruanischen Paso soll beim Paso Fino der Trab genetisch verankert sein. Die Pferde werden – auch im Turnier – nicht nur auf Gang hin geritten, sondern auch im Hinblick auf Wendigkeit und Trittsicherheit gefördert. Die Lektionen gleichen dabei denen des Westernreitens: rasche Übergänge, rasante Stops, Reiten extremer Achten. Das sollte natürlich nicht mit zu jungen Pferden angefangen werden. Ansonsten riskiert man Verschleiß wie bei jedem Dreigänger auch.

GANGVERANLAGUNG

Wie bei eigentlich allen Gangpferderassen, bei denen sowohl die diagonale als auch die laterale Veranlagung gefördert wird, variiert das individuelle Gangspektrum des Paso Fino stark. An Viertaktgangarten erwünscht sind *Fino* – klarer Tölt – und *Trocha* – eher zum Trab tendierender Tölt. Das Pferd sollte weiterhin sauber galoppieren können, um die extremen Galopplektionen der Dressuraufgaben meistern zu können. Trab *(Trote)* wird seltener geritten, sollte aber vorhanden sein. Den extremen Showgang des Paso Finos – *Classic Fino* oder *Fino fino* – zeigen nicht viele Pferde, aber das ist für den Freizeitreiter auch eher ein Plus als ein Verlust. Das Pferd soll dabei in höchster Versammlung fast auf der Stelle tölten. Die Gangart wird auf dem Fino-Strip gezeigt, einer Art langem Holzsteg, auf dem man den Takt gut hören kann. Viele Pferde sind dabei leider hart am Paß, und das Trippeln wirkt höchst unnatürlich. Für den alltäglichen Einsatz des Pferdes hat Classic Fino keine Bedeutung. Achten Sie beim Kauf also besser auf klare Trabveranlagung und ausreichenden Raumgriff als auf Showtalent.

AUF EINEN BLICK

Turnierpferd oder temperamentvoller Freizeitpartner – der Paso Fino hat viele Qualitäten.

Paso Fino

Herkunftsland
Kolumbien, Dominikanische Republik, Puerto Rico

Stockmaß
140–157 cm

Exterieur
Leichtes Pferd mit edlem, geradem Kopf; kurzer Rücken, trockene Gliedmaßen

Gangveranlagung
Gangspektrum zwischen Paßtölt und Trab, dazu Schritt und Galopp. Je nach Turnierdisziplin sind extrem versammelter Tölt *(Classic Fino)* oder auch Trabtölt und Galopp erwünscht. In den Ursprungsländern auch Prüfungen für Dreigänger.

Der Mangalarga Marchador

Mangalarga ist der Name eines großen und bekannten Pferdezuchtbetriebes in Brasilien. Die hier gezogenen Pferde gehen auf einen Hengst der portugiesischen Alter Real-Rasse, Berber- und Andalusierstuten sowie Stuten des örtlichen Landschlages zurück. Ein Teil der Pferde zeigt dabei zwei Tölt-Varianten, die *Marcha Batida* und die *Marcha Picada*. Sie werden speziell gezüchtet und heißen – um sie von den anderen Mangalargas abzugrenzen – Mangalarga Marchadores. Der Zuchtverband für die Tölter besteht seit 1949.

In Brasilien sind sowohl sie als auch ihre nichttöltenden Verwandten stark verbreitet. Mangalarga Marchadores wurden von jeher als Gebrauchs- und Freizeitpferde gezüchtet. Ihren Reitern ging es um schnelle Überwindung weiter Strecken sowie Hilfe bei der Rinderarbeit. Dafür bevorzugten sie verständlicherweise Trabtölter.

In Europa gibt es Mangalargas seit 1987. Sie wurden mit großem Werberummel eingeführt. Zunächst lag die Betreuung der Rasse hauptsächlich in den Händen versierter Isländerzüchter, was man ihren Bewegungen sehr bald anmerkte. Statt wie im Ursprungsland eher flach zu laufen, zeigten sie hohe Aktion, die stark trabverwandte Töltvariante Marcha Batida wurde kaum gefördert. Inzwischen hat sich das geändert. Moderne Mangalarga-Fans orientieren sich wieder mehr am Ursprungsland.

GANGVERANLAGUNG

Die Spezialgänge des Mangalarga sind Marcha Batida und Marcha Picada, letztere ein klarer Tölt mit relativ geringer Aktion. Die Tendenz geht dabei eher zum Trab als zum Paß, idealerweise ist die Gangart genau zwischen den Zweitaktvarianten angelegt. Die Marcha Batida ist dagegen ein ganz knapp gebrochener Trab. Hört man auf den Takt, so klingt sie ähnlich wie Saddlegait. Die Brasilianer schätzen sie, weil das Pferd darin kraftsparender läuft als im reinen Tölt, die Gangart aber trotzdem etwas bequemer

Klarer Tölt: die Marcha Picada

zu sitzen ist. Als einzige Viertaktgangart neben Schritt, Trab und Galopp hat sie allerdings relativ wenig Reiz.

Zum Glück kommen Nur-Batida-Gänger relativ selten vor und sind auch meist noch in Richtung Picada zu schulen. Die nach Europa importierten Pferde wurden ohnehin nach Töltveranlagung ausgewählt, und die Islandpferdeexperten, die zunächst ihre Wahl trafen, nahmen eher mal ein zu stark paßveranlagtes Pferd mit als einen reinen Batida-Gänger. Da Paßgänger in Brasilien absolut nicht erwünscht sind und insofern billig abgestoßen werden, dürften sie dabei noch manches gute Geschäft gemacht haben. Der hiesige Käufer sollte diese Pferde jedoch nicht zu hoch bezahlen. Der Mangalarga Marchador soll trab- und trabtölt-betont sein, dabei aber leicht anzutölten und mit möglichst leichter Zügelverbindung reitbar. Vom Reiter erfordert das natürlich eine ordentliche reiterliche Grundausbildung. Ist die vorhanden, so eignet sich der Mangalarga auch gut zum Dressurreiten und für Distanzen.

Der Mangalarga sollte deutlich stärker trab- als paßveranlagt sein.

Die heute stärkere Orientierung an brasilianischem Reitstil und brasilianischer Pferdebeurteilung hat auch Nachteile. So sind die Käufer der Pferde dabei sehr stark auf die Angaben der wenigen, mehr oder weniger versierten „Kenner“ der Rasse angewiesen. Mitunter ist hier Vorsicht geboten. Wenn der Verkäufer die Gangveranlagung nicht benennen will und den Interessenten nicht dabei hilft, Marcha Picada, Batida und „Media“ genau zu unterscheiden, sondern statt dessen alles zwischen Trab und Paß als „Marcha“ führt, sollten Sie skeptisch sein. Marchadores als Rasse verfügen über ein Gangspektrum, das dem des Isländers vergleichbar ist, das heißt, es gibt keine Gangart, die nicht hargenau so auch bei anderen Rassen beobachtet werden kann. Der Versuch, sie trotzdem als grundlegend „anders“ darzustellen, dient nur der Verwirrung und Händler(Trainer)-Fixierung des Käufers!

AUF EINEN BLICK

Mangalarga Marchador

Bei solider Ausbildung ein handliches Pferd für viele Zwecke

Herkunftsland
Brasilien

Stockmaß
145–155 cm

Exterieur
Mittelgroßes, leichtes Pferd mit schrägem Halsaufsatz, mittellangem tiefem Rumpf und klaren, stark bemuskelten Beinen

Gangveranlagung
Spezialgangarten sind die *Marcha Batida*, ein knapp gebrochener Trab, und die *Marcha Picada*, ein klarer Tölt.

Kreuzungszucht und ihre Risiken

Manche Züchter halten erfolgreiche Pferdezucht für ein reines Rechenexempel und verlassen sich darauf, daß sie wie die Ermittlung eines Mittelwertes funktioniert: Extrem langer Hals beim Vater und extrem kurzer Hals bei der Mutter gleich ideale Halslänge beim Fohlen; Vollblut mal Kaltblut gleich Warmblut. Tatsächlich kann die Vererbung der Eigenschaften von Hengst und Stute aber keineswegs errechnet werden, sondern ist absolut zufallsabhängig. Die Vollblut-Kaltblut-Kreuzung muß also kein hübsches Pferd mittleren Kalibers ergeben, sondern kann ebensogut zu einem Fohlen mit schwachen Gelenken und wenig Fundament, dafür aber massigem Körper und schwerem Kopf führen – früher Verschleiß vorprogrammiert. Der Island-Araber-Mix kann ein hinreißend leichtes, temperamentvolles Gangpferd werden – genauso wahrscheinlich ist jedoch ein Dreigänger oder gar Passer mit dünnen Beinen, ungünstiger Fellstruktur und schwierigem Temperament. Denn nicht nur die Bau- und Kaliberunterschiede vererben sich und gehen oft verhängnisvolle Kombinationen ein. Auch Charaktereigenschaften differieren von Rasse zu Rasse, und das Kreuzungsfohlen spürt oft genug „zwei Seelen, ach“, in seiner Brust.

Weitaus häufiger als beim reingezogenen Pferd beobachtet man beim Kreuzungsprodukt Charakterprobleme wie erhöhte Aggressionsneigung, extreme Nervosität und Ängstlichkeit. Das tritt natürlich um so häufiger auf, je stärker sich die Rassen der Elterntiere unterscheiden.

Jeder, der eine Kreuzung vornimmt, muß sich folglich klar darüber sein, daß er sich auf ein Glücksspiel einläßt – und wer sich gar darauf verlegt, eine neue Rasse ins Leben zu rufen, muß kaltblütig genug sein, Fehlschläge einzukalkulieren.

Kreuzungsrassen

Der Aegidienberger

Der Aegidienberger ist eine Kreuzungsrasse aus Isländern und Peruanischen Pasos, benannt nach ihrer ursprünglichen Zuchtstätte, dem Gestüt Aegidienberg im Rheinland. Die Idee hinter diesem Zuchtversuch war, die Vorteile beider Gangpferderassen miteinander zu kombinieren, also die größere Robustheit des Isländers mit Kaliber und Sensibilität des Südamerikaners. In bezug auf die Gangveranlagung war dem Initiator des Ganzen, dem Islandpferdezüchter Walter Feldmann sen., offensichtlich mehr an der des Isländers gelegen, denn man entschloß sich zu einer 5/8-Kreuzung zugunsten des Nordlandpferdes. Letztlich braucht man vier Generationen, um an ein Aegidienberger Endprodukt zu kommen. Zunächst kreuzt man Isländer mal Paso – wobei zumindest am Anfang ein Paso-Hengst mit Isländerstuten zusammengeführt wurde. Die daraus entstehenden Fohlen (F1-Generation) werden erneut mit Isländern gekreuzt. Die Kinder aus dieser Anpaarung (R1-Generation) kommen wieder mit einer Paso-Isländerkreuzung (F1) zusammen. Zwei dieser Mischungen zeugen dann das Endprodukt.

Darüber, ob eine solche Verflechtung nordischer und südlicher Pferderassen

Die Gangveranlagung des Aegidienbergers gleicht dem des isländischen Viergängers – hier ein Pferd im Trab.

AUF EINEN BLICK

Vereint die Eigenschaften des Isländers und des Pasos – der Aegidienberger.

Aegidienberger

Herkunftsland
Deutschland (Rheinland)

Stockmaß
140–150 cm

Exterieur
Kräftiges Kleinpferd, meist im Isländertyp

Gangveranlagung
Idealerweise Schritt, Trab, Tölt, Galopp. Paß ist nicht direkt erwünscht, aber auch nicht fehlerhaft. Im Turnier wird er nicht gezeigt.

sinnvoll ist, kann man sich natürlich streiten. Schließlich gibt es mehr zu vererben als Gangveranlagung, und in Kreuzungsfohlen verbinden sich nicht zwangsläufig die besten, sondern ebensooft die negativen Eigenschaften beider Rassen. Im Fall Aegidienberger wurde aber immerhin mit Umsicht vorgegangen. Die Kreuzungen waren von Anfang an vom Rheinischen Pferdestammbuch abgesegnet, damit die Tiere Papiere erhielten. Außerdem waren Tierzuchtexperten der Universität Bonn als Berater dabei. Feldmann kreuzte mit klaren Zielvorstellungen und setzte dabei qualitativ hervorragende Elterntiere ein. Als erfahrener Gangpferdezüchter wußte er, wie man die starke Paßneigung des Pasos mit Hilfe eher trabveranlagter Islandstuten in Grenzen hält. Abstammung und somit auch Gangvererbung der Vorfahren waren hinreichend bekannt.

Der Aegidienberger war als gangstarker Trabtölter geplant und ist auf Veranstaltungen auch als solcher zu bewundern. Dies mag natürlich auf den Vorteil einer Zucht zurückgehen, die zumindest in ihren Anfängen allein in einer Hand lag: Weniger gelungene Produkte gerieten möglicherweise gar nicht erst ins Licht der Öffentlichkeit.

GANGVERANLAGUNG

Der Aegidienberger ist vom Isländer stark beeinflußt. Auf den ersten Blick ist es oft kaum möglich, ihn von einem Islandpferd modernen Typs zu unterscheiden. Auch die Ausrüstung, mit der er im allgemeinen vorgestellt wird, entspricht der eines Island-Turnierpferdes. Gangmäßig stellt man an ihn ähnliche Ansprüche wie an den isländischen Viergänger: Der Tölt wird rasant, die Bewegungen werden sowohl hoch als auch weit gewünscht. Der pasospezifische Término tritt offensichtlich selten auf und wird wohl auch nicht vermißt.

KAUF EINES AEGIDIENBERGERS

Beim Kauf eines Aegidienbergers ist zunächst darauf zu achten, welcher Generation das Pferd angehört. Da die Rasse noch relativ jung ist, sind noch nicht allzu viele „Endprodukte" auf dem Markt. Inwieweit sich die gewünschten Eigenschaften also wirklich schon konsolidiert haben und ob sich die Zucht so positiv weiterentwickelt, wenn sie aus der Hand des Einzelzüchters

Bei zwei gescheckten Elternteilen bestehen gute Chancen für ein farbiges Fohlen.

in die vieler Pferdefreunde übergeht, bleibt abzuwarten.

Aegidienberger sind zwangsläufig teurer als Zufallskreuzungsprodukte. Dafür bieten sie aber mehr Sicherheit in bezug auf zu erwartende Gangveranlagung und Gangvererbung, sie erhalten Papiere und sind insofern auch leichter weiterzuverkaufen. All dies sind wertsteigernde Gesichtspunkte. Tauchen Probleme auf, so wissen die ziemlich flächendeckend vorhandenen Islandpferdetrainer beim Aegidienberger eher Rat, als wenn Sie mit einer Zufallskreuzung kommen, deren Gangveranlagung erst analysiert werden will. Auch dies ist eine Überlegung wert, nützt Ihnen aber nur dann etwas, wenn Sie Ihren Reitstil am isländertypischen orientieren wollen. Letzteres müssen Sie natürlich, falls Sie eine Turnierteilnahme im Rahmen der Veranstaltungen der Internationalen Gangpferdevereinigung anstreben. Die Pferde werden dort in der Regel als Viergänger gezeigt, bei Materialprüfungen kann auch Rennpaß vorgeführt werden.

Das Spotted Saddle Horse

Spotted Saddle Horse heißt übersetzt einfach „geschecktes Gangpferd“, und das ist denn auch schon die Grundaussage zur „Rasse“. Als Spotted Saddle Horse wird jedes gescheckte Pferd oder Pony eingetragen, das irgendeine Viertaktvariante im mittleren Tempobereich zeigt. Der Zuchtverband für die Schecken sitzt in Amerika, in der Hochburg der Tennessee Walker-Szene. Die amerikanische Zuchtgrundlage bestand denn auch aus reinrassigen Tennessee Walking Horses, die ihre Besitzer doppelt registrieren ließen, sowie Walker-Kreuzungen. Andere Spotted Saddle Horses führen Blut von Racking Horses, American Saddlebreds und Missouri Foxtrotters. Was das Exterieur betrifft, so entspricht das Zuchtziel in Amerika etwa dem des Tennessee Walking Horses, wichtiger als alles andere sind jedoch Scheckung und Viertakt, wobei letzterer sehr locker ausgelegt wird. Ein paar Schritte Saddlegait genügen, und das Pferd hat Papiere.

AUF EINEN BLICK

Viele gescheckte Tennessee Walker sind als Spotted Saddle Horse doppelt registriert.

Spotted Saddle Horse

Herkunftsland
USA

Stockmaß
130–170 cm

Exterieur
Zwischen Pony- und Warmbluttyp alle Zuchtrichtungen vertreten, wichtig sind hier nur Scheckfärbung und Gangveranlagung.

Gangveranlagung
Tölt oder Walkveranlagung sind gleichermaßen erwünscht, zur Eintragung reicht Saddlegait.

An die Beurteiler seiner Gangveranlagung werden ebenfalls keine großen Ansprüche gestellt: Bei einem Besuch beim Spotted Saddle Horse-Verband in Shelbyville, Tennessee, wurden wir als deutsche Züchter freudig begrüßt, und nach wenigen Minuten war eine Übernahme des Richteramtes für die Fohleneintragung in Deutschland im Gespräch. Von uns forderte man dazu nur die Entrichtung von zwanzig Dollar sowie ein Leumundszeugnis zweier nicht vorbestrafter Amerikaner ... Das Spotted Saddle Horse ist eben ein typisches Produkt des Landes der unbegrenzten Möglichkeiten!

EUROPÄISCHE ZUCHT

In unseren Breiten stehen inzwischen viele gescheckte Gangpferdehengste amerikanischer Rassen für die Zucht von Spotted Saddle Horses zur Verfügung. Wer möchte, kann mit jeder beliebigen Stute kommen, und das Angebot wird freudig genutzt: Im Harem des gescheckten Gangpferdes finden sich alle erdenklichen Rassen und Kreuzungen zwischen Haflinger und Englischem Vollblut. Die Stuten sind dabei meist einfarbig.

Seriöse Züchter schütteln über diese Praxis oft den Kopf, verzichten aber selten auf den Einsatz ihrer Hengste. Kommentar einer Züchterin: „Was soll ich machen? Wenn ich meinen Hengst nicht zur Verfügung stelle, verdient ein anderer das Geld. Gedeckt wird die Stute so oder so ..."

Im Prinzip ist eine solche „Zucht" gescheckter Gangpferde natürlich nicht mehr als ein Lotteriespiel. Damit das Fohlen wirklich den Ansprüchen gerecht wird, muß es zwei Hauptgewinne auf sich vereinigen: Es muß sowohl Gangveranlagung als auch Scheckung erben. Erwischt es nur eins der geforderten Gene, so gilt es allenfalls als Trostpreis. Setzen sich weder das eine noch das andere durch, reiht es sich in die große Menge dreigängiger Kreuzungsprodukte ein, die eigentlich niemand braucht und will. Erbt es nun aber beides und ist ein Hengst, so stehen die Chancen sehr gut, daß sein begeisterter Besitzer es gleich wieder zum Decken von Dreigängern nutzt – und damit noch mehr „Nieten" produziert.

Zu all dem kommt natürlich noch das Problem des fehlenden Zuchtziels in bezug auf die Gangart. Will man nun einen gescheckten Walker oder Tölter, wenn man zum Beispiel die Traberstute zum Tennessee Walker bringt? Nimmt man das Fohlen, wie es kommt, oder versucht man jahrelang, es einzutölten, auch wenn es viel lieber Walk ginge? Und welchem Hengst führt man dieses Fohlen später zu, falls es denn eine Stute ist? Nimmt man wieder einen Walker, einen Traber, oder versucht man es jetzt einmal mit einem Peruanischen Paso?

Die bestehende Zuchtpraxis beim Spotted Saddle Horse muß mit Skepsis betrachtet werden. Ein Pferdekäufer – zumindest einer mit Zuchtabsichten oder jemand, der ein Jungpferd erwirbt, dessen Gangveranlagung noch nicht hundertprozentig abzusehen ist – wird mit einem gescheckten Rassepferd, zum Beispiel einem Isländer (Tölter) oder Tennessee Walker, sicher glücklicher als mit einer bunten Zufallskreuzung. Auch unter Aegidienbergern gibt es zum Teil sehr hübsche und gangstarke Schecken.

GANGVERANLAGUNG

Die meisten Spotted Saddle Horses in Europa werden in Richtung Tölt geritten, obwohl sie oft auf Tennessee Walker zurückgehen. Das kann die gleichen Spannungsprobleme ergeben wie mit reinrassigen Walkern. Ansonsten bewegt sich die Gangveranlagung zwischen Saddlegait und klarem Tölt. Das Spotted Saddle Horse ist damit dem Traber vergleichbar.

KAUFHINWEISE

Der Interessent für ein Spotted Saddle Horse sollte im eigenen Interesse darauf achten, daß sein Wunschpferd eine klare Viertaktgangart zeigt. Schließlich nützt die schönste Scheckung nichts, wenn man dann nur im Paß durch den Wald schaukelt. Kaufen Sie besser kein Pferd ganz ohne Trabveranlagung und fragen Sie beim Kauf auch sehr gezielt nach, welchen Rassen die Eltern angehörten. Mindestens ein Elternteil sollte ein Rassepferd mit konsolidierter Gangveranlagung sein! Meist wird es sich dabei um den Hengst handeln, aber es spricht natürlich auch nichts gegen das Fohlen einer Traberstute mit einem Pintohengst. Falls Sie mit dem Spotted Saddle Horse weiterzüchten möchten, orientieren Sie sich bei der Zuchtwahl unbedingt an den Elterntieren! Nur so läßt sich auf die Dauer wirklich eine Scheckrasse mit Gangveranlagung konsolidieren.

Phantasievolle Mischungen

Alles, was wir eben schon zum Spotted Saddle Horse gesagt haben, gilt im gleichen Maße für die Zucht der Pferde, welche die Internationale Gangpferdevereinigung unter „Freie Rassen“ führt. Hier werden Kreuzungsfohlen ohne jegliche Gangvererbungsgarantie und Möglichkeiten zur Voraussage von Exterieur- und Charaktereigenschaften erzeugt. Natürlich können bei solchen Experimenten hinreißend schöne oder gangstarke Individuen herauskommen, aber der Skeptiker muß sich doch die Frage stellen, wo wohl die unweigerlich entstehenden Fehlschläge der verschiedenen Zuchtversuche bleiben. Bestenfalls dürften sie im Stall irgendeines Freizeitreiters landen, der sie liebt und sich deshalb lebenslang mit ihren Problemen herumschlägt. Schlimmstenfalls versteht sich der Züchter sicher gut mit einem diskreten Händler.

Insofern: Hände weg von Mischzuchten! Wenn Sie ein Kreuzungsprodukt kaufen, so nur ein erwachsenes Pferd, dessen Viertaktgangart Sie einschätzen können, und lediglich als Reitpferd, nicht als Zuchtpferd. Wenn Sie Zuchtambitionen hegen, entscheiden Sie sich besser für eine Stute mit guten Papieren aus einer durchgezüchteten Rasse.

Wer ein Fohlen auf die Welt holt – egal ob Kreuzung oder Rassetier – übernimmt damit die Verantwortung für ein ganzes Pferdeleben. Bei der Entscheidung dafür oder dagegen sollte für Argumente wie „Das probieren wir mal aus!“ und „Aber ein eigenes Fohlen ist doch so süß!“ kein Platz sein!

Erlaubt ist, was gefällt ... – hier eine Kreuzung aus Paso Peruano und Appaloosa.

3 Die Ausrüstung

Rund ums Pferd besteht heute ein gewaltiger Markt. Spezialsättel und Zäumungen für alle erdenklichen Pferderassen und Einsatzmöglichkeiten stehen zur Auswahl. Um hier im einen Überblick zu bekommen, könnte man die Angebote grob in zwei Gruppen einteilen: zum einen in „traditionelle Ausrüstungsgegenstände“ für bestimmte Pferderassen, zum anderen in „zweckgebundene Ausrüstungsgegenstände“ für bestimmte Reitweisen und Disziplinen. Dabei können die einen mit den anderen übereinstimmen, müssen es aber nicht. So sind der moderne amerikanische Gangpferdesattel und seine europäischen Nachfolgemodelle zum Beispiel keineswegs identisch mit dem Sattel, den der ursprüngliche Nutzer des bequemen Walker oder Saddle Horse schätzte. Der Anfangsgedanke beim Reiten des Mehrgängers war ja ein Mehr an Bequemlichkeit, nicht an spektakulärer Aktion. Die Damen und Herren im Sattel des Plantation Walkers hätten sich folglich nie auf einen extrem flachen, nach hinten abfallenden Sitz ohne Pauschen eingelassen. Der am altspanischen Sattelmodell orientierte Originalsattel des Peruanischen Paso oder Paso Fino bietet dagegen sowohl Bequemlichkeit als auch die Möglichkeit korrekter Einwirkung, fördert den spektakulären Tölt aber nicht so sehr wie die modernen Sattelmodelle.

Das gleiche gilt für Zäumungen und Hilfszügel. Im alten Island zum Beispiel waren Hilfszügelkombinationen unbekannt, ebenso wie die einfache Trense. Man ritt die Pferde auf Islandkandare – traditionell, aber nicht unbedingt sinnig zur Förderung des Ganges und erst recht nicht pferdefreundlich.

Hier nun ein paar Grundinformationen zu Wirkung und Auswahl von Sattel und Zäumung sowie Möglichkeiten und Grenzen der Beeinflussung von Pferdegang und Reitereinwirkung durch verschiedenartiges Lederzeug.

Paso Fino in klassischer Ausrüstung

legt wird. Der Peruanische Paso oder der Paso Fino tragen am Anfang ihrer Ausbildung ein Bosal, eine halfterähnliche Konstruktion aus Nackenriemen, Kehlriemen und Rohledernasenstück. Beide Zügel führen von einem Knoten am Pferdekinn aus in die Hand des Reiters.

Neben dieser klassischen gebißlosen Zäumung gibt es modernere Varianten: Beim Sidepull gehen die Zügel von seitlichen Ringen aus, was das Lenken nach rechts und links vereinfacht. Beim Vosal liegt ein lederummanteltes Metallstück auf der Pferdenase, unter dem Kinn liegt ein V-förmiges Gelenkstück, von dem aus die Zügel in die Reiterhand führen. Werden sie angenommen, so wirkt das Sidepull nur auf die Pferdenase, Bosal und Vosal zusätzlich geringfügig auf das Kinn des Pferdes.

Sämtliche gebißlose Zäumungen haben große Vorteile beim Anreiten junger Pferde. Der Druck auf die Nase bewirkt eher ein Senken des Kopfes und Stehenbleiben als der Druck eines Gebißstücks auf die La-

Bitte nicht verwechseln: Klassische und Mechanische Hackamore

Ein anderes Wort für das oben erwähnte Bosal ist „Klassische Hackamore“. Das führt leider oft zur Verwechslung mit der „Mechanischen Hackamore“, einer Zäumung, die ursprünglich dem Rodeobereich zugeordnet war, heute aber auch von Springreitern geschätzt wird. Im Gegensatz zum Bosal wird die Kraft des Zügelzugs bei der Mechanischen Hackamore nicht direkt übertragen, sondern durch Hebelwirkung verstärkt. Besonders bei den langen Anzügen der Roy-Hackamore führt das zu enormem Druck auf das Nasenbein: Knochenbrüche sind bereits vorgekommen, Knochenauftreibungen nicht selten.

Im Bereich des Gangpferdereitens – wie eigentlich bei jedem Reiten außerhalb des Rodeo-Rings – hat die Mechanische Hackamore nichts zu suchen.

Das Sidepull oder Lindel

Die Wirkung des Vosals ähnelt der des klassischen Bosals.

Ideal für den Wechsel von der gebißlosen Zäumung zur Trense: die Side Pull Snaffle. Der bekannte Druck auf die Nase wird hier mit der Trensenwirkung kombiniert.

Verschiedene Trensenmodelle. Von links nach rechts: doppelt gebrochene Wassertrense, Wassertrense mit Kettengliedern als Mittelstück, amerikanische Kupfer-Unterlegtrense (zur Kombination mit der Kandarenstange), Wassertrense mit Kupferröllchen, Olivenkopftrense mit Kupferröllchen, amerikanische Kettentrense – nur für Reiter mit ganz weicher Hand!

den. Das Pferd lernt also leichter, den Zügelhilfen zu folgen, und bei korrekter Handhabung der Zäumungen begibt es sich auch bereitwilliger in Dehnungshaltung. Die Nachteile von Bosal & Co. liegen dagegen in ihrer relativ unpräzisen Wirkung und der Begrenztheit der damit möglichen Anweisungen. Das Pferd ist zum Beispiel nicht so leicht zu stellen und zu biegen wie an der Trense, und auch die Hilfengebung zum Gangwechsel wird schwerer verständlich.

Nun hängt letzteres aber auch stark von Pferderasse und Pferdeindividuum ab. Sehr sensible Pferde, die stark auf den Reiter fixiert sind und gern konzentriert arbeiten, sprechen leichter auf gebißlose Zäumungen an als etwa ein Isländer der etwas stureren Sorte. Andererseits gibt es auch unter letzteren durchaus Pferde, die leichtes Zupfen mit gleichzeitigem Treiben als Tölthilfe annehmen, während sie bei sanfter Zügelverbindung in Dehnungshaltung traben. All das ist auch ausbilderabhängig: Reiter, die gern mit gebißlosen Zäumungen arbeiten, haben meist Pferde, die gut daran gehen. Wer die Trense vorzieht, erzielt damit größere Erfolge.

Gewöhnlich wird man die gebißlose Zäumung nach den ersten Monaten der Arbeit mit dem Jungpferd durch eine Trensenzäumung ersetzen. Nur der traditionsverbundene Paso-Reiter überspringt die Trensenphase, arbeitet länger gebißlos und kombiniert das Bosal dann für eine Übergangszeit mit der für Pasos typischen Stangenzäumung. Zuletzt wird nur noch auf Stange geritten. Weniger geübten Reitern und Reitern anderer Gangpferderassen würden wir nicht unbedingt zur Übernahme dieser Praxis raten. Besonders stärker trabveranlagte Pferde sind leichter auf Trense einzutölten.

GEBROCHENE MUNDSTÜCKE

Gebrochene Mundstücke zeichnen sich dadurch aus, daß das Gebißstück im Pferdemaul sehr beweglich ist. Das Pferd wird angeregt, darauf herumzukauen und damit zu spielen. Es speichelt damit vermehrt ein, die Ohrspeicheldrüse wird aktiviert und in ihrer Flexibilität gefördert. Das vereinfacht dem Pferd die Aufrichtung.

Nachteil des gebrochenen Mundstücks: Greift der Reiter zu hart zu, so entsteht die sogenannte Nußknackerwirkung im Pferdemaul. Die Zunge wird unangenehm gequetscht. Das ist natürlich in besonderem Maße der Fall, wenn man das gebrochene Mundstück mit Anzügen kombiniert, welche die Kraft der Reitereinwirkung verstärken.

Das bekannteste gebrochene Mundstück ist die Trense. Beim klassischen Modell sind zwei Teile durch ineinandergreifende Ringe verbunden, eine Konstruktion, die sich seit Tausenden von Jahren bewährt. Eine sinnvolle Weiterentwicklung ist die doppelt gebrochene Trense. Hier besteht das Gebiß aus drei Teilen, wobei sich das Mittelteil flach auf die Zunge legt, wenn der Reiter die Zügel annimmt. Der Nußknackereffekt wird also gemildert. Zudem ist die doppelt gebrochene Trense noch beweglicher und begünstigt damit das Kauen und Einspeicheln. Auf dem amerikanischen Markt sind weiterhin Trensenkonstruktionen, bei denen das Mittelteil der doppelt gebrochenen Trense durch ein mehrgliedriges Kettchen ersetzt ist, und sogar Trensen, die nur aus Kettengliedern bestehen.

Diese hyperbeweglichen Teile erwecken zwar zunächst die Skepsis des Betrachters. In der einfühlsamen Hand des geübten und kundigen Reiters werden sie allerdings von vielen Pferden sehr geschätzt. Besonders Walker scheinen sie zu mögen – vielleicht, weil sie sich dem charakteristischen Kopfnicken flexibler anpassen. Sie sind hier besonders geeignet, um das bisher auf Stange gerittene Importpferd auf die sanftere Trensenzäumung umzuschulen. Für Anfänger oder für das Maul von Pferden, die gegen das Gebiß gehen, zum Durchgehen neigen und lange nur mit Kraft geritten wurden, sind diese Zäumungen allerdings nicht geeignet. Sobald der Reiter zieht, statt anzuspielen, verstärken sie schließlich den Quetscheffekt. Auch für die Dressurarbeit eignen sich mehrgliedrige Trensen kaum. Wir empfehlen hier eher doppelt gebrochene Trensen mit Kupfermittelstück, erhältlich im Isländerbedarf. Für Pferde mit kurzer Maulspalte und allgemein kleinem Maul sind diese Konstruktionen allerdings oft ein wenig massig. Alternativen gibt es im englischen Reitsportbedarf und bei Ausstattern für Westernreiter: etwas dünnere Trensen mit manchmal flachem Mittelstück.

Eine gänzlich überflüssige Trenseneuentwicklung ist in unseren Augen die sogenannte Scharniertrense. Hier sind die ineinandergreifenden Ringe in der Mitte der Trense durch ein Scharnier, ähnlich einem Möbelscharnier, ersetzt. Was das an Positivem bewirken soll, hat sich uns bisher nicht erschlossen. Die negativen Aspekte liegen dagegen auf der Hand: Das Scharnier verschärft den Nußknackereffekt und verringert die Möglichkeiten für das Pferd, mit dem Mundstück zu spielen. Es ist ja weniger beweglich als die Ringverbindung.

Scharniermundstücke werden heute auch mit Anzügen zur Islandkandare kombiniert und eingesetzt. Diese in sich instabile Zäumung mag dadurch etwas präziser zu handhaben sein. Das macht sie aber noch lange nicht empfehlenswert.

WIRKUNG DER TRENSE

Alle Trensenvarianten wirken auf die Laden und die Zunge des Pferdes. Da sie gewöhnlich nicht mit Anzügen kombiniert wird, gilt die Trense als weich, aber auch das muß relativ gesehen werden: Jedes Mund-

In dieser Haltung wirkt die Trense korrekt.

Wenn ein Pferd mit weggedrücktem Rücken und Unterhals arbeitet, kann die Trense nicht präzise einwirken.

stück ist nur so hart oder so weich wie die Reiterhand am anderen Ende. Sanft gehandhabt ist die Wirkung der Trense präzise und variationsreich, das Pferd kann damit gut in Stellung geritten werden. Die Trense ist sowohl für das Tölt-/Walk-Training als auch zum Dressurreiten einsetzbar.

All das gilt aber nur, wenn die Trense genau da liegt und einwirkt, wo sie liegen soll. Das jedoch ist lediglich dann der Fall, wenn das Pferd den Kopf nach Annehmen des Zügels willig anwinkelt und sich entweder nach vorwärts-abwärts streckt oder in Aufrichtung begibt. Kämpft es aber gegen die Reiterhand und hebt den Kopf dabei an oder wird es durch heftige Reitereinwirkung dazu gebracht, in verkrampfter Haltung mit hochgerissenem Kopf und weggedrücktem Rücken zu tölten, so wirkt die Trense nur noch auf die Mundwinkel. Da ist sie dann auch nicht mehr weich, sondern schneidet ganz schön ein: Wunde bis regelrecht aufgerissene Maulwinkel sind bei Töltern mit Angsttemperament nicht selten!

Im konventionellen Reitstallbereich „hilft" man derart wehrigen Pferden mit Martingal und Schlaufzügeln in die richtige Haltung. Beim Gangpferd tat man das ursprünglich nicht, da man die angespannte Tölthaltung mit hoch erhobenem Kopf ja für normal hielt. Inzwischen setzen viele Ausbilder auch hier auf den Schlaufzügel. Mehr dazu im Kapitel „Nachhilfe zum Gang" (Seite 79). Wir würden bei derart trensensauren Pferden eher zur Verwendung eines Pelhams oder eines anderen zweizügelig gerittenen Stangengebisses als Korrekturgebiß raten sowie zu viel dressurmäßiger Arbeit und entspannten Ausritten im Trab. Im allgemeinen sind diese Pferde ja nicht nur „trensensauer", sondern auch „töltsauer". Das eine zieht letztlich das andere nach sich. Sinnvoll wäre hier, Grundausbildung nachzuholen und längere Zeit ganz auf den Tölt zu verzichten.

Das Reiten mit Stangengebissen erfordert eine leichte Hand.

STANGENGEBISSE

Beim Stangengebiß wird die Einwirkung der Reiterhand durch Hebel verstärkt. Außerdem verteilt sie sich auf verschiedene Partien des Pferdekopfes. Mit Hilfe der oberen und unteren Anzüge (Bäume) und der Kinnkette wirkt die Zäumung nicht nur auf Zunge und Laden des Pferdes, sondern obendrein auf das Kinn und auf den Nacken. Der Druck in diesen Bereichen bringt das Pferd leicht und ohne Kampf in Stellung. Der Nachteil der Stange liegt in ihrer mangelnden Beweglichkeit. Das Pferd ist daran nicht so leicht in eine Biegung zu führen wie an der Trense. Im Westernbereich wird die Stange deshalb erst dann eingesetzt, wenn das Pferd an der Trense gelernt hat, sich auf leichtestes Anlegen oder

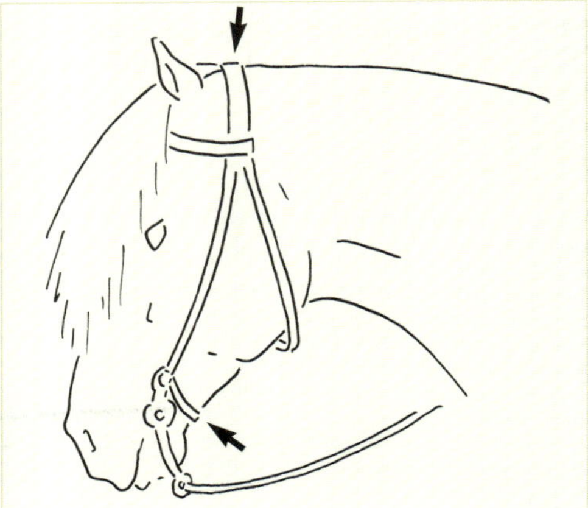

So wirken Stange und Kinnkette.

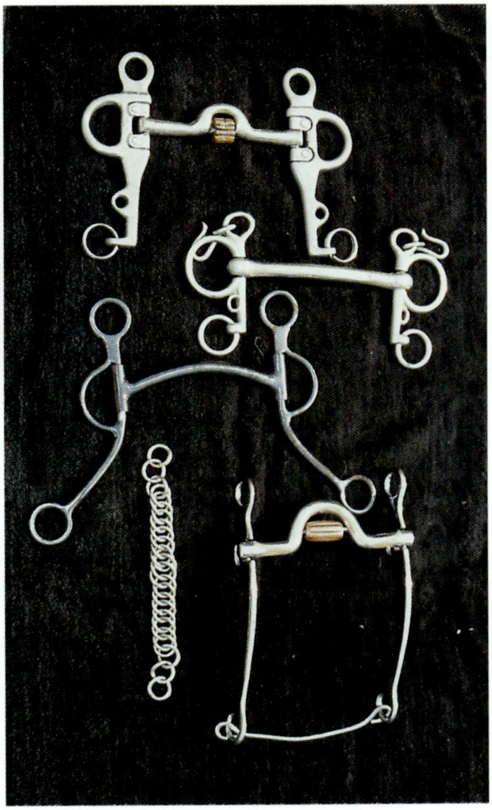

Hilfreich für schwierige Pferde: Pelhams und Roller-Bits

Anspielen des Zügels selbsttätig zu biegen. Im konventionellen Dressurbereich wird sie mit der Unterlegtrense kombiniert.

In jeder Disziplin außer im amerikanischen Gangpferdebereich ist die Stange eine Zäumung für fortgeschrittene Reiter- und Pferdepaare. Sie soll nicht als Zwangsmittel eingesetzt werden, sondern beiden Teilen – sozusagen als Lohn der Mühen der Gymnastizierung! – mehr Komfort bei der gemeinsamen Arbeit bieten. Dazu gehört, daß der Reiter sie einhändig mit losen, höchstens leicht anstehenden Zügeln reitet. Das voll ausgebildete Pferd reagiert schon auf kleinste Bewegungen seiner Hand oder leiseste Gewichtsverlagerung.

Im amerikanischen Gangpferdebereich wird die Stange dagegen beidhändig geführt. Dagegen ist im Prinzip nichts zu sagen, sofern die Zügelführung leicht und

Wichtiger Hinweis!

Eine Stange kann nur effektiv eingesetzt werden, wenn sie mit einem Kinnkettchen oder einem Kinnriemen kombiniert wird. Viele Reiter haben dabei Hemmungen und meinen, die Zäumung durch die Kette zu verschärfen und dem Pferd unkontrolliert Schmerzen zuzufügen. Deshalb sieht man mitunter Gangpferde mit den aberwitzigsten Zäumungen wie etwa einer blanken Kandare ohne Unterlegtrense und Kinnkette. Solche Konstruktionen sind vielleicht nicht sonderlich scharf, wirken aber so unpräzise, daß sie das Pferd hoffnungslos verunsichern und damit mehr in seinem Wohlbefinden beeinträchtigen als ein leichter Druck in der Kinngrube.

Wenn die Kette Sie nervös macht, „entschärfen“ Sie sie lieber durch einen handelsüblichen Leder- oder Gummiüberzug, der den Druck auf größerer Fläche verteilt. Sie können sie auch durch ein Sporenriemchen ersetzen. Keine Lösung ist ein extremes Lockern der Kette – das hat die gleiche Wirkung wie die völlige Entfernung. Das Kettchen ist richtig verschnallt, wenn es sich ans Pferdekinn legt, sobald die unteren Anzüge einen 45-Grad-Winkel zur Maulspalte bilden.

Kinnkette, richtig verschnallt

einfühlsam erfolgt. Kritisch zu sehen ist allerdings die Praxis, die Stange schon bei jungen Pferden einzusetzen, um sie möglichst schnell in Stellung zu bringen. Dabei überspringt man gern die Phase mit der Dehnungshaltung, und das Pferd lernt auch nicht, sich leicht zu biegen.

Sinnvoll bei jedem Gangpferd wie auch bei jedem Dressurpferd ist die Abfolge gebißlose Zäumung – Trense – Stange, ob einhändig oder beidhändig geführt. Steht man allerdings vor dem Problem, ein oben geschildertes trensensaures Pferd zu korrigieren, so ist die Anschaffung einer speziellen Stange als Trainingsgebiß sinnvoll. Das bekannteste Korrekturgebiß ist das Tellington-Trainingsgebiß (Roller-Bit) oder Half-Breed-Gebiß. Es besteht aus einer Stange mit Kupferröllchen, die mit zwei Zügeln geritten wird. Der obere wirkt ähnlich wie der Trensenzügel, der untere betätigt die Anzüge. Das Kupferröllchen regt die Kautätigkeit an. Leider sind die Anzüge dieses Gebisses recht lang und damit für kleine Pferde mit kurzer Maulspalte (Isländer) wenig geeignet. Auch bei größeren Pferden bewirkt der Einsatz des unteren Zügels oft mehr Härte, als unbedingt nötig ist.

Alternativen bietet hier das Pelham, ein glatte Stange mit kurzen Anzügen, die ebenfalls mit zwei Zügeln geritten wird. Im Westernbedarf gibt es weiterhin zweizügelig zu reitende Stangengebisse mit Röllchen, aber kürzeren Anzügen. Bedingung für den sinnvollen Einsatz all dieser Zäumungen ist natürlich ein zügelunabhängiger Sitz, eine ruhige Hand und möglichst etwas Erfahrung im zweizügeligen Reiten.

REITHALFTER

Öffnet ein Pferd das Maul, so entzieht es sich damit weitgehend der Einwirkung durch das Gebiß. Meist ist das eine Reaktion auf zu harte Einwirkung der Reiterhand, seltener ein Zeichen, daß dem Pferd dieses spezielle Gebiß nicht behagt. Beim jungen Pferd kann es sich auch einfach um ein Austesten seiner Möglichkeiten handeln. Um dem entgegenzuwirken oder es völlig zu unterbinden, gibt es verschiedene Modelle so-

Das einfachste Sperrhalfter – ein einfacher Riemen

Das Amerikanische Reithalfter wirkt etwas schärfer.

genannter Sperrhalfter. Die einfachste Variante besteht darin, einen Sperriemen oberhalb der Trense durch die Schlaufen der Backenstücke zu ziehen. Man bekommt diese Riemchen für wenig Geld, aber in erstklassiger Lederqualität im klassisch-iberischen Reitsportbedarf. Die meisten Dressurreiter setzen sie vorbeugend ein. Das Pferd soll gleich beim ersten versuchsweisen Maulöffnen den sanften Hinweis erhalten: „Nein, so bitte nicht!" Schmerzen oder Beklemmungen bewirken locker verschnallte Sperriemen nicht, ihre Wirkung ist eher psychologisch als physisch.

Das gleiche gilt für das sehr leichte amerikanische Sperrhalfter. Es ist rundgenäht und wirkt somit etwas schärfer als der weiche Sperriemen. Der Hinweis „So nicht!" erfolgt also deutlicher. Auch das bei Kandarenzäumungen eingesetzte einfache Englische Reithalfter wirkt genau wie der Sperriemen, bringt aber etwas mehr Leder ans Pferd. All diese Varianten schnüren dem Pferd das Maul nicht zu, sondern schränken seine Beweglichkeit lediglich ein. Der Reiter bemerkt, wann das Pferd sperren will, und kann darauf reagieren, indem er zum Beispiel die Zügel lockert oder vermehrt anspielt.

Einengender wird es schon beim englischen Reithalfter mit Pullerriemen und dem in der Wirkung fast identischen Mexikanischen Sperrhalfter. Während die bisher genannten Varianten deutlich oberhalb des Trensenrings verlaufen, führt hier ein zusätzliches dünneres Riemchen unterhalb des Trensenrings um das Pferdekinn. Richtig verschnallt (zwischen Pferdekinn und Riemchen müssen zwei aufrecht stehende Finger passen) ist auch das kein Problem. Richtig unangenehm für das Pferd wird es erst beim Hannoverschen Reithalfter. Bei dieser Sperrhalftervariante liegt eigentlich ein breiteres, etwas gepolstertes Lederteil

Das englische Reithalfter wird besonders häufig eingesetzt.

Die Islandkandare

Die Islandkandare

Eine Kandare besteht immer aus einer Unterlegtrense und einer Stangenzäumung, die beide im Pferdemaul plaziert sind. Die sogenannte Islandkandare ist also keine wirkliche Kandare, sondern eine Trensenzäumung mit Anzügen.

Dabei fällt eine enorme Beweglichkeit auf: Trensenring, Seitenteile und Kinnkette beinhalten eine Vielzahl an Gelenken. Beim Annehmen der Zügel tritt dadurch ein deutlicher Nußknackereffekt auf der Zunge des Pferdes ein, Trense und Kinnkette winden sich buchstäblich um den Pferdeunterkiefer. Auch bei seitlicher Einwirkung ist dieser Effekt noch spürbar, wenn auch in begrenztem Maße.

Eine punktgenaue, präzise Anwendung der Zäumung wird damit erheblich erschwert. Zudem wird die Islandkandare nicht wie eine klassische Stangenzäumung oder die von der Wirkung her vergleichbare Snaffle with Shanks ohne oder nur mit ganz leichter Anlehnung geritten. Statt dessen greifen die meisten Reiter voll zu. Die Wirkung der Islandkandare beruht damit auf nichts anderem als brachialer Gewalt, das Angsttemperament der Pferde wird durch

auf der Pferdenase, ein dünneres Riemchen führt unterhalb des Trensenringes um das Kinn. Ursprünglich wurde dieses Halfter für Pferde mit extrem langer Maulspalte entwickelt, bei denen ein einfacher Sperriemen zu hoch auf der Nase säße. Bei ihnen wurde es einfach so verschnallt, daß das Nasenteil vier Finger breit über den Nüstern saß, und so hatte es keine wesentlich andere Wirkung als die zuvor besprochenen Reithalftervarianten. Bei Pferden mit kürzerer oder gar extrem kurzer Maulspalte hat das Hannoversche Halfter dagegen einen gravierenden Nachteil: Da es unweigerlich tiefer plaziert wird als andere Reithalfter, liegt es nicht nur auf dem harten Nasenknochen, sondern drückt oberhalb der Nüstern auf die Atemwege. Der Atemfluß wird damit eingeengt.

Seit die Schriftstellerin Ursula Bruns in den siebziger Jahren auf dieses Problem hinwies, verschwanden die Hannoverschen Reithalfter im Laufe weniger Jahre aus praktisch allen Sattelkammern. Lediglich im Islandpferdebereich – also gerade bei einer Pferderasse mit sehr kurzer Maulspalte, bei der die Nachteile besonders gravierend in Erscheinung treten! – hält sich das Hannoversche Sperrhalfter beharrlich. Dabei verzichtet man heute sogar auf die traditionelle verstärkte Polsterung des Nasenteils, welche die luftabschnürende Wirkung zumindest milderte, und greift zu relativ dünnen, also stärker einschneidenden Einfachstriemchen. All das kann nicht traditionell begründet werden, denn die klassische isländische Reitzäumung beinhaltete kein Reithalfter (schon weil sie auf den Gebrauch der Islandkandare, also einer Zäumung mit Anzügen, zugeschnitten war). Statt dessen dient es – bei Licht besehen – zwei Gründen: Einmal fällt es manchen Reitern schwer, ihren durch Angsttemperament in ein Pulverfaß verwandelten Tölter oder Rennpasser zu halten. Das rigide Reithalfter vereinfacht das. Zum zweiten erspart man eventuellem Publikum den Anblick aufgerissener Pferdemäuler, denn bei der hier üblichen starken Zügeleinwirkung ohne unterstützende Kreuz- und Schenkelhilfen sperrt jedes Pferd.

Unserer Ansicht nach ist weder die erste noch die zweite Begründung ein stichhaltiges Argument für den Einsatz eines

Schmerz gebändigt. Das alles trifft natürlich nur zu, wenn die Zäumung im klassischen Sinne „richtig" verschnallt ist, also so, daß die Anzüge greifen, wenn sie um 45 Grad nach hinten bewegt werden. Schnallt man die Kinnkette lockerer, so wirkt die Islandkandare nicht viel anders als eine normale Trense – lediglich etwas unpräziser. Die Anzüge wirken dann ja nur wie Verlängerungen des Zügels.

Betrachtet man alte Bilder oder beobachtet auch heute noch isländische Reiter mit der traditionellen Zäumung auf ihren Pferden, so sieht man die Kinnkette häufig durchhängen. Dem Gebiß ist damit der Schrecken – allerdings auch die Wirkung – genommen. Es ist anzunehmen, daß der alte isländische Reiter die Islandkandare als stufenlos verstellbar schätzte und sie nur bei extrem schwierigen Pferden wirklich zur Anwendung brachte. Die unpräzise Wirkung bei lockerer Einstellung war ihm egal, er wollte ja nur geradeaus. Heute gibt es keinen vernünftigen Grund, die Islandkandare anders als zu Showzwecken einzusetzen. Bei einem gut gerittenen, also auch auf Westernstangenzäumungen gut mitarbeitenden und sensiblen Pferd, vom Reiter mit leichtester Anlehnung gehandhabt, richtet sie keinen Schaden an. Ansonsten ist die meist sehr formschöne Zäumung am besten als Wandschmuck zu verwenden.

Beim Hannoverschen Reithalfter überwiegen, speziell am kleinen Isländerkopf, die Nachteile.

Ausrüstungsgegenstandes, der dem Pferd erhebliche Unannehmlichkeiten zumutet. Ein gut gerittenes Islandpferd kann ohne weiteres mit einem englischen Reithalfter oder einem einfachen Sperriemen gearbeitet werden.

▸ „Nachhilfe" zum Gang?

Nicht jedes Pferd läuft seine Spezialgangart von Natur aus perfekt. Taktreiner Tölt oder Walk von Anfang an ist sogar eher die Ausnahme. Häufiger müssen Trab- oder Paßverschiebungen korrigiert werden, oder ein Pferd, das bisher überhaupt nur Trab ging, wird „eingetöltet". Nicht jeder Reiter und Ausbilder verläßt sich dabei allein auf seine Reitkunst. Statt dessen greift man mehr oder weniger oft zu mechanischen Hilfsmitteln, um entweder dem Pferd oder dem Reiter die Ausbildung oder Korrektur zu erleichtern.

Die Betonung liegt hier leider auf dem „entweder ... oder", denn nur wenige Ausbildungshilfen sind uneingeschränkt pferdefreundlich. Tatsächlich verleiten fast alle zum Mißbrauch, in der Hand schlecht geschulter oder skrupelloser Reiter können die meisten dem Pferd beträchtliche Schmerzen und langfristige Schäden zufügen. Grundsätzlich ist also Vorsicht angesagt: Nachhilfe zum Gang sollte selten, mit viel Gefühl und immer nur vorübergehend eingesetzt werden!

Hilfszügel und andere Geschirrkonstruktionen

„Mit Schlaufzügel oder ohne?" Bei manchen Gangpferdetrainern stellen Lehrgangsteilnehmer diese Frage vor jeder Unterrichtssequenz. Das Hilfsmittel wird hier als selbstverständlich angesehen und sein Einsatz nicht mehr hinterfragt. Vor einer solchen Einstellung gegenüber Pferd und Reiten ist unserer Ansicht nach nur zu warnen! Zwar mögen Berufsreiter, von denen schnelle Korrektur von Problempferden erwartet wird und die fachlich genügend qualifiziert sind, Hilfszügel mitunter sinnvoll einsetzen können. Der Freizeitreiter, der nicht unter Zeitdruck steht und sein Pferd behutsam, den eigenen Möglichkeiten und denen des Vierbeiners entsprechend, trainieren will, sollte jedoch ohne auskommen. Vor allem heißt es stets genau zu überlegen, was das Hilfsmittel, das man da einschnallt, exakt bewirkt oder bewirken soll.

Hilfzügel wie hier der Ausbinder können keine Streckung nach vorwärts-abwärts bewirken.

WAS BRINGEN HILFSZÜGELKONSTRUKTIONEN?

Letztlich dienen alle Hilfszügelkonstruktionen dazu, die Kopfhaltung des Pfer-

Hilfszügel sollten dazu dienen, die Kopfhaltung zu beeinflussen.

So steht ein Pferd „am Zügel". **Dieses Pferd geht „hinter dem Zügel".**

des zu korrigieren, sprich es in eine Haltung zu holen, die der erwünschten Bewegungsvariante zuträglich ist. Beim Dressurreiten geht es hier meist um Beizäumung – das Pferd soll daran gehindert werden, den Kopf hochzureißen und den Rücken wegzudrücken. Beim Gangpferdereiten bemüht man sich oft auch um die Förderung der Dehnungshaltung: Sie wird benötigt, um das stark lateral veranlagte Pferd zum Traben zu bringen. Nun ergibt sich aber kein Gang – weder Tölt noch Walk noch versammelter oder lockerer Trab – allein durch eine bestimmte Kopfhaltung. Letztlich ist es immer das Zusammenspiel von Zügelhilfen und Kreuz- und/oder Schenkelhilfen, das den Gang bestimmt. Tauchen beim Reiten des Pferdes Schwierigkeiten auf, die den Einsatz von Hilfszügeln sinnvoll oder gar notwendig erscheinen lassen, so ist hier meist etwas schiefgelaufen. Vor dem Einschnallen des Hilfsmittels sollte man also den eigenen Reitstil – oder den des Vorbesitzers des Pferdes – kritisch überdenken!

Hilfszügel sind stets entweder starre Konstruktionen oder solche, welche die Kraft, mit der die Menschenhand auf das Pferdemaul einwirkt, drastisch verstärken. Es wird damit immer Zwang, um nicht zu sagen Gewalt ausgeübt. Zudem bestehen oft größte Mißverständnisse bezüglich ihrer Möglichkeiten. Alle Hilfszügel werden unter dem Vorzeichen verkauft, sie brächten das Pferd nach vorwärts-abwärts. Tatsächlich können sie es aber nur nach unten, also abwärts bringen, wie die Zeichnung zeigt. Der Reiter kann den Pferdekopf zwar nach unten ziehen, aber nicht nach vorn, die Vorwärtstendenz muß stets durch Treiben erzeugt werden. Ein Hilfszügel ist insofern nur dann richtig gewählt und richtig verschnallt, wenn er dem Pferd ermöglicht, auf treibende Hilfen zu reagieren. Ein zu kurz geschnaller Hilfszügel bewirkt vielleicht eine nett anzusehende Kopfhaltung, da er das Pferd in eine Pseudoversammlung zwingt. Er macht es ihm aber unmöglich, treibende Hilfen anzunehmen. Das Ergebnis sieht man in vielen konventionellen Reitställen: Pferde, die konsequent hinter dem Zügel laufen und nicht vorwärts zu bringen sind, obwohl der Reiter bei jedem Schritt mit fast übermenschlicher Anstrengung treibt.

Ob man den Gebrauch von Hilfszügeln beim Umgang mit Problempferden bejaht oder nicht, ist Einstellungssache. Mitunter kann kurzfristiger Hilfszügeleinsatz dem Pferd den richtigen Weg weisen, andererseits wird langfristig immer ein besserer Erfolg erzielt, wenn man Schwierigkeiten mit Geduld und Muße angeht. Eine Grundregel ist jedoch bei seriösen Trainern unumstritten: In der Ausbildung junger Pferde haben Hilfszügel nichts zu suchen! Es sind niemals Ausbildungshilfen, sondern allenfalls Korrekturhilfen für bereits verdorbene Pferde. Wenn Ihnen also Ihr Trainer als erstes Schlaufzügel oder andere Hilfsmittel in die Hand drückt, weil Ihr junges Pferd zum Beispiel etwas zu sehr zum Paß tendiert, statt zu tölten, läuft etwas schief. Damit Sie dann qualifiziert argumentieren können, erklären wir im Folgenden die Vorteile und Nachteile der wichtigsten Hilfszügel und anderer Ausbildungshilfen.

SCHLAUFZÜGEL

Schlaufzügel sind etwa 2,5 m lange Riemen, die vom Sattelgurt zwischen den Vorderbeinen des Pferdes durch die Trensenringe in die Hand des Reiters führen. Manchmal werden sie auch nicht unten am Sattelgurt, sondern seitlich am Sattel angebracht, was ihre Wirkung verschärft. Sie sollen Pferden mit Problemen im Bereich der Hals- und Rückenmuskulatur „zwanglos" den Weg nach vorwärts-abwärts weisen. Tatsächlich verwendet man sie dagegen oft, um das Pferd künstlich in eine pseudokorrekte Kopfhaltung zu zwingen. Dem Flaschenzugeffekt kann sich das Tier nämlich kaum entziehen. Selbst einem verzweifelten Steigen wird sicher entgegengewirkt. Das so geknebelte Pferd ist natürlich weit davon entfernt, die Hilfen besser anzunehmen und sich freudig an den Zügel heranzustrecken. Statt dessen fällt es auf die Vorhand und verspannt sich endgültig. Das Dressurpferd verkürzt seine Gänge und zeigt Taktunreinheit bis zur Zügellahmheit – das Gangpferd flüchtet sich mitunter in eine Brechung des Trabs oder Passes. Das funktioniert um so besser, je stärker das Tier getrieben wird und je mehr es sich in Panik hineinsteigert. Dem skrupellosen Ausbilder ist das egal: Hauptsache, das Pferd ist „angetöltet". Wenn es sich erst an die Gangart gewöhnt hat und auch beim Reiten ohne Hilfszügel in höchster Erregung gehalten wird, geht es bald auch ohne „Schlaufer" im Viertakt. Natürlich wird sich das nicht ewig halten, wenn das Tier erst mal wieder nach Hause kommt und von seinem Besitzer weniger gefordert wird. Aber dann schafft schon ein kurzer erneuter Beritt rasche „Korrektur".

In der Hand des Freizeitreiters birgt der Einsatz des Schlaufzügels nicht nur Unannehmlichkeiten für das Pferd, sondern auch reiterliche Gefahren. Durch den Hilfszügel merkt der weniger erfahrene Reiter nämlich nicht mehr, wie stark er zufaßt. Mißfallensäußerungen des Pferdes werden ja im Keim erstickt. Insofern wird die Reiterhand unmerklich hart, jede Sensibilität geht verloren. Das gilt um so mehr, wenn der Schlaufzügel nicht neben, sondern anstatt des normalen Trensenzügels eingesetzt wird.

Vorteile hat der Schlaufzügel allenfalls in der Hand des sehr geübten und sehr einfühlsamen Reiters, der ihn im Zusammenspiel mit perfekten treibenden Hilfen ein-

Der Schlaufzügel – „Hilfsmittel" mit Tücken für Reiter und Pferd

So gefährlich sie aussieht: Die Rollenkonstruktion dient dem Schutz des Pferdes.

setzt. Natürlich wird er das nur tun, wenn es sich um ein sehr schwieriges, verdorbenes Pferd handelt, das zum panischen, verspannten Hochwerfen des Kopfes neigt. Auch verspanntes Paßgehen beim Walker kann damit mitunter korrigiert werden, indem man dem Pferd vorsichtig den Weg in die Dehnungshaltung zeigt. Dazu wird die Kopfstellung mit Hilfe des Normalzügels auf 45 Grad vor der Senkrechten eingegrenzt und das Pferd gelobt, wenn es den Kopf senkt und wieder Schritt geht, statt schon in der langsamsten Gangart zum Paß zu tendieren. Hierbei ist übrigens dringend darauf zu achten, daß die Schlaufen nicht durch die Trensenringe gezogen werden, sondern über Rollen laufen. Die Konstruktion dazu wirkt zwar martialisch, ist aber letztlich pferdeschonend: Durch direkten Schlaufzügeleinsatz in Verbindung mit dem gangarttypischen Kopfnicken entstünde zu viel Unruhe im Pferdemaul.

DREIECKSZÜGEL

Auch dieser Zügel geht vom Sattelgurt zwischen den Vorderbeinen aus, teilt sich vor der Pferdebrust und wird durch die Trensenringe gezogen. Dann befestigt man ihn am Sattel oder Longiergurt. Er wird von Islandpferdereitern gern gebraucht, um Pferde an der Longe zum Traben zu bringen, da er den Kopf des Pferdes nach unten führt. Wenn man ihn dazu verwenden will, muß er aber ganz richtig verschnallt und mit korrekten treibenden Hilfen verbunden werden. Schnallt man ihn zu kurz, kommt das Pferd auf die Vorhand und tendiert erst recht zum Paß. Auch hier ist die korrekte Einstellung 45 Grad vor der Senkrechten beim Stand in normaler Kopfstellung.

Das alles gilt auch für den neuerdings sehr beliebten Halsverlängerer oder das Chambon. Bei falscher Verschnallung bringen sie mehr Schaden als Nutzen! Eine bessere Lösung, das noch unverdorbene[9], aber von Natur aus etwas passige Pferd zum Traben zu bringen, ist ohnehin, sich all das Lederzeug zu sparen und statt dessen einen Longierzirkel aufzustellen. Darin beginnt man dann mit dem Frei-Longieren. Wer hier richtig treibt, hat das Pferd nach wenigen Runden oder jedenfalls nach wenigen Arbeitssequenzen in einem lockeren, selbständig ausbalancierten Trab. Stangen zum Darübertraben erleichtern die Gangfindung. Später kann dann eine Longe oder besser eine Doppellonge eingeschnallt werden, die mehr Anlehnung ermöglicht. Diese pferdefreundlichere Variante will jedoch geübt sein! Longieren ist eine Kunst wie Reiten auch, und letztlich ersetzt kein Hilfszügel die fühlende Hand und die korrekten, treibenden Hilfen des Longenführers.

Der Stoßzügel – so verschnallt kann er in Ausnahmefällen eine Hilfe sein.

[9] Das schwer verspannte, vorgeschädigte Pferd findet leider nicht so leicht aus dem Paßgang.

Nur wenn der Hilfszügel flexibel ist – wie hier ein einfacher Ausbinder aus Gummiband –, kann das Pferd sich heranstrecken, und der Trab wird gefördert.

STOSSZÜGEL

Diese feste Konstruktion eines Riemens zwischen Sattelgurt und Pferdekopf kann bei Pferden, die zum Kopfschlagen neigen oder sich dem Gang (Walk oder Foxtrott) durch Hochwerfen des Kopfes entziehen, mitunter hilfreich sein. Bedingung dafür ist natürlich die Kombination des Hilfszügels mit korrekten treibenden Hilfen. Auch zur Korrektur extremer Durchgänger wird der Stoßzügel von professionellen Ausbildern eingesetzt. Er darf aber niemals ins Gebiß geschnallt werden, sondern allenfalls in einen breiten Nasenriemen. Außerdem ist stets darauf zu achten, ob man hier wirklich eine schlechte Angewohnheit oder etwa ein Symptom für aktuelle reiterliche Probleme bekämpft. Kopfschlagen usw. ist fast immer eine Folge falscher Zügelführung, und dagegen hilft bekanntlich kein Hilfszügel, sondern allenfalls Reitunterricht.

OVERCHECK/SIDECHECK

Hier handelt es sich um Riemen, die von den Trensenringen aus rechts und links vom Nackenstück des Trensenzaums entlang nach oben laufen und dann zwischen den Pferdeohren hindurch zum Sattel geführt werden. Dort werden sie rechts und links eingeschnallt, ähnlich wie ein Ausbinder. Der Overcheck begrenzt die Kopffreiheit des Pferdes nach unten, der Sidecheck zur Seite.

Die Konstruktion wurde früher bei Kutschpferden angewandt, da man es schöner fand, wenn sie mit durchgedrücktem Rücken und hoch erhobenem Kopf liefen. Nachdem die tierquälerische Wirkung dieser Zügel in Anna Sewells Roman „Black Beauty“ plastisch geschildert wurde, erhob sich in England Protest dagegen, und der Tierschutz erreichte eine Ächtung dieser Zügel. Heute finden wir sie wieder in Traberställen und selbst bei renommierten Gangpferdeausbildern. Beim Traber sollen sie das Angaloppieren verhindern, beim Gangpferd fixieren sie den Pferdekopf in der gewünschten hohen Tölthaltung. Das ist besonders beim stark trabveranlagten Pferd, das sich gern auf den Zügel legt, und beim eher phlegmatischen Pferd bequem für den Reiter. Dem bleibt damit nämlich die kraftintensive und anstrengende Zügeleinwirkung erspart, und er kann sich ganz auf das Treiben konzentrieren.

Die Nachteile für das Pferd liegen auf der Hand: Die starre, unnatürliche Haltung, gegen die es obendrein ständig ankämpft, bewirkt Rückenschmerzen, und das Pferd entwickelt letztlich einen Senkrücken. Wenn nicht perfekt und mitunter mit intensivem Sporeneinsatz getrieben wird, läuft es auf der Vorhand, und ein hartes Maul wird gefördert. Hinzu kommen psychische Probleme, denn eine angespannte Körperhaltung bewirkt letztlich eine angespannte Geisteshaltung. Wer's nicht glaubt, sollte ein paar Minuten lang die auf dem Foto dargestellte Haltung einnehmen und damit herumlaufen – wetten, daß Ihre Laune gleich rapide in Richtung Nullpunkt tendiert?

Overcheck und Sidecheck begrenzen die Beweglichkeit des Pferdehalses erheblich.

DER SPANISCHE REITER
SMART JOCKEY/SMART JOCK

Der Spanische Reiter ist eine Hilfskonstruktion zur Doppellongenarbeit, nicht etwa neu, sondern schon einige hundert Jahre alt. Anweisungen zu seiner Handhabung füllten noch im letzten Jahrhundert etliche Buchseiten, wobei man ihn vor allem zur Korrektur schwieriger Pferde empfahl. Um seine Verwendung im modernen Gangpferdetraining zu verstehen, muß man etwas weiter ausholen.

Doppellongenarbeit als solche ist eine sinnvolle Methode zur Ausbildung von Jungpferden. Sie wird im klassisch-iberischen Dressurbereich angewandt, um das junge Pferd schon vor dem Anreiten an gymnastizierende, dressurmäßige Arbeit heranzuführen. Damit wird seine Rückenmuskulatur bereits vor dem ersten Aufsitzen des Reiters gekräftigt. Das Anreiten wird dadurch einfacher und – da Buckeleien infolge Rückenschmerzen oder Rückenverspannungen vermieden werden – auch ungefährlicher für den Reiter. Das Pferd wird bei dieser vorbereitenden Arbeit selbstverständlich in Dehnungshaltung an der Doppellonge gearbeitet – dabei hilft eine spezielle Verschnallung, die zwar optisch schlaufzügelähnlich wirkt, dem Pferd aber in der weichen Hand eines erfahrenen Ausbilders sicher den Weg nach vorwärts-abwärts weist. Man nennt sie V-Verschnallung, weil der Zügel, wenn er vom Longiergurt aus durch den Trensen- oder Kappzaumring geführt wird, einen dem Buchstaben V ähnelnden Winkel bildet. Wichtig bei der Arbeit in V-Verschnallung: Es muß immer eine direkte und ungebrochene Verbindung zwischen Pferdemaul und Hand des Longenführers bestehen.

Viele Freizeitreiter hören nach dem Anreiten auf, ihr Pferd an der Doppellonge zu arbeiten, aber zur klassischen Schule gehört es durchaus, Doppellongenarbeit und Reiten nebeneinander weiterzubetreiben und neue Lektionen – bis hin zu den Schulen über der Erde – immer zunächst am langen Zügel zu erarbeiten. Im Rahmen dieser Ausbildung und zur Korrektur von Problempferden wurde der „Spanische Reiter“ entwickelt, ein Eisengestell, das über dem Longiergurt schwebt und eine Zügelführung ermöglicht, die der des auf dem Pferd sitzenden Reiters sehr ähnlich ist. Das fortgeschrittene Dressurpferd konnte darin in Aufrichtung und starker Versammlung gearbeitet werden, Problempferde korrigierte man durch eine ausbinderähnliche, sehr starre und wenig tierfreundliche Zügelverschnallung. Auch aufgrund dieser Einsatzmöglichkeiten geriet der Spanische Reiter bei den klassischen Meistern schnell in Verruf, und man findet ihn heute in keiner der Traditionsreitschulen zwischen Wien und Jerez. Tatsächlich galt er als Relikt längst vergangener Zeiten, bis er unter dem Namen Smart Jock oder Jockey zunächst in amerikanischen und dann auch in deutschen Gangpferdekreisen wieder auftauchte. Angeblich bringt man damit selbst sehr gangschwache Pferde sicher zum Tölten, kann Jungpferde ohne Reiterbelastung arbeiten und entlastet den Rücken verspannter Pferde, damit sie wieder zu natürlichem Tölt finden können.

Da ein Tölter meist mehr Aufrichtung braucht, als sich an der einfachen Doppellongen-Longiergurt-Konstruktion erreichen läßt, leuchtet das auf den ersten Blick sogar ein. Ein skeptischer Reiter fragt sich allerdings, warum das junge Pferd überhaupt schon vor dem Einreiten angetöltet werden soll, ob das gangschwache Pferd denn wirk-

Die V-Verschnallung erfordert eine weiche Hand des Longenführers.

Diese Konstruktion macht eine feinfühlige Zügeleinwirkung unmöglich.

lich um jeden Preis in den Viertakt gebracht werden muß und ob man den Rücken des verspannten Pferdes nicht besser durch Trabarbeit an der normalen Doppellonge lockern sollte. Sofern ein Ausbilder jedoch sein Handwerk versteht, wäre das alles noch vertretbar – wenn man es beim schlichten Einsatz des Spanischen Reiters beließe! Statt dessen kombiniert man das Eisengestell aber noch mit abenteuerlichen Verschnallungen. So finden viele Gangpferdeausbilder zum Beispiel nichts dabei, das Pferd in beidseitiger V-Verschnallung mit straff angenommenen Zügeln zu arbeiten und eine Art Stopper einzusetzen, der die Zügellänge begrenzt. Dem Menschen am Führzügel wird damit jegliches Nachgeben des Zügels unmöglich gemacht.

Wie durch solche Zwangsmaßnahmen natürlicher Tölt hervorgerufen oder verbessert werden soll, entzieht sich unserer Kenntnis. Letztlich kann das Eintölten hier nur geschehen, indem das Pferd durch extreme Einengung der Kopffreiheit so verspannt wird, daß selbst ein Dreigänger irgendwann den Trab bricht. Setzt man dazu noch geschickt treibende Hilfen ein und kombiniert die Arbeit am Spanischen Reiter mit dem Einsatz von speziellem Hufbeschlag, Glocken oder schlimmeren Manipulationsmaßnahmen, so gelingt das Eintölten selbst bei „hoffnungslosen Fällen". Dann muß man aber bereit sein, jeglichen Tierschutzgedanken außen vor zu lassen. Ein verantwortungsvoller Reiter und Ausbilder wird den Einsatz des Smart Jock immer mit Skepsis betrachten und zumindest die Kombination mit restriktiven Verschnallungen und anderen Hilfszügeln konsequent ablehnen. Im übrigen erfordert schon die Arbeit mit der normalen Doppellonge sehr viel Geschick von seiten des Longenführers, und das Eisengestell auf dem Pferderücken macht die Leinenführung nicht leichter. Es ist deshalb kaum möglich, den feinfühligen Umgang mit dem langen Zügel in einem Wochenendkurs zu erlernen!

HINTERGESCHIRR

Mit dieser Lederkonstruktion, die vom Sattel aus um die Kruppe des Pferdes herumführt, werden hauptsächlich Paso Finos und Paso Peruanos gearbeitet. Das Leder verläuft in der Beuge oberhalb des Sprunggelenks und berührt damit die Pferdebeine im Rhythmus der Bewegung. Damit hat es einen treibenden Effekt und veranlaßt das Pferd zum vermehrten Untertreten. Die anschiebende Wirkung setzt auch im exakt richtigen Moment ein, nämlich genau dann, wenn das Pferdebein vortritt.

Insbesondere wenn man das Hintergeschirr (das man übrigens auch durch ein einfaches Seil ersetzen kann) nicht ständig, sondern nur ab und zu einsetzt, damit kein Gewöhnungseffekt einsetzt, ist dieses Hilfsmittel durchaus zu empfehlen. Sie können es nicht nur beim Gangpferd, sondern auch beim Training eines Dreigängers einsetzen.

Schmückend – Hintergeschirr zur traditionellen Ausrüstung des Pasos

Sanfte Nachhilfe – das Hintergeschirr fördert das Untertreten der Hinterhand.

Achten Sie aber darauf, das Pferd vor dem ersten Anlegen mit Berührungen in diesem Bereich vertraut zu machen! Es könnte sonst erschrecken und durchgehen.

Zwischen Hilfe und Manipulation – spezieller Hufbeschlag

Tendiert ein Pferd stark zum Paß oder läuft es bisher nur Trab und soll nun den Tölt oder Walk erlernen, so erhält der Reiter oft den Rat, es vorne oder hinten schwerer beschlagen zu lassen. Das hat den Effekt, daß das Pferd das schwerer beschlagene Bein länger am Boden läßt, wodurch der Takt der Gangart verändert wird. Mit etwas Glück weckt man damit die genetisch verankerte Tendenz, Trab oder Paß in Richtung Viertaktgangart zu brechen. Zudem benötigt das Pferd mehr Kraft, um das schwerer beschlagene Bein anzuheben. Es legt also etwas mehr Schwung in die Bewegung und verlängert dadurch automatisch den Schritt. Die Betonung dabei liegt auf „etwas". Beläßt man es bei leichten Gewichtsunterschieden, so bietet der schwerere Beschlag nur eine kleine Erleichterung für den Reiter, das Pferd durch gezielten Einsatz der richtigen Hilfen in die neue Gangart einzuweisen. Für das Pferd stellt er kein Problem oder gar eine Beeinträchtigung des Wohlbefindens dar, sondern hilft ihm oft, zu einer Gangart zu finden, die es dann hoffentlich mit größtem Vergnügen läuft.

Ganz ähnlich wie mit dem Einsatz etwas schwererer Eisen verhält es sich mit dem Anlegen von Töltglocken oder Ketten. Hierzulande verwendet man meist Plastikglocken zum Beschweren der Hufe, was bei geringem Gewichtseinsatz unproblematisch ist. Die Glocke hat gegenüber dem schweren Eisen den Vorteil, daß das Pferd sie nur während des Reitens trägt. Außerdem gehen die schlabbernden Dinger vielen Pferden besonders am Anfang gehörig auf die Nerven. Sie schwingen die Beine dann mit etwas mehr Elan, um sie abzuschütteln, was auch wieder kurzfristig für mehr Aktion sorgt. Manche Pferde vertragen die Reibung des Kunststoffes in der empfindlichen Fesselbeuge allerdings nicht so gut. Dann sollte man auf die Glocken verzichten oder die teurere Lederausführung wählen. Übrigens verfolgt auch der Einsatz von „Ballenschonern" im Gangpferdebereich oft den Zweck, die Hufe zu beschweren. Sie haben eine ähnliche Wirkung wie die Glocken, fördern aber verstärkt die

Töltglocken lassen das Pferd mehr Schwung entwickeln und gehören fast schon zur Grundaustattung des Turnierpferdes.

Aktion, während Glocken mehr Raumgriff bewirken. Der Einsatz beider Hilfsmittel wird hierzulande gern mit Tierschutz begründet. Angeblich bewahren sie das Pferd davor, sich zu greifen, sich also mit den Hinterhufen in die Ballen der Vorhand zu treten.

In den USA werden anstelle der Glocken meist Metallketten gebraucht. Auch ihr Einsatz ist nicht grundsätzlich tierquälerisch, auch wenn es hierzulande gern so dargestellt wird. Eine nicht zu schwere Kette zerschlägt den Kronrand des Pferdes ebensowenig wie ein Fußkettchen das menschliche Fußgelenk. Der gangverbessernde Effekt erklärt sich auch hier wieder durch die geringe Gewichtsveränderung und vor allem durch das Klingeln und Schlackern der Ketten, die das Pferd durch ausgreifendere Bewegungen loswerden will. „Gangwunder“ sind weder durch ungleichen Beschlag noch durch den einfachen Einsatz von Glocken oder Ketten zu erreichen. Spektakuläre Erfolge erzielt man erst ab einem gewissen Gewicht der Hufeisen und erst recht bei Kombination von Glocken oder Ketten mit scharfen Einreibungen. Dann jedoch wird die Nachhilfe zur Tierquälerei!

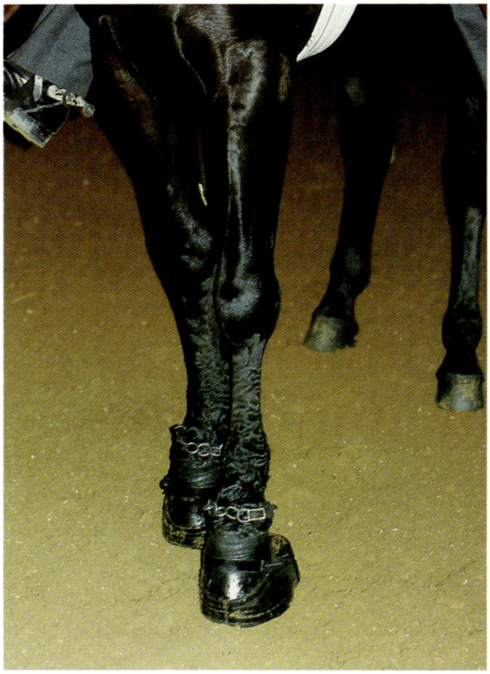

In Amerika ist Hufmanipulation zur Veränderung des Gangs erlaubt und im Turniersport üblich.

Neben dem Beschweren der Beine ist es auch durch eine Änderung der Hufstellung möglich, den Gang zu beeinflussen. Besonders bei amerikanischen Gangpferden ist es üblich, die Hufe sehr lang wachsen zu lassen, und beim Tennessee Walker bringt man die Beeinflussung hier durch das Anbringen von Pads auf die Spitze. Dazu werden Kunststoffkeile zwischen Huf und Eisen eingefügt, mitunter so viele, daß die Tiere regelrecht auf Stelzen stehen – 5 cm hohe und höhere Pads sind nicht ungewöhnlich! Ein pferdefreundlicher Ausbilder wird natürlich nicht zu solchen Hilfsmitteln greifen, und hierzulande sind sie auch glücklicherweise verboten. Eine akzeptable Nachhilfe durch Veränderung der Hufstellung ist dagegen ein Umlegen der Schenkelenden des Eisens, wie man es früher bei Arbeitspferden machte. Man hebt die Trachten damit etwas an, was vor allem bei der Arbeit auf weichem Boden ein wenig die Aktion verstärkt. Wird das Pferd allerdings häufig auf Asphalt geritten, sollte man darauf lieber verzichten oder das Vorgehen zumindest mit dem Hufschmied abstimmen. Hier wirkt sich die Veränderung der Stellung nämlich stärker aus, was den Hufmechanismus negativ beeinflussen kann.

Sinnvoll sind mitunter auch Kunststoffplatten zwischen Huf und Eisen (5 mm). Sie wirken als Stoßdämpfer, was viele Gangpferde deutlich begrüßen. Ein solcher Zusatzbeschlag empfiehlt sich besonders, wenn Ihr Pferd zu den „musikalischen“ Vertretern seiner Gattung gehört und wesentlich besser töltet, wenn es den Viertakt hört. Wenn man diese Pferde auf eher hartem Geläuf eintöltet, um ihnen das Einfühlen in die Gangart zu erleichtern, wirkt die Einlage gelenkschonend. Soll der Huf ein wenig höher gestellt werden, um eine Tendenz zur Taktveränderung zu bewirken, kommt auch eine 10 mm starke Keilplatte in Frage.

4 Gangpferde besser reiten

Reiterliche Grundlagen

In diesem Buch geht es speziell um das Reiten von Viertaktgangarten. Trotzdem wollen wir den Praxisteil mit der Vermittlung einiger allgemeiner reiterlicher Grundkenntnisse und vor allem der theoretischen Grundlagen jeglichen pferdefreundlichen Reitens beginnen. Ein guter Tölt, Walk oder Foxtrott ist nämlich letztlich davon abhängig, ob das Pferd sich richtig trägt und ob es den Schub aus seiner Hinterhand zum Tragen des Reiters nutzt oder nicht. Auch die treibenden Hilfen des Reiters unterscheiden sich bei der Arbeit am Tölt oder Walk nicht grundlegend von denen beim Reiten der anderen Gangarten.

Falls Sie vor Ihrem Wechsel zum Gangpferdereiten guten, konventionellen Reitunterricht auf Dreigängern hatten, werden Sie die Inhalte der ersten Kapitel möglicherweise schon kennen. Lesen Sie sie aber trotzdem noch einmal nach. Gerade die Vermittlung der theoretischen Grundlagen wird im „Normalreitstall" gern vergessen.

Wie schon gesagt, unterscheiden sich Gangpferde in bezug auf die Methodik, den Reiter zu tragen, nicht wesentlich von Dreigängern. Ob ein Pferd problemlos mit dem zusätzlichen Gewicht des Reiters fertig wird, ist eine Frage der Gesamthaltung. Es hat mit Physik und Ergonomie zu tun und nicht mit dem Takt der Bewegung. Auf den Menschen übertragen, könnte man das so verdeutlichen: Ob Sie Jogger sind, Geher oder Hochspringer – auf Ihre mehr oder weniger rückenfreundliche Technik, einen Bierkasten zu tragen, hat das keinen Einfluß.

Wenn wir ein Pferd gleich welcher Rasse und Gangveranlagung reiten, greifen wir damit in seine Natur ein. Grundsätzlich ist ein Pferd zwar besser als die meisten anderen Tiere dazu geeignet, einen Menschen zu tragen, es ist aber nicht ausdrücklich dafür angelegt. Auch das Bewegungsverhalten eines freilebenden Pferdes entspricht nicht dem, was wir von unserem Reitpferd fordern. Ein freies Pferd bewegt sich zum

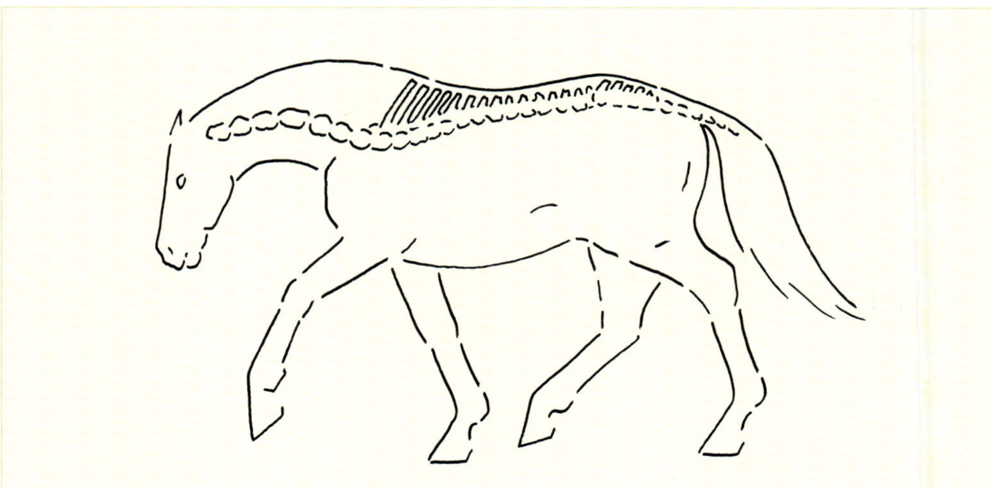

Der lange Rückenstrecker

Beispiel nicht länger als nötig im Trab und Galopp und erst recht nicht in irgendwelchen Viertaktgangarten vorwärts. Gewöhnlich wandert es gemächlich von einem Grasbüschel zum anderen und nimmt sein Gewicht dabei schwerpunktmäßig mit der Vorhand auf. Schwung aus der Hinterhand wird nur bei plötzlichen Spurts notwendig oder wenn es einem Rivalen durch elegantes Passagieren imponieren will.

Unter dem Reiter muß sich dieses Verhalten ändern. Der Mensch will in flottem Tempo zielstrebig vorwärtskommen, und er will dabei einigermaßen bequem auf dem Pferderücken sitzen. Die Verhaltensänderung ist aber nicht nur im Sinne des Reiters, sondern auch in dem des Pferdes: Wenn es den Reiter langfristig ohne Knochenschaden tragen will, muß es davon Abstand nehmen, sein eigenes Gewicht und das des zweibeinigen Passagiers mit der Vorhand aufzunehmen. Es muß lernen, die Tragkraft der kräftigeren Hinterhand auszunutzen. Während der Ausbildung zum Reitpferd unterzieht man es deshalb einer Art „Rückenschule". Um den Reiter ergonomisch richtig tragen zu können, darf der Pferderücken sein Gewicht nicht aufnehmen wie eine Hängematte, sondern eher wie eine stabile Bockbrücke.

Um zu verstehen, wie man dem Pferd das beibringt, müssen wir uns seine Anatomie etwas genauer ansehen. Wichtig dabei ist vor allem das lange Nackenband, das sich vom Nacken über den Hals des Pferdes zieht und ihn über die Dornfortsätze der Wirbel mit dem gesamten Rücken bis hin zu den Lenden verbindet. Das lange Nackenband ist sowohl mit der Halsmuskulatur als auch mit der Rückenmuskulatur verbunden. Über Kopf-Hals-Bewegungen des Pferdes kann also die gesamte Wirbelsäule und damit die Gesamthaltung des Tieres beeinflußt werden: Senkt das Pferd den Kopf, so straffen sich das Nackenband und der lange Rückenstrecker, einer der wichtigsten Muskeln im Rückenbereich. Der Rücken wird belastbar. Spielt das Pferd dagegen „Sterngucker", reißt es den Kopf also hoch und drückt den Unterhals heraus, so hängt das Nackenband und damit auch der Pferderücken durch. Die Muskulatur ist jetzt nicht belastbar und wird sich verkrampfen und verhärten, wenn man das Pferd trotzdem reitet. Die Folge sind Verspannungen und Rückenschmerzen.

Wie Sie dieser Erklärung nun sicher schon entnommen haben, ist die einfachste Möglichkeit, das Pferd zum Aufwölben des Rückens zu bewegen, es mit eher gesenktem Kopf zu arbeiten. Man erlaubt ihm, mit vorwärts-abwärts gestrecktem Hals bei leichter Zügelanlehnung entspannt vorwärtszugehen. Diese Dehnungshaltung ist

Der aufgewölbte Rücken entspricht einer belastbaren Bockbrücke.

Der weggedrückte Rücken entspricht der wenig belastbaren Hängebrücke.

vor allem beim jungen Pferd empfehlenswert, denn um sie einzunehmen, braucht es seine Muskulatur nicht anzustrengen. Dabei arbeiten nämlich vor allem die Bänder, und die sind im Gegensatz zur Muskulatur nicht so leicht zu ermüden. Die Rückenmuskulatur wird beim Training in der Dehnungshaltung quasi nebenbei gefestigt. Nach und nach werden der Rückenstrecker und die Halsmuskulatur belastbarer, und man kann das Pferd in mehr Aufrichtung arbeiten. Dabei entsteht die dressurmäßige Haltung mit rundem Hals, das Genick des Pferdes bildet die höchste Stelle. Die Anspannung des Nackenbandes wird jetzt durch Abknicken im Genick erreicht.

Natürlich fällt es Pferden mehr oder weniger leicht, diese Haltung einzunehmen. Vielen Barockpferden ist sie praktisch angeboren, bei manchen Pferden klappt es dagegen nie, weil die Ganaschenfreiheit (siehe Seite 131) nicht ausreicht. Dem Pferd ist es dann einfach nicht möglich, den Kopf so weit anzuwinkeln, daß sich die Backenränder vollständig an die Ohrspeicheldrüsen anlehnen. Auf Gangpferderassen bezogen fällt es besonders Tennessee Walkern, Saddlern und Pasos oft leicht, in Aufrichtung zu arbeiten, während viele Isländer gebäudebedingte Probleme damit haben und mehr Training brauchen. Der Schlaufzügel oder der Spanische Reiter sind hier allerdings keine Lösung: Muskulatur läßt sich nicht mit Gewalt trainieren, sondern nur durch Übung. Die Sportmedizin weiß längst, daß Training bis zum Muskelkater mehr schadet als nützt. Schmerz fördert letztlich nur Vermeidungshaltungen.

Dehnungshaltung: Der Rücken wölbt sich auf und wird tragfähig.

Walk in schöner Aufrichtung

TÖLT UND DEHNUNGSHALTUNG

Viele Ausbilder lehren, Tölten in Dehnungshaltung sei unmöglich, da die Gangart eine gewisse Anspannung erfordert. Das ist zwar nicht in jedem Fall zutreffend, aber tatsächlich zeigen nur sehr veranlagte und sehr gut ausgebildete Pferde in Dehnungshaltung ihre Viertaktgangart. Junge Pferde nach dem Anreiten tun das so gut wie nie, denn dazu müssen sie erst lernen, im Gleichgewicht zu gehen. Es ist deshalb sinnvoll, ein junges Gangpferd in der ersten Ausbildungsphase zu traben. Ursprünglich rieten Islandpferdeausbilder zu einer mindestens drei Monate langen Trabausbildung vor dem Eintölten. Verantwortungsbewußte Bereiter schicken ihre Kunden auch heute noch zunächst mit einem Trabpferd nach Hause und raten ihnen, es nach sechs bis zwölf Monaten zum Antölten wieder zu bringen. Das bereitet zwar zusätzliche Kosten, schont aber die körperliche und seelische Gesundheit des Pferdes.

Mit Verkaufspferden wird leider selten so lange gewartet. Der Kunde will schließlich ein töltendes Pferd, und je länger das Tier zur Ausbildung beim Trainer steht, desto teurer wird es. Viele junge Gangpferde haben deshalb ein Training im Schnellverfahren hinter sich. Statt mit vorsichtiger Zügelanlehnung zu arbeiten und dem Pferd die Möglichkeit zu geben, sich im eigenen Tempo an die Zügel und die Arbeit in Aufrichtung heranzutasten, nimmt der Bereiter die Zügel schnell scharf an und reißt den Pferdekopf damit hoch. Das überanstrengte Pferd hilft sich dann, indem es den Rücken wegdrückt, das Maul aufreißt, um sich der Zügeleinwirkung zu entziehen, und den Unterhals durchdrückt. Fast immer versucht es, den durch die Reitereinwirkung verursachten Schmerzen davonzurennen,

Dressurarbeit verbessert letzlich den Tölt.

es zeigt also starkes „Temperament“. Viele unkundige Pferdekäufer begrüßen das, denn dadurch entfällt das lästige Treiben. Die Hilfengebung reduziert sich auf Ziehen am Zügel, denn das bewirkt zuverlässigen Tölt. Zum Traben, erst recht in dieser Zwangshaltung, ist die Rückenmuskulatur des Tieres längst zu verspannt. Manche Pferde ertragen dieses Martyrium jahrelang. Lediglich die Tatsache, daß ihre Besitzer eigentlich nur sonntags reiten, erspart ihnen Dauerschäden und ermöglicht physische und psychische Erholung während der Woche. Regelmäßig geritten reagieren sie aber fast immer mit Schwierigkeiten. Viele von ihnen werden Durchgänger, fast alle tendieren zum Paß.

Läßt man sich dagegen Zeit mit der Ausbildung, so töltet das Pferd letztlich in schöner Aufrichtung und leichter Anlehnung. Ohne Arbeit, auch und gerade im Dressurviereck, ist dieser Effekt aber leider nur selten zu erzielen.

Zügelüberstreichen – ein einfacher Test für die Arbeit im Gleichgewicht

Im Dressurbereich prüft man mit einer einfachen Bewegung, ob das Pferd wirklich an den Hilfen steht oder nur durch Kraft in einer Pseudo-Versammlung gehalten wird. Der Reiter führt dazu beide Hände nach vorn, bis der Zügel durchhängt, ändert aber sonst nichts an seinem Sitz und seiner treibenden Einwirkung. Das Pferd soll nun ebenfalls seine Haltung beibehalten und – im Falle Ihres Gangpferdes – problemlos im Tölt oder Walk bleiben. Tut es das, so nehmen Sie die Zügelverbindung nach ein paar Schritten sanft wieder auf. Bleibt das Pferd nicht im Viertakt, sondern fällt sofort in den Trab oder gar in den Paß, so ist die Probe mißlungen. Sie wissen nun, daß Sie an leichterer Zügeleinwirkung und mehr treibenden Hilfen arbeiten müssen!

WALK UND DEHNUNGSHALTUNG

Im Gegensatz zum Tölt ist Walk keine eigenständige Gangart, sondern lediglich eine Steigerung des Schrittes. Wie der Schritt kann er ebensogut in Dehnungshaltung wie versammelt geritten werden. Starke Naturwalker bieten auch schon recht bald nach dem Anreiten eine Geschwindigkeitssteigerung bei ganz leichter Zügelanlehnung an. Durchschnittlich begabte und weniger begabte Pferde möchten allerdings in Trab oder Paß wechseln, wenn sie schneller werden sollen. Um sie daran zu hindern, muß der Zügel stärker angenommen und verstärkt dagegen getrieben werden – das Pferd wird also unweigerlich in Richtung Versammlung und Aufrichtung gearbeitet.

Unserer Ansicht nach sollte man das am Anfang vermeiden. Entweder arbeitet man das Pferd lange in extrem ruhigem Tempo – also im Grunde im Schritt – und steigert die Geschwindigkeit erst, wenn das Pferd reif für mehr Aufrichtung ist, oder man läßt es eine Zeitlang traben. Letzteres empfiehlt sich besonders bei stark paßveranlagten Pferden, weil dadurch der lateralen Veranlagung entgegengewirkt wird. Dieses Vorgehen ist pferdefreundlich, entspricht aber nicht vollständig der allgemeinen Lehrmeinung: In Amerika werden Tennessee Walker nicht getrabt, wohl aber Missouri Foxtrotter. Vergleicht man Videoaufnahmen beider Rassen, so ist das Ergebnis frappierend: Die meisten Foxtrotter zeigen einen erheblich schöneren und entspannteren Walk als nicht manipulierte Walker! Auch viele ehemalige Renntraber gehen die Gangart sehr ausdrucksvoll und ziehen sie dem Tölt vor. Das erlebt man auch bei stark trabveranlagten und seriös dressurmäßig gearbeiteten Isländern.

Was Zwangsausbildung angeht, so hat der Walker gegenüber dem Tölter einen entscheidenden Vorteil: Im Gegensatz zum Tölt kann Walk nicht mit hochgerissenem Kopf und weggedrücktem Rücken gezeigt werden. Diese Haltung verkürzt nämlich die Gänge – das charakteristische Schreiten des Walkers wird unmöglich. Dazu verhindert

Dauerzug am Zügel das Kopfnicken. Das Pferd rettet sich in Paß oder Tölt. In Amerika, wo Gangpferdereiter und -ausbilder im allgemeinen fähig sind, Tölt und Walk zu unterscheiden, sieht man folglich weniger hochgerissene Pferdeköpfe. Schnelles Anwalken funktioniert hier mit subtileren, aber keineswegs pferdefreundlicheren Methoden. Hierzulande werden Walker allerdings oft wie Tölter behandelt und der dabei entstehende Tölt als Walk ausgegeben – wieder einmal mit verheerenden Folgen für die Pferde: Die Arbeit in verspanntem Tölt belastet nicht nur die Rückenmuskulatur, sondern nimmt das Pferd auch psychisch stärker mit als etwa den weitaus robusteren Isländer. Walker sind seit Jahrzehnten auf einen entspannten Gang hin gezüchtet, ihre psychische Grundhaltung ist eine gelassene. Bringt man sie dann doch in Wallung, so erweisen sie sich als nicht sehr belastbar. Schon eine Stunde unter einem unkundigen Reiter, der sie gründlich durcheinanderbringt, kann die Ausbildungsarbeit von Monaten gefährden.

RICHTIG TREIBEN

Wie gesagt haben es Pferde von Natur aus nicht eilig. Wenn sie sich unter dem Reiter flott vorwärtsbewegen, so ist das eine Folge des Treibens. Nun braucht nicht jedes Pferd das gleiche Maß an treibenden Hilfen. Manche sind von Natur aus gehwillig und finden rasch Geschmack daran, längere Strecken zu traben (tölten, walken) oder zu galoppieren. Mitunter entspringt dieser „Gehwille" aber auch nicht der Lust an der Bewegung, sondern der Angst vor dem Reiter. Solche Pferde versuchen ständig, dem Quälgeist auf ihrem Rücken wegzulaufen, beziehungsweise setzen ihre allgemeine Furcht und Nervosität in hektische Bewegung um. Anderen Pferden fehlen sowohl Gehwille als auch Furcht. Ihr phlegmatisches Naturell zwingt den Reiter, jeden Schritt mit viel Energie herauszutreiben.

Treiben dient aber nicht nur dazu, das Pferd in Gang zu halten. Es hat auch beim Aktivieren der Hinterhand eine wichtige Funktion. Gerade die subtileren treibenden Hilfen mit Kreuz und Schenkel dienen vor allem dazu, die Hinterhand zu vermehrtem Aufnehmen des Reitergewichts und des eigenen Gewichts zu bewegen. Wollte man das Pferd lediglich vorwärts bringen, könnte man sich auf Gertenhilfen beschränken.

Wenn Sie Ihr Pferd nun also in rückenfreundlicher Haltung und mit möglichst viel natürlicher Aktion Tölt oder Walk gehen lassen wollen, müssen Sie erstens überhaupt zum Treiben kommen und zweitens lernen, richtig zu treiben. Bei gehwilligen Pferden und erst recht bei Pferden mit Angsttemperament kann schon ersteres eine ziemliche Hürde sein. Besonders letztere sind ja viel zu verspannt und verängstigt, um Ihre Hilfen einmal zu bemerken und zudem auch noch richtig zu interpretieren. So rennen zum Beispiel viele Importisländer in Panik davon, sobald sie eine Berührung der Reiterbeine spüren. Der Reiter bemüht sich dann, eine solche Berührung möglichst zu vermeiden, und reitet das Pferd ausschließlich über den Zügel. Das Pferd wird dadurch zwar gebremst, aber nicht getrieben. Es kann den Rücken nicht aufwölben, um das Reitergewicht aufzunehmen, sondern gerät in die bekannte „Hängemattenhaltung": Sein Gang wird kürzer, es bewegt sich auf der Vorhand und schadet sich damit physisch und psychisch.

Falls Sie ein solches Pferd haben, müssen Sie ihm zuerst helfen, seine Angst

Fehlerhaft: Tölt mit weggedrücktem Rücken

Körperhaltung und Psyche

„Das hat ihm das Rückgrat gebrochen!" – „Sie trägt schwer an der Last ihrer Probleme." – „Er ist ihr in den Rücken gefallen!" – „Sie erweist sich als unbeugsam!" – unsere Alltagssprache ist voller Anspielungen darauf, wie sich unsere Seelenlage auf die Körperhaltung auswirkt. Bei anhaltenden Rückenschmerzen rät heute jeder Arzt zur Psychotherapie. Die positive Wirkung von Massagen auf streßgeplagte Menschen ist unumstritten, jeder kennt Spannungskopfschmerz. Dem Pferd gesteht man dagegen keinerlei psychosomatischen Probleme zu. Das soll funktionieren, auch wenn es gerade 23 Stunden am Tag allein in der Box gestanden hat. Wir zwingen es zu Kopf-Hals-Haltungen, zu denen es alters- und trainingsbedingt noch gar nicht in der Lage ist, und fallen ihm – buchstäblich! – bei jedem kleinen Hupfer in den Rücken. Wir kurven es von Turnier zu Turnier, muten ihm häufige Stallwechsel und Trennungen von seinen Freunden zu. Die ersten Symptome von Schmerzen und Angst deuten wir dann auch noch als Widersetzlichkeit. Ein weiterer Hilfszügel wird eingeschnallt, es folgt noch ein Aufenthalt beim oft nicht zimperlichen Trainer.

Entspannung vom Streß

Pferde sind jedoch fühlende, bis zu einem gewissen Grade denkende und sehr körperfixierte Wesen! Ihre psychischen Probleme übertragen sich noch schneller auf Muskulatur und Körperhaltung als beim Menschen, denn ihnen fehlt weitgehend die Möglichkeit, sie rational zu bewältigen. Gespräche als Konfliktlösungsstrategie fallen ja aus, und die Signale, die ein Pferd aussendet, werden vom Menschen oft nicht verstanden. Wenn Ihr Pferd also Schwierigkeiten hat – seien es körperliche (wie etwa Rückenschmerzen oder ständige Allergien) oder Verhaltensprobleme (wie Durchgehen oder Scheuen) –, versetzen Sie sich doch einfach mal in seine Lage!

vor Berührungen zu überwinden. Das tun Sie zunächst vom Boden aus. Streichen Sie den ganzen Körper des Pferdes mit der Gerte ab, bis es nicht mehr mit brettharten Muskeln stehenbleibt oder gar zittert, sondern dabei den Kopf senkt und frißt. Gewöhnen Sie es dann an Berührungen mit Stofflappen oder Plastikplanen – wenn die erste Angst überwunden ist, können Sie es auch an die Longe nehmen und „auslappen", also verschiedene Stoffreste, Bänder usw. an seinen Sattel binden, damit es Berührungen während der Bewegung spürt und auch vor flatternden und knisternden Dingen auf seinem Rücken nicht mehr erschrickt.

Bei all dem ist es wichtig, daß das Pferd die Berührungen nicht nur duldet, sondern angstfrei hinnimmt! Gerade Importpferde haben oft eine sehr harte Ausbildung hinter sich und sind bemüht, trotz größter innerer Spannung Wohlverhalten zu zeigen. Achten Sie also darauf, ob das Pferd einen ruhigen Augenausdruck zeigt

Ihr Pferd wird im Tölt immer schneller und versucht durchzugehen? – Vielleicht geht es in verspannter Haltung und fühlt sich dabei wie Sie nach ein paar Stunden auf dem ungesunden Bürostuhl: Es gerät unter Streß, bekommt schlechte Laune und Lust, sich zu verweigern. Leider fehlen ihm die Worte, den Möbeldesigner zu verfluchen – es kann nur versuchen wegzurennen.

Ihr Pferd bleibt plötzlich stehen, nur weil Sie aus dem Seitwärtsgehen antölten wollten? – Erinnern Sie sich an den „Blackout" bei Ihrer letzten Prüfung: Sie erwarteten eine schwierige Frage. Und plötzlich war Ihr Kopf wie leer gefegt, die Gedanken blockiert, der Körper verkrampft. Auch Ihr Pferd geht vielleicht mit Spannung und Furcht in die Reitstunde. Es erwartet ständig die Hilfe zum verkrampften Antölten – und dann läuft auf einmal gar nichts mehr: Das Pferd steht mit harter Muskulatur, zu hoch genommenem Kopf und großen Augen da und weiß nicht mehr, wie es ein Bein vor das andere setzen soll.

Oder die Sache mit dem Endorphinausstoß: Alles nervt Sie, im Büro war es wieder gräßlich! Sie werfen die Arbeit in die Ecke und gehen joggen. Und dabei fällt alles von Ihnen ab, Sie hören, sehen und fühlen nichts mehr als den Rausch der rhythmischen Bewegung. Vielleicht kennt auch Ihr Pferd dieses Gefühl: Der Rücken tut weh, der Reiter hängt mit voller Kraft in den Zügeln, aber wenn es jetzt stehenbleibt, wird es bestraft. Also läuft das Pferd, und über das Rennen kommt es zum Ausstoß der körpereigenen Morphine: Die Bewegung wird zum Rausch, der Reiter kämpft chancenlos gegen das Durchgehen an, denn das Pferd registriert seine Hilfen nicht mehr.

Wenn Sie sich so in Ihr Pferd einfühlen können, finden Sie auch leicht heraus, wie dem Problem abzuhelfen ist. Mit einem Urlaub zum Beispiel: Ein paar Tage auf der Weide mit vertrauten Gefährten. Tellington-TTouch oder verschiedene Methoden zur Rückenmassage lockern die Muskeln und verbessern auch das Verhältnis zwischen Pferd und Mensch. Letztendlich ist aber „Rückenschule" angebracht: Trabarbeit in Dehnungshaltung zur Entspannung, vielleicht im Round Pen und möglichst ohne Hilfszügel. Ein neuer Sattel kann bei der Lösung helfen. Und dann empfiehlt sich vielleicht auch ein Trainerwechsel! Ein kompetenter TTEAM-Ausbilder kann Ihnen unter Umständen besser weiterhelfen als der örtliche „Gangpferdespezialist", der sich vorwiegend auf schnelles Eintölten versteht.

oder mit glasigem oder flackerndem Blick dasteht, ob es den Kopf alarmiert und mit harter Halsmuskulatur hoch trägt oder ihn entspannt sinken läßt.

Ein sehr guter Indikator für eine entspannte Seelenlage ist auch, ob das Pferd ruhig und ohne Hektik frißt. Füttern Sie das Pferd also während der beschriebenen Arbeit zur Desensibilisierung, auch wenn Ihr Gangpferdetrainer jeden Leckerbissen aus der Hand des Reiters als „Verwöhnung" verdammt. Eine gelegentliche Belohnung macht Ihr Pferd nicht zum Bettler und erst recht nicht zum Beißer, aber sie trägt zur Entspannung und Harmonisierung Ihrer Beziehung zu ihm bei.

Um das Pferd vom Boden aus an Schenkelhilfen zu gewöhnen, bietet sich Doppellongenarbeit an – die äußere Leine ersetzt den äußeren treibenden Schenkel. Wer dazu keine Lust hat, kann aber auch gleich vom Sattel aus arbeiten. Lassen Sie das Pferd zunächst von jemandem führen und beruhigen, wenn es losrennen will, so-

Haben Sie Geduld und scheuen Sie sich nicht, Ihr Pferd auch einmal führen zu lassen.

bald es die Schenkelhilfe spürt. Leckerlis und freundliche Worte können hier Wunder tun. Trotzdem wird die gesamte Gewöhnung an Berührungen und Hilfen möglicherweise sehr lange dauern, denn Ihr Pferd muß schwere Traumata überwinden, bevor es Ihnen vertrauen kann. Letztlich ist der sanfte Weg über die Desensibilisierung aber der einzige zum entspannten Reiten auf derart verängstigten und verdorbenen Pferden.

Bei von Natur aus gehwilligen Pferden zum Treiben zu kommen ist erheblich einfacher. Wenn sie nicht auf die Hilfen hören, so liegt das meist daran, daß sie sich gleich zu Anfang des Ausritts in einen Renn-Rausch hineingesteigert haben und nun infolge des Endorphinausstoßes nicht mehr allzuviel mitbekommen. Diese Pferde arbeiten Sie am besten zunächst im Dressurviereck und beginnen in langsamen Gangarten. Da es in aller Regel sehr kooperative und lernwillige Tiere sind, kommen Sie sicher rasch vorwärts. Hat Ihr Pferd erst einmal gelernt, sich richtig zu tragen und Hilfen anzunehmen, wird es auch im Gelände gehorsam am Zügel gehen. Es begreift ja schnell, daß es sich in der „neuen" Haltung viel angenehmer arbeiten läßt, und nimmt sie von sich aus gern ein. Im übrigen neigen von Natur aus gehwillige Pferde auch viel weniger zur Bewegung auf der Vorhand als Angstrenner. Sie haben schließlich selbst Spaß am Schwung aus der Hinterhand und drücken den Rücken nur weg, wenn sich ein ängstlicher Reiter anklammert und krampfhaft an den Zügeln zieht, um ihren Vorwärtsdrang zu bremsen.

Wenn Ihr Pferd nun bereit ist, ihren Schenkel zu dulden und anzunehmen, müssen Sie die treibenden Hilfen nur noch richtig einsetzen. Wir beginnen hier ausdrücklich mit der Besprechung der Schenkelhilfen, weil sie beim Gangpferdereiten erheblich wichtiger sind als die Kreuzhilfe, die zum Beispiel beim Dressurreiten eine bedeutsame Rolle spielt.

Wenn Sie das Pferd dazu bewegen wollen, die Hinterhand verstärkt einzusetzen, so bedeutet das in erster Linie, es dazu

Richtig treiben: Jetzt Einsatz des linken Schenkels und links sanft gegenhalten.

Falsche Reiterhilfe: Eine annehmende Hilfe während der Stützphase bremst die Hinterhand und staucht die Gelenke. Die treibende Hilfe in dieser Phase hat überhaupt keine Wirkung (höchstens eine abstumpfende).

zu bringen, hinten längere Schritte zu machen. Die Hinterhand soll stärker unter den Schwerpunkt des Pferdes treten, wodurch sich der Schwerpunkt auf die Dauer nach hinten verlagert. Auf die Art wird die Vorhand entlastet und kann weiter und höher ausgreifen.

Nun können Sie ein Pferdebein aber nur dann dazu bringen, weiter vorzutreten, wenn Sie in dem Moment treiben, in dem es vom Boden abgehoben hat und eben im Vorschwingen begriffen ist. Wenn Sie es in dieser Sekunde zum Beispiel mit der Gerte hinter dem Gurt berühren, so verlängert es den Schritt. Tippen Sie es dagegen an, während es auf dem Boden steht und als Standbein dient, während das andere gerade vorschwingt, so erreichen Sie bestenfalls gar nichts, im schlimmsten Fall verwirren Sie das Pferd. So könnte es zum Beispiel die augenblickliche Vorwärtsbewegung des anderen Beins verkürzen, damit es das angetippte schnell vom Boden wegbringt. Damit hätten Sie genau das Gegenteil dessen erreicht, was Sie eigentlich wollten.

Was wir hier anhand der Gertenhilfe verdeutlicht haben, ist auch für die Schenkelhilfe zutreffend. Um die Hinterhand zu aktivieren, treiben Sie grundsätzlich nicht mit beiden Schenkeln gleichzeitig, sondern immer auf dem vortretenden Hinterbein: Schwingt das rechte vor, so drücken Sie mit dem rechten Schenkel zu und umgekehrt.

Das klingt kompliziert, ist in der Praxis aber gerade in den Viertaktgangarten gar nicht so schwer. Setzen Sie sich einfach mal im Schritt auf Ihr Pferd und lassen Sie es von jemandem geradeaus führen. Nun schließen Sie die Augen, entspannen sich und fühlen sich in die Bewegung sein. Sie werden sehr schnell spüren, daß das vortretende Hinterbein Ihren gleichseitigen Schenkel in eine schrittartige Bewegung mitnimmt. Sie haben das Gefühl, als schiebe es ihn vor. Genau diese Bewegung unterstützen Sie, indem Sie den Schenkel vermehrt anlegen – und schon haben Sie die Grundlagen des richtigen Treibens begriffen und in die Tat umgesetzt![10]

Wenn es Ihnen nun noch gelingt, die Zügelhilfen mit dieser Bewegung zu koordinieren, so haben Sie bald ein sensibleres und besser in Haltung gehendes Pferd. Sie halten dazu stets eine leichte, ganz sanfte Zügelverbindung. Wenn Sie das Pferd einseitig treiben, so spüren Sie, daß es sich leicht dagegen lehnt. Es braucht in dem Moment eine Stütze. Geben Sie sie ihm, indem Sie den Zügel mit der gleichseitigen Faust ganz

[10] Falls Sie einen Westernsattel verwenden, genügt dazu übrigens die Andeutung einer Bewegung, weil sich hier schon kleinste Veränderungen der Beinhaltung stark über den Fender übertragen.

Was tun, wenn mein Pferd wegläuft?

Treiben, nachgeben mit dem Zügel – all das klingt sehr einfach und schreibt sich leicht, solange man nicht auf einem vierbeinigen Kraftpaket sitzt, das nur darauf wartet, möglichst im Rennpaß davonzustürzen, sobald man die Zügel lockert. Viele Gangpferde – und darunter besonders Islandpferde – gehen mit ungeheurer Kraft gegen die Hand. Ihr Maul ist längst so hart wie ihre Rücken- und Halsmuskulatur, und selbst wenn der Reiter plötzlich alles richtig macht, wird sie das nicht am Durchgehen hindern.

Machen Sie sich hier als erstes klar, daß dieses Verhalten des Pferdes keiner Bosheit entspringt. Tatsächlich ist sein „Vorwärtsdrang“ nichts anderes als der Versuch zur panischen Flucht. Sie müssen das Pferd also erst mal dazu bringen, Ihnen „zuzuhören“, das heißt, so viel Vertrauen zu Ihnen zu entwickeln, daß es sich auf Ihre Hilfengebung einläßt. Sind Sie ein einigermaßen erfahrener Reiter und insofern vertraut mit doppelter Zügelführung, so erreichen Sie das möglicherweise durch eine Umstellung von Trense auf Pelham oder eine andere Stange mit zwei Zügeln. Diese Zäumungen geben dem Pferd stärker die Tendenz nach unten als das Trensengebiß und schlagen damit zwei Fliegen mit einer Klappe: Das Pferd wird mit noch unbekannter und bisher nicht furchtbesetzter Einwirkung konfrontiert, und Sie selbst bekommen es mit geringerem Kraftaufwand unter Kontrolle. Das ermöglicht Ihnen, sich zu entspannen, besser auf Ihren Sitz zu achten und damit Signale auszusenden, die auch das Pferd beruhigen. Der Teufelskreis „Pferd ängstigt sich vor dem Reiter und läuft weg – Reiter fürchtet sich vor dem Weglaufen und damit vor dem Reiten und dem Pferd – beide Beteiligten verfallen in Starre und Verkrampfung“ weicht damit einem freundlicheren Kreislauf: „Pferd sieht sich gezwungen, langsamer zu werden und auf den Reiter zu hören – Reiter verliert die Furcht vor dem Durchgehen und gibt entspanntere Hilfen – beide Teile bewegen sich aufeinander zu.“

Wenn Sie sich nicht zutrauen, solche allgemein als „scharf“ geltenden Zäumungen korrekt einzusetzen, bleibt Ihnen nichts anderes übrig, als die ganze Sache einfach langsam anzugehen. Reiten Sie nicht mehr ins Gelände, sondern auf dem Platz, und reiten Sie Schritt – so lange, bis das Pferd die langsamste Gangart auch mit gesenktem Kopf am durchhängenden Zügel geht. Wenn Sie sich dabei am Anfang führen lassen wollen, so macht das nichts. Entscheidend wichtig ist, daß Reiten für Sie und für Ihr Pferd nicht mehr in eine Angstpartie ausartet. Im Schritt auf

leicht annehmen – es sollte mehr ein Gegenhalten sein als ein Ziehen. Wechselt der vortretende Fuß, so geben Sie wieder nach, und der andere Zügel wird angenommen.

Auch dieses Gefühl in den Händen können Sie trainieren, indem Sie mit geschlossenen Augen entspannt auf dem Pferd sitzen, während jemand das Pferd führt. Es ist eigentlich nicht schwer zu erfühlen, wann das Pferd die Stütze sucht. Andererseits kann es jedoch gut sein, daß Sie nie gelernt haben, eine ganz leichte Zügelverbindung aufzubauen, weil man Ihnen sowohl im Dressurunterricht als auch beim Ausprobieren eines Tölters ständig „Gegenhalten“ gepredigt und damit Ihre Zügelhand unsensibel gemacht hat. Dazu zieht und zergelt vielleicht auch noch Ihr Pferd, und Sie neigen dazu, den Druck mit Gegendruck zu erwidern. Genau das ist jedoch der Weg in den Teufelskreis. Wenn Sie herauswollen, muß einer von Ihnen nachge-

Die sanfte Korrektur von Durchgängern braucht viel Geduld.

dem Platz können Sie sich in aller Ruhe in die Bewegungen des Pferdes einfühlen und damit die Grundlagen richtiger Hilfengebung erforschen. Sie können an Bodenhindernissen arbeiten, Ihrem Pferd beibringen, am langen Zügel entspannt zu stehen, während Sie einen Regenmantel an- und ausziehen – und Ihnen anschließend den Kopf zuzuwenden, um den Belohnungsleckerbissen entgegenzunehmen.

Auf die Dauer wird Ihr Pferd auf diese Art lernen, die Arbeit mit Ihnen nicht mehr zu fürchten. Wahrscheinlich gewinnt es sogar Spaß daran. Erst wenn Sie beide bei der Schrittarbeit neue Selbstsicherheit gewonnen haben, sollten Sie wieder traben und tölten. Zuerst auf dem Platz und danach auch draußen, aber nicht gleich in Gesellschaft des pfeilschnellen Supertölters von nebenan, sondern zusammen mit besonnenen Menschen und Pferden, die bereit sind, Rücksicht zu nehmen, mit Ihnen zusammenzuarbeiten und auf Ihr Pferd einzugehen.

Leider ist diese sanfte, langfristige Korrektur des verspannten Tölters für viele Reiter mit noch mehr Streß und Unbehagen verbunden als die regelmäßige Angstpartie beim Ausritt. Mit diesem Vorgehen setzen Sie sich nämlich der Kritik und dem unverhohlenen Spott des gesamten Reitervereins aus. Wochen, Monate, vielleicht ein Jahr Schritt reiten? Kein Renntölt mehr? Keine Teilnahme an den Vereinsausritten? Sie werden sehr viel Rückgrat und Selbstbewußtsein brauchen, um sich dagegen durchzusetzen, erst recht wenn Ihre gesamte Familie reitet und so gar nicht versteht, was Ihnen am „Vorwärtsdrang" Ihres Pferdes nicht paßt. Und hinterher wird vielleicht niemand zu schätzen wissen, welche Leistung Sie mit der Korrektur Ihres verspannten Pferdes wirklich vollbracht haben. Wir möchten Ihnen trotzdem Mut machen! Sie verlieren damit vielleicht die Achtung Ihrer „Freunde", aber Sie gewinnen die Ihres Pferdes. Wenn es Ihnen eines Tages freudig entgegenkommt, während die anderen ihre Supertölter kaum einfangen können, wissen Sie, daß es sich gelohnt hat!

ben. Am besten Sie – Sie sind doch der oder die Klügere!

RÜCKEN ENTLASTEN UND BELASTEN

Tölt, Walk und alle anderen Viertaktgangarten werden ausgesessen geritten. Für die Bequemlichkeit des Reiters ist es hier ja auch nicht nötig, das Gesäß aus dem Sattel zu heben, um dem Geworfenwerden zu entgehen. Der Tölter oder Walker trägt ihn weich und angenehm. Mit dem Gesäß im Sattel gibt der Reiter jedoch auch Signale – er kann es dem Pferd leichter oder schwerer machen, ihn zu tragen, und er kann seine richtige oder falsche Bewegungshaltung unterstützen oder ihr entgegenwirken. Hier kommen dann auch die Kreuzhilfen ins Spiel, die der Reiter mehr oder weniger bewußt einsetzt.

Damit das Pferd uns rückenfreundlich tragen kann, wird es, wie schon mehrmals betont, mittels treibender und sanft

Faustregel zur Be- und Entlastung: Vorgehen mit dem Oberkörper – Entlastung, fördert die Tendenz zum Trab. Gerades tiefes Einsitzen – Grundsitz zum Tölt, Walk oder versammelten Trab.

Fehler bei der Entlastung: Das Gewicht wird nicht in die Steigbügel verlagert. Der Reiter „steht nicht im Bügel“, sondern kommt in eher liegende Position. Das Pferd tendiert zur Arbeit auf der Vorhand.

verhaltender Hilfen zusammengestellt oder versammelt. Wir haben im letzten Abschnitt bereits behandelt, wie Schenkelhilfen auf die Hinterhand des Pferdes einwirken und damit im Zusammenspiel mit den Zügelhilfen die Rückenmuskulatur beeinflussen. Das ist allerdings eine eher indirekte Einwirkung, während wir mit unserem Gesäß ja eher im „Zentrum des Geschehens“, also direkt auf dem Pferderücken sitzen. Machen wir uns hier schwer, so muß das Pferd stärker untertreten und die Muskulatur mehr anspannen, um unser Gewicht aufzunehmen. Entlasten wir und gehen gleichzeitig mit der Hand vor, so kann sich das Pferd nach vorn strecken, und sofern wir richtig treiben, kommt es im Trab oder Galopp auf Tempo. Stellen wir das Treiben dagegen ein und ziehen statt dessen an den Zügeln, so geht das Pferd eher auf die Vorhand. Hampeln wir im Sattel herum, so wird das Pferd verunsichert, und knallen wir ihm gar bei jedem Trabschritt mit Schwung in den Rücken, so leidet es Schmerzen und verspannt sich. Das A und O beim Reiten ist deshalb ein korrekter, kontrollierter Sitz, der überlegte Einflußnahme ermöglicht, und kein „Passagierverhalten“.

Beim Dreigänger ist das unumstritten. Beim Gangpferd hat sich dagegen leider in vielen Reiterländern ein solcher Passagiersitz eingebürgert. Sowohl in Island als auch in den Südstaaten der USA lümmelte man sich gern im Sattel, indem man die Beine nach vorn wegstreckte und den hinteren Teil des Sattels mit dem gesamten Gewicht des Oberkörpers belastete. Das war bequem und hatte obendrein sogar gewisse Vorteile für die Viertaktgangart: Die so weit hinten gelagerten Pfunde mußte das Pferd ja zwangsläufig mit der Hinterhand aufnehmen. Wesentlich mehr sinnvolle Einwirkung ermöglicht ein solcher Stuhlsitz allerdings nicht. Er macht Schenkelhilfen unmöglich und ist zudem höchst instabil – macht das Pferd einen Hopser, so ist der Reiter unten. Um dem vorzubeugen, neigt der stuhlsitzende Reiter besonders auf heftigen Pferden dazu, den Zügel als Gegengewicht zu seinem unsicheren Sitz zu verwenden. Ein erneuter Schritt hin zum Teufelskreis rund um Verspannung und Ziehen und Zerren im Tölt.

Der richtige Sitz auf dem Mehrgänger entspricht dagegen genau dem Dressursitz auf dem Dreigangpferd. Letztlich müssen

Fehler bei der Belastung: Der Stuhlsitz begünstigt die falsche Tölthaltung.

Sie aufrecht sitzen, zwischen Schultern, Becken und Fußgelenk verläuft eine gedachte gerade Linie. Dieser Sitz ist relativ sicher – wenn das Pferd wegspringt, können Sie Ihre Knie schließen und sich durch Abknicken des Beckens tief einsetzen. Auch wenn Sie sich falsch verhalten und nach vorn fallen, weil Ihr Pferd zum Beispiel scheut, katapultiert es Sie wahrscheinlich nicht gleich aus dem Sattel – mit etwas Glück finden Sie immer noch Halt in den Steigbügeln. Der korrekte Sitz ermöglicht Ihnen Be- und Entlastung des Sattels ohne Verlagerung der Schenkel, und er macht Sie unabhängig vom Zügel. Damit werden kontrolliertes Treiben in jeder Gangart und gezielte, sanfte Zügelhilfen möglich.

Um letztere richtig anbringen zu können, ist auch die korrekte Armhaltung wichtig. Beim richtigen Sitz liegen die Oberarme leicht am Körper an, das Ellenbogengelenk ist etwa im Winkel von 90 Grad gebeugt, und die Fäuste stehen aufrecht. Zwischen Ihrem Oberkörper und dem Pferdemaul stehen damit drei große, bewegliche und abfedernde Gelenke, die Fingergelenke gar nicht mitgerechnet. Die Verbindung ist also alles andere als starr. Vergleichen Sie das nun mit der häufig zu beobachtenden Handhaltung des Reiters im Stuhlsitz. Bei ihm sind die Oberarme in Richtung Pferdemaul vom Oberkörper abgespreizt, die Ellenbogengelenke nicht oder kaum angewinkelt. Durch den Dauerzug am ständig stark anstehenden Zügel wird diese Haltung weiter stabilisiert. Sie entspricht etwa der eines Motorradfahrers, der mit ihrer Hilfe ein schweres Motorrad in der Spur hält. Flexibles Reagieren, Anspielen des Zügels, kleine, akzentuierte Lenkbewegungen sind hier kaum noch möglich. Statt dessen überträgt sich jede Bewegung im Pferdemaul auf den Oberkörper des Reiters und umgekehrt. Die Zügelführung und das Pferdemaul werden im Zusammenspiel immer härter.

KREUZHILFEN

Nur aus dem richtigen Sitz heraus sind auch korrekte Kreuzhilfen möglich, die beim Gangpferdereiten besonders beim Tölten eine Rolle spielen. Beim Walker setzt man sie zum Herausreiten der Spezialgangart gar nicht ein, sondern lediglich zum Anhalten wie beim Dressurpferd. Kreuzhilfen dienen dazu, das Pferd nicht nur einfach zu beschleunigen, sondern etwas zusammenzustellen. Mit den richtigen Zügel- und Schenkelhilfen kombiniert, führen sie letzten Endes zur dressurmäßigen Versammlung. Sie bringen das Pferd stärker auf die

Der gute Sitz auf dem Gangpferd entspricht etwa dem Dressursitz auf dem Dreigänger.

Hinterhand und fördern damit ein Erhabenerwerden der Schritte. Tölt, Trab, Galopp und auch Schritt werden dadurch ausdrucksvoller, das Pferd strafft sich, die Anspannung in seinem Körper ist der eines Tänzers vergleichbar.

Um zu verstehen, wie man ein Pferd mittels Kreuzhilfen „zusammenschiebt", stellen Sie sich am besten vor, auf einer Schaukel zu sitzen. Ihre Grundhaltung auf diesem Spielgerät ist eine relativ gerade, denn nur das schafft die Ausgangsposition, das Ding zum Schwingen zu bringen. Aus einer zusammengesunkenen Haltung oder einer halb liegenden Haltung können Sie nicht in fließender Bewegung losschaukeln. Beobachten Sie sich jetzt beim Anschaukeln: Sie halten die Schaukel in Gang und bringen sie dazu, höher zu schwingen, indem Sie beim Aufschwung das Becken abknicken und den Oberkörper nach hinten legen, um noch mehr Kraft in diese schiebende Bewegung zu legen. Beim Zurückschwingen sind Sie dagegen eher passiv, Ihr Oberkörper ist gerade oder leicht vorgebeugt. Wollen Sie nun langsam ausschaukeln, so hören Sie auf, mit dem Kreuz zu treiben. Statt dessen halten Sie den Oberkörper gerade oder schwingen nur noch geringfügig mit. Falls Ihnen aber daran gelegen ist, die Schaukel schnell zu stoppen, ohne Ihre Füße zum Bremsen zur Hilfe zu nehmen, so geht das am einfachsten, indem Sie den Rhythmus unterbrechen. Am besten lassen Sie dazu während des Zurückschwingens der Schaukel abrupt den Oberkörper nach hinten plumpsen. Das nimmt der Gesamtbewegung den Schwung, die Schaukel gerät unter Umständen ins Trudeln, und irgendwann kommt das Ganze recht unelegant zum Stehen.

Nehmen Sie dagegen Ihre Füße beim Anhalten der Schaukel zur Hilfe, so werden Sie auch dabei in einer fließenden Bewegung den Oberkörper nach hinten lehnen. Sie „treiben" die Schaukel in den Stopp hinein, während Ihre Füße gegenhalten.

Dieser Vorgang des Schaukeln verdeutlicht genau das, was beim Treiben aus dem Kreuz heraus mit dem Pferd geschieht. Auch der Pferderücken schwingt ja, und ein Reiter mit flexiblem Sitz unterstützt das Vorschwingen der Hinterbeine fast automatisch mit sanft vorschiebenden Bewegungen des Beckens. Tut man das bewußt und in Verbindung mit Zügel- und Schenkelhilfen, so hilft es, das Pferd zu versammeln. Man schiebt es zusammen wie eine Feder, baut also eine gewisse Spannung auf, die akzentuierteres Traben oder Tölten möglich macht. Auch zum Anhalten des Pferdes wird diese Hilfe eingesetzt. Man treibt das Pferd damit gegen die verhaltenden Zügelhilfen und ermöglicht ihm so, korrekt auf der Hinterhand zu stoppen, statt beim Anhalten auf die Vorhand zu fallen.

Bringt man das Gewicht dagegen zur falschen Zeit plötzlich und mehlsackartig in den Sattel, so stoppt man statt dessen den Schwung wie beim uneleganten Anhalten der Schaukel. Hängt man dem Pferd die ganze Zeit wie ein Mehlsack im Kreuz, schwingt also nicht wirklich mit, sondern läßt sich wie ein totes Gewicht einfach tragen, so bewirkt das nichts außer Überbelastung für den Rücken oder gar die Nierenpartie des Pferdes. Es bringt also nicht viel, sich auf ein Sattelmodell zu verlassen, das einem hilft, sich tief einzusetzen, und einen dann in dieser Stellung fixiert.

Das Reiten der Spezialgangarten

Nachdem wir Sie nun in die Grundlagen der Hilfengebung eingeführt haben, wollen wir uns dem Reiten der Spezialgangarten zuwenden. Auch dabei beginnen wir wieder mit dem Walk, obwohl sicher die meisten unserer Leser Tölter besitzen und sich somit eher für diese Gangart interessieren. Für eine umfassende Kenntnis des Gangpferdereitens ist es aber wichtig, die Unterschiede zwischen dem „Hineingleitenlassen" des Pferdes in den schnellen Schritt und dem Gangwechsel zum Tölt hin zu verstehen. Sie sollten immer wissen, wann und wie Sie Spannung in Ihrem Pferd aufbauen – wo das sinnvoll ist und wo man es besser läßt!

Auch hier möchten wir Sie also ermuntern, das Kapitel als Ganzes zu lesen und sich nicht auf die „eigene Gangart" zu beschränken. Und vielleicht probieren Sie die Walkhilfen sogar mal auf Ihrem Tölter aus![11] Bei vielen Töltern läßt sich der Schritt bis zum Flat Walk steigern, und gerade verspannte, schwierige Pferde finden darüber oft zu einem Wiedereinstieg in den Viertakt.

▸ Erst mal entspannen ... Flat Walk und Running Walk

Beim Anwalken des Pferdes geht es um eine übergangslose Temposteigerung des Schrittes bis hin zum ruhigen Trabtempo. Der Trick dabei ist, das Pferd beim Schnellerwerden daran zu hindern, die Gangart zu wechseln. Die höhere Geschwindigkeit muß sich aus einer Schrittverlängerung, nicht aus einem Verkürzen und Eiligerwerden ergeben. Ansonsten tendiert das Pferd zum Tölt. Um dies zu verhindern, muß der Reiter auf jeden Fall vermeiden, Kreuzhilfen zum Treiben einzusetzen. Kreuzhilfen – Sie erinnern sich! – schieben das Pferd zusammen, bewirken Straffung und Anspannung. Wenn Sie ein Dressurpferd im versammelten Schritt beobachten, werden Sie feststellen, daß das Kopfnicken bei zunehmender Hankenbiegung (-beugung) geringer wird. Beim Walker soll es dagegen zunehmen. Er soll nicht erhabener treten, sondern extrem lang ausschreiten.

TREIBEN

Um dies zu erreichen, treibt man den Walker beim Geradeausreiten ausschließlich mit den Schenkeln bzw. der Gerte am Gurt, natürlich aufs vorgreifende Hinterbein, wie früher schon beschrieben. Auch auf eine Stimmhilfe sollte man nie verzichten. Wenn man sie konsequent einsetzt, gehorcht der sensible Walker irgendwann „aufs Wort". In Wendungen wird der verwahrende Schenkel eingesetzt, genau wie im Schritt.

Am Anfang fällt der Verzicht auf die Kreuzhilfen vor allem klassisch ausgebildeten Reitern sehr schwer. Dank jahrelangem Training setzen sie Kreuzhilfen fast automatisch ein. Um das gezielt zu verhindern, verfallen viele von ihnen in eine betont lasche Rückenhaltung. Selbst Profireiter leisten sich oft einen Rundrücken, wie er in keinem Buche steht. Das ist jedoch auch in diesem Falle falsch: Keinem Pferd bekommt auf die Dauer ein Reiter, der ihm wie ein Mehlsack im Rücken hängt!

Auch beim Sitz auf dem Walker bleibt der Reiterrücken also immer gerade. Die Bewegungen zum Mitgehen in der Gangart und Ausbalancieren des Pferdes kommen nur aus den Hüftgelenken, nicht wie beim Dressurreiten durch Abknicken der Hüfte im Lendenwirbelbereich.

Letztlich läßt sich all das viel besser erspüren als erklären. Versuchen Sie es erst mal im Schritt, und erinnern Sie sich dazu

[11] Aber bitte nie umgekehrt! Warum, wird später noch erklärt!

Entspannt sitzen, aber nicht auf dem Pferd „lümmeln“.

an die Übung zum Reiten mit geschlossenen Augen, die wir bei der Erklärung der Hilfengebung geschildert haben. Die Augen dürfen Sie diesmal offen lassen, aber sonst setzen Sie sich ganz passiv auf Ihr Schritt gehendes Pferd, halten ganz leichte Verbindung mit den Zügeln zum Pferdemaul und versuchen, sich wie ein Neuling in die Bewegung unter Ihnen einzuspüren. Machen Sie daraus eine Art „Meditationsübung“: Sie sitzen ruhig und aufrecht auf Ihrem weich gehenden Pferd, genießen es, von ihm mitgenommen zu werden. Denken Sie zunächst nicht daran zu reiten, sondern sich tragen zu lassen. Ihr Walker will Sie wiegen, also lassen Sie sich darauf ein! Konzentrieren Sie sich auf Ihren Rücken und erspüren Sie, welche Muskelgruppen Ihr Pferd da gerade in Schwingung versetzt. Vielleicht sind Sie schon einmal im Sitzen massiert worden, und auch dabei haben Sie entspannt und aufrecht gesessen – einerseits passiv genossen, ohne sich andererseits „hängenzulassen“. Versuchen Sie weiterhin, sich geistig zu entspannen. Viele von uns stehen beim Reiten ihrer Gangpferde unter enormem Erwartungsdruck: Das Pferd war teuer, der Reiterverein will etwas sehen, man selbst wartet auf das versprochene Gefühl des Reitens wie auf Wolken. Das als Tölter oder Walker gekaufte Pferd hat jetzt gefälligst zu tölten oder zu walken, und wehe ihm, wenn nicht!

Von dieser Geisteshaltung müssen Sie sich lösen. Damit können Sie vielleicht Ihren Turniertölter trainieren (wenn auch nicht glücklich machen!), aber beim Walker wird das nie etwas! Freuen Sie sich statt dessen an dem Pferd, das Sie da so gelassen mit langen Schritten dahinträgt. Schlendern ist Luxus! Mit Geld nicht zu bezahlen.

Und nun unterstützen Sie das Pferd in seinen Bemühungen, Sie so entspannt zu tragen. Lassen Sie Ihre Beine im Rhythmus seiner Bewegungen schwingen und treiben Sie dabei sanft mit, während Ihr Beckenbereich weiterhin einfach ruhig bleibt. Vorhin haben Sie sich eine Schaukel vorgestellt, um sich in die Kreuzhilfen einzufühlen. Jetzt denken Sie eher an eine Hollywoodschaukel – entspanntes Wiegen, das sich mittels Kreuz und Becken nicht beeinflussen läßt. Dazu Urlaubsambiente ...

Wenn es Ihnen auf diese Art gelingt, wirklich locker zu sitzen, wird sich auch Ihr Pferd unweigerlich entspannen. Sein Gang wird sich verlängern, sein Kopf-Hals-Bereich tendiert in Richtung Dehnungshaltung. Lassen Sie das ruhig zu – besonders falls Sie auf einem Pferd sitzen, das eigentlich tölten soll und bei dem Sie nur einmal ausprobieren wollen, ob es vielleicht auch Walk-Veranlagung besitzt. Es ist eine hervorragende Lockerungsübung.

Wenn das Pferd seinen Schritt nun unter Ihren behutsamen Schenkelhilfen immer mehr verlängert, gerät es irgendwann an seine Grenzen: Der Tölter will antraben (oder Paß gehen, aber dahin sollte er weniger tendieren, sofern Sie ihm mit dem Zügel entgegengekommen sind. Auch Antölten wird er am losen Zügel wahrscheinlich nicht), und auch der Walker kann jetzt nicht weiter beschleunigen, ohne in Aufrichtung zu kommen und etwas mehr Aktion zu entwickeln. Passiert ein Gangwechsel, so merken Sie das unweigerlich an der Rhythmusänderung: Aus Ihrer entspannten Haltung heraus werden Sie es wie einen Ruck empfinden, der durch das ganze Pferd geht. Gerät der Walker an die Grenzen der Dehnungshaltung, so hat der Reiter das Gefühl, er würde jetzt an Trittfestigkeit verlieren, zum Stolpern neigen und kopflastig werden. Spätestens dann müssen die Zügelhilfen intensiviert werden, aber dazu kommen wir gleich.

Wenn Sie sich wirklich in den Gang einspüren, sollte es Ihnen relativ leicht fallen, nach einer kurzen Übergangszeit die automatische Kreuzhilfe abzustellen. Zur Kontrolle wenden Sie sich am besten an einen aufgeschlossenen Reitlehrer. Sehr sinnvoll ist auch, öfter mal ein Video vom Ritt auf dem eigenen Pferd aufnehmen zu lassen. Darauf sehen Sie mit eigenen Augen, wie irritierend die Kreuzhilfe auf den Walker wirkt, und denken somit eher daran, sie einzustellen. Versuchen Sie aber unbedingt, auch dann entspannt zu reiten, wenn die Kamera auf Sie gerichtet ist! Sie wissen ja: Erwartungshaltung erzeugt Anspannung und setzt Sie und Ihr Pferd unter Druck.

Zuletzt noch eine Wiederholung, um Mißverständnisse zu vermeiden: Nicht das walk-veranlagte Pferd als solches verträgt keine Kreuzhilfe, sondern die Gangart „Walk“ ist damit nicht zu reiten. Zum Anhalten, beim Galopp und beim Traben (falls das Pferd getrabt wird) kann und muß sie selbstverständlich auch beim Tennessee Walking Horse zum Einsatz kommen! Beim Foxtrotter oder einem entsprechend veranlagten Tölter, den Sie aus reinem Spaß an der Gangart auch im Flat Walk trainieren, brauchen Sie den Kreuzeinsatz auch zum Wechsel in die schnellere Viertaktgangart.

ZÜGELEINWIRKUNG

Bei leicht anstehenden Zügeln spüren Sie im Schritt[12] die Kopfbewegungen Ihres Pferdes. Ob Sie auf einem Walker, Tölter oder Dreigänger sitzen: Der Kopf geht vor (nickt), während sich ein Vorderbein hebt und nach vorn ausgreift. Dieses Nicken entsteht aus dem Sich-Vorschieben des Hinterbeins und ist eine Besonderheit der Gangart Schritt oder ihrer beschleunigten Form Walk. Wenn das Pferd sich mit flachgehender Hinterhand bewegt, zieht der lange Rückenstrecker den Kopf praktisch hoch. Je erhabener das Pferd die Hinterbeine setzt, desto stärker reduziert sich das Nicken. Wenn man ein Dressurpferd im Schritt versammeln will, hält man bei diesem Nicken deutlich gegen. Das Pferd wird damit genötigt, den Bewegungsschwung weniger in ein weites Ausgreifen zu investieren als vielmehr darin, das Bein akzentuierter zu heben. Reitet man das Pferd dagegen locker im Gelände oder nach dem Reiten trocken, so läßt man die Zügel durchhängen oder ganz lang, verzichtet dabei aber nicht auf taktmäßiges Treiben. Das Pferd streckt sich dann nach vorwärts-abwärts, der Schritt wird länger, aber flacher.

Bei der Zügelhilfe zum Walk stehen Sie nun vor einem Problem: Einerseits müssen Sie den Zügel etwas annehmen, damit das Pferd nicht in Trab oder Paß fällt, andererseits dürfen Sie das Nicken nicht unterbinden, sondern sollten es eher unterstützen. Halten Sie zu stark gegen, so hindern Sie das Pferd, durch Verlängern der Schritte zu beschleunigen. Je nach Veranlagung wird es also a) langsam bleiben, b) antölten oder c) in einen verspannten Trab oder Paß fallen. Lassen Sie den Zügel dagegen zu locker, so wird Ihr Pferd den Kopf senken und bei Verstärkung des Tempos auf die Vorhand fallen, falls Sie nicht ganz perfekt treiben. Außerdem wird sich das normal veranlagte Pferd nicht genötigt fühlen, den Viertakt beizubehalten. Je nach Veranlagung fällt es in – reichlich latschigen – Trab oder Paß.

Für die korrekte Zügelhilfe halten Sie die Zügel deshalb in stetigem Kontakt mit dem Pferdemaul, aber ohne größere Krafteinwirkung. Gehen Sie beim Nicken elastisch mit, Sie sollten auf keinen Fall die Verbindung mit dem Pferdemaul verlieren. Ein leichtes Vorgehen um zwei oder drei Zentimeter dürfte reichen. Dann findet das Pferd genug Anleitung und Stütze, ohne gleich in Spannung zu geraten. Achten Sie

[12] Amerikanisch übrigens „Dog walk“ oder „Basic walk“ genannt. Vielleicht merken Sie es sich, um mitreden zu können.

darauf, auch beim Hochkommen des Pferdekopfes Verbindung zu halten. Hier passiert es besonders leicht, daß die Zügel plötzlich durchhängen und der Kontakt dann mit einem irritierenden Ruck wiederhergestellt wird.

Das alles wird Ihnen leichterfallen, wenn Sie die korrekte Armhaltung wie beim dressurmäßigen Grundsitz einnehmen. Nur wenn Ihre Oberarme am Körper anliegen, ist fließende Hilfengebung möglich. Bleibt das Ellenbogengelenk starr, wie man es leider gerade beim Gangpferdereiten häufig sieht, so verkrampft sich meist auch das Handgelenk, und jede Hilfengebung erfolgt aus der Schulter heraus. Damit wird aber auch jede Oberkörperbewegung auf das Pferdemaul übertragen und trägt dazu bei, es zu verhärten. Das führt letztlich zu einem Teufelskreis: hartes Maul, steife Armhaltung, hartes Maul.

Um das Pferd zu verhalten, also den Wechsel in Trab oder Paß zu verhindern, geben Sie halbe Paraden im Rhythmus des Treibens: Während Sie die Vorwärtsbewegung des Pferdehinterbeins durch Anlegen Ihres Unterschenkels unterstützen, nehmen Sie mit dem Zügel verstärkte Verbindung auf. Die Handbewegung dazu gleicht der des Ausdrückens eines Schwamms. Mehr Zügelzug sollte nicht nötig sein. Wenn Ihnen das jetzt kompliziert erscheint: Wiederholen Sie einfach die Übung zum lockeren Einspüren in die Bewegung, die wir beim Thema Treiben geschildert haben – Ihre Unterschenkel sollten dabei mehr streicheln als aktiv treiben –, und denken Sie sich jetzt die Zügelhilfe dazu. Wahrscheinlich nehmen Sie sie dann sofort unbewußt auf. Wenn man den Rhythmus hat, ist es ganz einfach!

Diese Armhaltung erlaubt flexibles Mitgehen beim Nicken im Walk.

Hier sind alle Gelenke steif, die Hilfengebung erfolgt aus der Schulter heraus und bremst das Pferd statt es zu ermutigen.

SELBSTÄNDIGKEIT FÖRDERN!

Nun soll das Reiten auf Ihrem Walker ja nicht in Arbeit ausarten. Deshalb achten Sie bitte von Anfang an darauf, daß Ihre Hilfengebung nur so lange erfolgt, bis das Pferd im gewünschten Takt und Tempo ist. Danach stellen Sie das Treiben und die Zügeleinwirkung ein, das Pferd soll lernen, die Gangart selbständig beizubehalten. Nur wenn es mit Schnellerwerden, Langsamerwerden oder Taktunreinheit reagiert, wird die Hilfengebung wiederaufgenommen. Damit man das rechtzeitig merkt, hält man stets leichte Zügelverbindung. Stellen Sie sich dazu vor, zwischen dem Pferdemaul und Ihrem Zügel wäre eine Feder eingebaut. Mit Ihrem Zügel sollen Sie sie ganz leicht in Spannung halten, aber nicht auseinanderziehen.

Aber: Bisher war stets von Leichtigkeit und Entspannung die Rede, und das soll Ihren Umgang mit dem Walker ja auch bestimmen. Es ist aber kein Freibrief dafür, das Pferd machen zu lassen, was es will. Genießen Sie also das Reiten, aber reiten Sie! Lassen Sie Ihrem Pferd nicht durchgehen, ständig hin und her zu schauen, von einer Wegseite zur anderen zu wechseln usw. Wenn Sie reiten wollen, so ist das Arbeit für Ihr Pferd. Keine Sklavenarbeit, bei der es sich ängstigt und Schmerzen leidet, aber konzentrierte, Körper und Geist beanspruchende Tätigkeit. Das ist eigentlich für jedes Pferd wichtig – auch beim Dressurpferd arbeiten wir ja an geraden Linien beziehungsweise sauberen Bögen ohne Dahinschwanken, und auch beim Ausritt auf dem Traber möchte man schwungvoll reiten. Beim Walker hat stringentes Geradeausreiten aber auch besondere Auswirkungen auf den Gang. Er kann seine Spezialgangarten und sein Tempo nur optimal entfalten, wenn er zwischen Zügel und Schenkel gerade wie auf Schienen gehalten wird. Hier liegt übrigens auch das Geheimnis der „naturgegebenen" Scheufreiheit des Gangpferdes und des Walkers im besonderen: Ein Pferd, das konzentriert im Takt geradeaus geht, ist viel zu beschäftigt, um vor jeder Kleinigkeit zu erschrecken!

Idealerweise läuft der Walker gerade wie auf Schienen.

FLAT WALK UND RUNNING WALK

Der Flat Walk ist der Trainingsgang des Tennessee Walkers, und auch viele andere Gangpferde schaffen es, ihren Schritt bis zu diesem sehr ruhigen Trabtempo zu steigern. Sitzt man auf dem Pferd, so empfindet man die Geschwindigkeitssteigerung hier kaum. Oft erkennt man das Tempo des eigenen Pferdes erst daran, wie oft man auf die Reitbegleiter auf Dreigängern warten muß. Insbesondere beim Gangtraining sind solche Pausen allerdings Gift für die Motivation des Pferdes! Betreiben Sie Gangtraining deshalb nicht auf Gemeinschaftsausritten! Allerdings sollten Sie den Flat Walk fühlen. Die Verlängerung der Schritte bewirkt ein angenehmes Gefühl des Gleitens. Die gleichmäßige Bewegung macht den Flat Walk vergleichbar mit dem flotten Gang des geübten Wanderers im Gegensatz zum Schlendern oder Spazierengehen. Von Tempo und Gleichmaß her wäre er auch dem Marschieren vergleichbar, allerdings sollte das Pferd lockerer gehen als der Soldat auf dem Exerzierplatz. Der Flat Walk dient dazu, lange Strecken relativ kraftsparend zurückzulegen.

Im Flat Walk arbeitet der Reiter am Takt und an der Korrektheit des Ganges. Am Anfang ist Geschwindigkeit viel weniger wichtig als gleichmäßiges Tempo. Der

Running Walk funktioniert nicht mit durchhängendem Zügel.

„Speed" kommt dann später ganz von allein. Insofern könnte man den Running Walk, die flotteste Gangart des Walkers, auch als Kontrollmedium für die seriöse Grundlagenarbeit bezeichnen. Wer lange und gleichmäßig gearbeitet hat, darf zur Belohnung durch den Wald gleiten wie auf Schlittschuhen! Zu früher Running Walk verdirbt dagegen Takt und Schrittlänge. Die Pferde schaffen das Schreiten kräftemäßig noch nicht und retten sich dann in ein Verkürzen der Schritte.

Running Walk läßt sich übrigens nicht am durchhängenden Zügel reiten. Wenn es so schnell wird, ziehen die meisten Pferde Galopp oder Rennpaß vor. Es muß also die Möglichkeit bestehen, sie durch Annehmen und Nachgeben zu korrigieren. Zum Hineingleiten in den Running Walk verkürzt man die Zügel ganz leicht – das behutsame Annehmen sagt dem Pferd auch, daß jetzt ein neuer Befehl erfolgt! – und spielt sie an, während man treibt. Stellen Sie sich einen Bogen vor, den Sie anspannen, bevor Sie den Pfeil abschnellen lassen – aber bitte einen Bogen mit Gummiband! Dann lassen Sie den Zügel wieder etwas nach, und das Pferd wird losschieben! Jedenfalls dann, wenn Sie alles richtig gemacht und es weder zu hart angefaßt noch mit Schlabberzügel geritten haben!

Im Übergang zum Running Walk führt beides meist zum Verschieben in den Paß. In diesem Fall korrigieren Sie gar nicht erst groß herum: Wenn das Pferd in dieser Geschwindigkeit paßt, werden Sie es kaum dazu bewegen, den Paß zum Walk hin zu brechen. Allenfalls könnten Sie das Tier in den Tölt zwingen, was natürlich nicht im Sinne eines entspannten Walktrainings ist. Nehmen Sie es also besser in den Schritt zurück und wiederholen Sie die ganze Aktion. Das gleiche gilt, wenn sich das Pferd in den Trab mogelt. Ein geübter Walk-Reiter merkt das daran, daß es hinten zu laufen beginnt, statt zu schreiten. Er wirkt dann dem Gangwechsel entgegen, indem er mehr Gewicht in den Sattel bringt, ohne das Kreuz anzuspannen. Diese Aktion unterstützt er mit aufnehmenden Paraden. Ist das Pferd aber erst im Trab, kommt es gewöhnlich nicht in den Walk zurück. Ziehen und Zerren führt allenfalls zum verspannten Tölt.

Welches Endtempo ein Pferd im Running Walk erreicht, ist letztlich Veranlagungssache. Spitzenwalker erreichen Geschwindigkeiten um Tempo 5, also ordentliches Trabtempo. Die meisten Pferde bleiben jedoch deutlich darunter. Natürlich spielt auch das Training eine entscheidende Rolle. Ein besser bemuskeltes Pferd entwickelt verständlicherweise mehr Schubkraft als das Sonntagsausreitpferd. Auch wenn das Pferd längere Zeit gestanden hat, wird es am Anfang langsamer arbeiten. Es findet dann aber meist schnell zur Höchstform zurück.

DER JUNGE WALKER

Wie schon gesagt: Um den Schritt zum Flat Walk oder gar Running Walk steigern zu können, braucht das Pferd viel Kraft. Es muß die dazu nötige Muskulatur und Kondition erst aufbauen. Insofern ist es nicht möglich, das Pferd gleich nach dem Anreiten in allen seinen Gängen zu arbeiten. Reitstallmethoden – gleich in der ersten Stunde unter dem Reiter wird an der Longe getrabt und galoppiert – wären der sicherste Weg, das Pferd zu verspannen und seine Gänge zu ruinieren. Auf den Dreigänger haben sie natürlich meist die gleiche Wirkung, allerdings nicht so unmittelbar. Nach dem Anreiten wird der junge Walker also zunächst im Schritt geritten, am besten gebißlos oder auf Trense mit leichtem Zügelkontakt und unbedingt in Dehnungshaltung. Auch die vorbereitende Bodenarbeit wird beim Walker schwerpunktmäßig im Schritt ablaufen. Im Gegensatz zu vielen amerikanischen Ausbildern vertreten wir zwar die Ansicht, es wäre wünschenswert, die Pferde auch zu traben – zum Beispiel im Rahmen von Roundpen-Arbeit, als Handpferde oder an der Longe –, aber im Paß darf der junge Walker auf gar keinen Fall gearbeitet werden![13] Beschränken Sie sich also besser auf Schritt, wenn das Pferd keinen entspannten Trab anbietet. Trabt es jedoch, so fördern Sie das ruhig. Es hat eher positiven Einfluß auf den späteren Walk, denn es hilft dem Pferd, sich zu lockern und damit die entspannte Grundhaltung einzunehmen, die ihm später ermöglicht, den Viertakt ganz zwanglos zu steigern.

Auch beim Reiten finden wir es begrüßenswert, wenn der junge Walker sich antraben läßt. Die Hilfen dazu sind leichtes Entlasten des Pferderückens bei nachgebender Zügelhand und impulsgebender, beidseitiger Schenkelhilfe, eventuell unterstützt durch ein leichtes Treiben mit der Gerte und Stimmkommando. Im Grunde sind es die gleichen, die auch einen jungen Dreigänger zum ersten Antraben motivieren. Beim Walker müssen sie aber noch ausdrucksvoller gegeben werden, damit er sie von vornherein von den Walkhilfen unterscheiden lernt. Beginnen Sie die Arbeit an den schnelleren Gangarten – sei es Trab oder Walk – auch erst, wenn das junge Pferd die Grundhilfen, also die Zügel- und Gewichtshilfen zum Antreten, Anhalten, Abwenden, Volten Beschreiben, verstanden hat. Dann können Sie auch davon ausgehen, daß es sich unter dem Reitergewicht genügend ausbalanciert hat, um sich beim Gangtraining nicht davon irritieren zu lassen.

Bei der Arbeit am Walk gehen Sie dann im wesentlichen so vor wie vorhin bei den Hilfen zum Anwalken beschrieben, aber übertreiben Sie es nicht! Wenn das junge Pferd den Schritt nur etwas steigert, die aufrichtenden Hilfen nur etwas annimmt, so reicht es schon. Zuviel Geschwindigkeit am Anfang treibt den kleinen

[13] Mehr Hinweise zu den Besonderheiten der Bodenarbeit mit jungen Walkern und Töltern finden Sie in Chr. Gohl: Freizeitpferde selber schulen, Stuttgart 1997

Walker höchstens in den Paß. Wichtig auch hier: Gleichmäßiger Gang und gleichmäßiges Tempo sind Trumpf. Besser drei Runden ruhiges Tempo in klarem Takt als immer mal wieder eine lange Seite mehr Geschwindigkeit mit anschließenden Taktproblemen oder Widersetzlichkeiten. Beenden Sie außerdem – um die Motivation des Pferdes für die Viertaktgangart zu erhalten – die Übungsstunde grundsätzlich im Walk.

Sauberer Flat Walk und erst recht Running Walk entwickelt sich erst im Laufe von Monaten – so wie auch jedes andere Pferd seine Spezialfähigkeiten erst über eine längere Zeit der Arbeit hinweg ausbaut. Das Gangtalent ist nur die Voraussetzung für wirklich gute Arbeit unter dem Sattel – das junge Pferd braucht Ihre Hilfe, um es zu entdecken und zu entwickeln!

▸ Von Saddlegait bis Marcha Batida – Tölt und seine Varianten

Das Wort „Tölt" gebrauchen wir in Zukunft als Sammelbezeichnung für alle Viertaktgangarten mit Einbeinstütze, abgesehen vom Foxtrott. Wie den früheren Kapiteln schon zu entnehmen war, gibt es dabei mannigfaltige Variationen, die aus der Verlängerung der unterschiedlichen Bewegungsphasen entstehen. Der Tölt tendiert dabei entweder mehr zur Lateralen oder zu Diagonalen, wobei der Lateralen der Saddlegait – ein gerade so gebrochener Paß – am nächsten liegt. Am ehesten zur Diagonalen tendiert die Marcha Batida – eine Gangart, die optisch praktisch nicht vom Trab zu unterscheiden ist. Lediglich auf hartem Boden hört man die Veränderung im Takt.

Welche Töltvariante aber auch immer ansteht – die Grundhilfengebung ist gleich. Wir beginnen also mit der einfachen Hilfengebung und gehen später, im Anschluß an das Zusatzkapitel über Foxtrott, auf spezielle Probleme durch die Paß- oder Trabverschiebung ein.

KREUZHILFEN ZUM TÖLT

Auch den Tölt wird man gewöhnlich aus dem Schritt entwickeln. Nur bei stark paßveranlagten Pferden ist es manchmal sinnvoller, behutsam den Trab zu brechen, aber dazu kommen wir später. Der Grundunterschied zwischen Tölt und Walk ist, daß hier nicht einfach der Schritt gesteigert wird. Der Tölter wechselt mit Erhöhung der Geschwindigkeit in eine neue Gangart mit anderer Fußfolge. Er gleitet also nicht in den Tölt hinein, sondern der Reiter bemerkt eine deutliche Veränderung, in gewisser Weise einen Bruch.

Wir erinnern uns, daß die Kreuzhilfe beim Dressurpferd dazu führt, das Pferd zusammenzustellen und seine Schritte erhabener zu machen: Das Pferd verliert also, salopp gesagt, an „Bodenhaftung". Genau das wollen wir auch erreichen, wenn wir das Pferd vom Schritt zum Tölt treiben. Es soll die Dreibeinstütze gegen die Einbeinstütze austauschen. Dazu treiben Sie es nun also wie das Dressurpferd: Wenn Sie spüren, wie sich Ihr Becken im Fluß der Bewegung nach vorn schiebt, unterstützen Sie das durch tiefes Einsitzen und Abknicken des

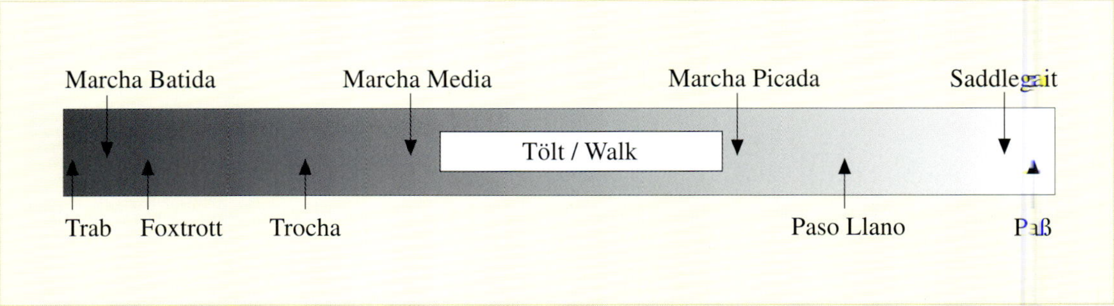

Zur besseren Orientierung: So liegen in etwa die verschiedenen Viertaktvarianten zwischen Trab und Paß.

Beim Antölten aus dem Schritt wechselt Dreibeinstütze zur Einbeinstütze.

Die Handhaltung beim Tölt darf geringfügig höher sein als beim Trab.

Beckens. Eben so, als wollten Sie eine Schaukel antreiben. Gleichzeitig geben Sie vortreibende Schenkelhilfen, wie beim Thema „Walk" beschrieben. Wenn Sie den Rhythmus richtig erwischen, treiben Sie damit unweigerlich korrekt auf dem vortretenden Hinterbein. Aber jetzt regen Sie das Pferd nicht zum langen Schreiten an, sondern verkürzen die Bewegung durch leichte Paraden ein wenig zugunsten stärkerer Aktion. Damit kommt mehr Dynamik in den Viertakt, die Beinbewegungen werden schneller, und die Weichen zum Wechsel der Gangart sind gestellt.

ZÜGELHILFEN

Damit das Pferd nun aber nicht in den Trab wechselt, sondern in den Tölt, müssen Sie gleichzeitig verhaltende Zügelhilfen geben. Statt dem Pferd die Vorwärtstendenz

Die Parade zum Antölten gibt gleichzeitig leichte Aufwärtstendenz

zum Trab zu geben, nehmen Sie die Hand dazu geringfügig höher und geben damit aufrichtende Hilfen: Im gleichen Moment, in dem Sie das rechte Bein zum Treiben anlegen, nehmen Sie den Zügel leicht an. Die Parade erfolgt wieder wie beim Ausdrücken eines Schwamms, aber diesmal stellen Sie sich vor, den Schwamm beim Zusammendrücken aus einem Gefäß mit heißem Wasser zu nehmen. Sie möchten ihn herausziehen, aber ohne sich zu verbrühen. Wenn er nicht gerade am Boden eines Zehn-Liter-Eimers liegt, geht das aus dem Handgelenk heraus, vielleicht sogar nur mit Hilfe der Fingergelenke. Wieviel Kraft Sie brauchen, hängt letztlich davon ab, wie gut Ihr Pferd geritten ist. Und das ist leider oft ein trauriges Kapitel.

Gerade bei Töltern, und hier schwerpunktmäßig bei Isländern, muß oft extrem viel Kraft aufgewendet werden, um sie in den Tölt zu bringen. Der Schwerpunkt liegt nicht bei aufrichtenden, sondern hochzerrenden Hilfen. Dafür wird häufig das Treiben unnötig, da die Tiere ohnehin losschießen, sobald man sie nur mit den Schenkeln berührt, und obendrein sitzt der Reiter oft im Stuhlsitz mit nach vorn weggestreckten Beinen. Ein Reitstil, der auch heute noch mitunter als „original isländische Reitweise" verkauft wird, obwohl die internationale Isländer-Turnierszene längst

Auch mit entspannterer Kopfhaltung ist rasanter Tölt möglich.

einen ganz anderen Sitz bevorzugt. Nun ist es durchaus möglich, daß der durchschnittliche isländische Bauer so ritt. Auch der deutsche Vorkriegslandwirt wird nicht gerade wie ein Rittmeister der Kavallerie auf dem Pferd gesessen haben. Für die Pferde ist diese Reiterei aber mehr als ungesund, denn sie liefen und laufen oft leider immer noch mit durchgedrücktem Rücken und deutlichem Unterhals. Sollten Sie so ein Pferd gekauft haben, können wir Ihnen nur raten, den Tölt am Anfang ganz zu lassen und das Pferd statt dessen auf Entspannung hin zu reiten. Letztlich muß die gesamte Grundausbildung wiederholt werden, eine langwierige und oft unbefriedigende Sache, denn ein so ängstliches, seelisch verstörtes, aber körperlich bereits abgehärtetes Pferd ist nicht leicht zu korrigieren. Die Schwierigkeiten mit diesen Pferden sind aber im Prinzip kein Problem des Ganges, sondern ein allgemein reiterliches. Wäre das betroffene Tier ein Dreigänger, würde es sternguckend im Trab oder im Galopp durchgehen.

Auch Viertaktgangarten – wir können es gar nicht oft genug wiederholen – ergeben sich aus dem Zusammenspiel korrekter Reiterhilfen. Ein Pferd, das sich nicht treiben läßt, kann nicht ergonomisch arbeiten. Es wird immer zu frühem Verschleiß und körperlichen und psychischen Problemen neigen, egal in welcher Gangart es sich bewegt. Denken Sie noch mal an die Rückenschule: Ob Sie mit dem Bierkasten in der Hand joggen oder gehen – beim Tragen mit gekrümmtem Rücken wird Ihre Wirbelsäule leiden, bei geradem Rücken nicht

DER JUNGE TÖLTER

Zu welcher Rasse das Pferd auch gehört und ob es eher zum Trab oder zum Paß neigt – ein junges Pferd sollte grundsätzlich auf Trab hin geritten werden, bevor man es antöltet. Wie intensiv man das tut und ob man den Schwerpunkt dabei mehr auf dressurmäßige Versammlung legt oder sich auf Trab in Dehnungshaltung beschränkt, hängt vom Individuum ab. Einem starken Traber tut es zum Beispiel gut, wenn vor dem Eintölten ein intensives Dressurtraining steht. Um nicht in Versuchung zu geraten, ihn zum Tölten „hochzuzerren“, sollte er die Phase des Trabs in Dehnungshaltung bereits überwunden haben und zu einer Trabhaltung in Beizäumung gelangt sein. Daraus ergibt sich unweigerlich eine Aufwärtstendenz in allen Gangarten, ähnlich wie beim klassischen Dressurpferd. Aus dieser Grundhaltung heraus läßt sich der Tölt relativ leicht entwickeln. Wer viel Zeit in die Vorarbeit investiert hat, bekommt ihn dann fast geschenkt. Aber Achtung: Bei Einzelindividuen kann die vorangehende Dressurausbildung sehr lange dauern! Vielleicht kommt Ihr Pferd erst nach drei oder vier Jahren zum Tölt. Sie müssen sich in diesem Fall überlegen, ob Sie die Zeit investieren wollen und ob Ihnen das intensive Dressurtraining überhaupt Spaß macht. Vielleicht möchten Sie auch lieber ganz auf Tölt verzichten und das Pferd als Dreigänger reiten. Ein Profiausbilder würde die Sache wahrscheinlich mit Hilfe des Smart Jockey angehen und die Aufrichtung damit im Zeitraffertempo schaffen. Überlegen Sie, ob Sie das verantworten können. Ihrem Pferd wäre eher damit gedient, wenn Sie es an jemanden verkaufen würden, der eine der ersten beiden Alternativen bevorzugt.

Stark trabveranlagte Gangpferde profitieren vom Dressurtraining vor dem Eintölten.

Stark paßveranlagte Tölter lassen sich kaum bis zu so starker dressurmäßiger Versammlung fördern wie „geborene Traber". Hier legt man den Schwerpunkt auf das Traben im Entlastungssitz. Die Entlastung des Pferderückens als Trabhilfe muß gezielt eingeführt werden, und selbstverständlich trabt man leicht. Sanfte Zügelanlehnung braucht aber auch dieses Pferd. Am Anfang wird es Ihnen sicher auf die Nerven gehen, wenn das Pferd bei jede Bodenunebenheit oder jeder leichtesten Zügeleinwirkung in den Paß oder – mit viel Glück! – auch mal in den Tölt fällt. Arbeiten Sie aber unbedingt systematisch am Trab, denn nur so gelingt es Ihnen auf Dauer, die Viertaktgangart genau zwischen den beiden Zweitaktgangarten zu halten. Verzichten Sie darauf, wird Ihr Pferd immer mehr in Richtung Saddlegait tendieren.

Achten Sie hier auch darauf, auf beiden Händen gleichmäßig leichtzutraben. Das Pferd wird Ihnen das nicht unbedingt leichtmachen, denn jedes hat seine Spezialseite, auf der es sich ungern biegt. Wenn es Sie also ständig „umsetzt" oder in den Paß fällt, wenn Sie auf der ungeliebten Hand traben, erkennen Sie daran einseitige Verspannungen und Schiefe sowie die Neigung zum Verwerfen. Man kann eine solche Schiefe mitunter auch beobachten, wenn man das Pferd in der Bewegung sieht. Ihr sollte entgegengewirkt werden, bevor man das Pferd antöltet, denn jegliche Bewegung in schiefer Haltung bewirkt schließlich Ausgleichshaltungen, Verspannungen und Rückenschmerzen. Das ist beim Pferd nicht anders als beim Menschen. Auch das Pferd reagiert darauf mit Vermeidungshaltungen – das Gangpferd neigt gewöhnlich zum Paß.

Der Weg zum Geraderichten ist wieder Geduld, Arbeit im Viereck, Beschränkung auf ruhiges Tempo – und natürlich Arbeit am eigenen Sitz! Wer nicht zügelunabhängig sitzt und gezielt entlasten kann – und dabei möglichst noch einen Sattel benutzt, der ihm das zusätzlich erschwert! –, wird die Paßtendenz seines Pferdes immer verstärken. Betrachten Sie dazu noch einmal die Grafik auf Seite 112: Trabtendenz besteht eher beim Vorgehen mit der Hand und Entlastung des Pferderückens – Paßtendenz bei Belastung und Annehmen des Zügels. Der richtige Töltsitz (und letzten Endes auch Walk- und Foxtrott-Sitz!) liegt genau in der Mitte.

▸ Nah am Trab – der Foxtrott

Als Viertaktgangart mit Einbeinstütze gehört der Foxtrott an sich zu den Töltvarianten. Es handelt sich aber um einen so knapp gebrochenen Trab, daß der charakteristische Spannungsbogen des Tölts nicht zustande kommt: Das Pferd soll entspannter und mit weniger Aufrichtung gehen als der Tölter, es wird auch keine besondere Aktion verlangt, sondern eher kraftsparendes Zurücklegen von Strecken. In dieses Bild eines sehr entspannten Pferdes paßt die vorhandene und gezielt geförderte Walkveranlagung des Foxtrotters. Viele Freizeitreiter verzichten sogar ganz auf den Foxtrott und reiten ihre Pferde nur im langsameren, aber bequemeren Flat Walk.

Um ein Pferd im Foxtrott zu reiten, braucht man einen lockeren, flexiblen Sitz. „Draufsetzen und lostrotten" funktioniert nur bei sehr gut gerittenen Pferden und auch da nicht lange. Der Foxtrotter muß schließlich die beiden Viertaktvarianten Walk und Foxtrott unterscheiden, gelegentlich besteht darüber hinaus Töltveranlagung und/oder verstärkte Paßneigung. Ein so vielseitig veranlagtes Pferd will aktiv geritten sein.

Beim gutgerittenen Foxtrotter entwickelt man die Spezialgangart am einfachsten aus dem Flat Walk. Lassen Sie das Pferd mit gewohnt leichter Zügelanlehnung Flat Walk gehen und treiben Sie wie bei den Hilfen zum Walk beschrieben. Da nur wenige Foxtrotter bis hin zum Running Walk förderbar sind, werden Sie bald bemerken, daß Ihr Pferd an seine Geschwindigkeitsgrenze stößt und Anstalten macht, die Gangart zu wechseln. Daraufhin entlasten Sie den Sattel leicht, um das Pferd stärker in die Diagonale zu bringen, und geben die Hand leicht vor, woraufhin das Pferd den Kopf etwas senkt. Es zeigt jetzt eindeutig Tendenz, den Viertakt aufzugeben und in den Trab zu fallen. Exakt diesen Moment unmittelbar vor dem Gangartwechsel oder währenddessen nutzen Sie nun, um sich wieder etwas tiefer einzusetzen und den Zügel anzuspielen, dabei aber etwas stärker gegenzuhalten und nicht mehr so intensiv auf das Kopfnicken einzugehen wie im Flat Walk. Wechselt das Pferd dann programmgemäß in den Foxtrott, so brauchen Sie nur noch gerade und ruhig zu sitzen und auf dem vortretenden Hinterbein zu treiben wie früher schon erklärt. Tendiert Ihr Pferd zu stark zum Trab, sitzen Sie etwas stärker ein, tendiert es zu Paß, entlasten Sie, wie beim Thema Tölt erklärt. Bei all dem halten Sie leichten Zügelkontakt, etwa so wie beim Reiten des Walkers.

All das klingt kompliziert, und das ist es leider auch. Sie brauchen ein bißchen Erfahrung und „Feeling" für die verschiedenen Gangarten, um den richtigen Moment zum Wechsel in den Foxtrott abzupassen. Am Anfang wird Ihr Foxtrotter Ihnen dabei sicher oft in den Trab fallen. Das ist nicht schlimm, sondern eigentlich ein Zeichen dafür, daß Sie auf dem richtigen Wege sind. Es ist aber sehr wichtig, den Fehler sofort zu bemerken und zu korrigieren. Zum Glück haben viele gerade gute und ausdrucksstarke Foxtrotter einen recht harten Trab, der vom Sattel aus kaum mit Foxtrott zu verwechseln ist. Schwieriger kann es werden, wenn sich das Pferd aus dem Flat Walk nicht in den Trab fallen läßt, sondern in den Paß oder Saddlegait mogelt. Die Unterscheidung von Foxtrott und Saddlegait fällt Anfängern im Gangpferdereiten oft schwer. Lassen Sie bei Ihren ersten Versuchen mit dem Foxtrott also auf jeden Fall jemanden zuschauen, der Sie auf Fehler aufmerksam macht. Das braucht nicht unbedingt ein Gangpferdeexperte oder eine -expertin zu sein. Es genügt, wenn er oder sie Paß und Trab unterscheiden kann.

PASSPROBLEME BEIM FOXTROTTER

An sich sollte der Foxtrotter erheblich mehr zum Trab tendieren als zum Paß. Um Foxtrott gehen zu können, muß eine starke genetische Trabveranlagung vorhanden sein. In der Praxis gibt es aber auch beim Foxtrotter und erst recht bei Foxtrotterkreuzungen eine große Bandbreite von Gangveranlagung zwischen Trab und Paß, selbst ausgeprägte natürliche Töltveranlagung kommt vor. Außerdem neigt der Foxtrotter bei Verspannungen und Reiterfehlern zum Ausweichen in die Laterale. Das hat er mit allen anderen Gangpferderassen gemeinsam. Insofern könnten Sie durchaus an einen Foxtrotter geraten, dessen momentan einzige Viertaktgangart in einem knapp gebrochenen Paß besteht. Finden Sie sich damit auf keinen Fall ab! Insbesondere bei reinrassigen Foxtrottern ist es fast unmöglich, daß sich die Gangveranlagung Ihres Pferdes wirklich auf Saddlegait beschränkt.

Vor dem Walk und dem Foxtrott steht hier allerdings eine Menge Korrekturarbeit. Das Pferd muß gelöst und in den Trab gebracht werden – Tips dazu an anderen Stellen dieses Buches. Trainieren Sie über einen längeren Zeitraum, bis das Pferd unter dem Sattel sicher und taktrein trabt. Dabei ist es sehr wichtig, es erstens in Dehnungshaltung und zweitens langsam zu traben. Die Kombination dieser Auflagen ist nicht ganz einfach, denn gewöhnlich reitet man das Pferd ja nach vorwärts-abwärts, indem man es bei leichter Zügelanlehnung schwungvoll vorwärtstreibt. Die hier erwünschte Haltung entspricht denn auch weniger der des jungen Dressurpferdes, sondern eher der des Westernpferdes im Jog. Sie erreichen das am einfachsten, indem Sie entspannt aussitzen und dabei das Pferd mit ganz vorsichtigem Anspielen und wieder Nachlassen der Zügel dazu bringen, die Geschwindigkeit zu verringern. Es sollte aber trotzdem befriedigend untertreten. Es braucht Zeit und Fingerspitzengefühl, bevor das richtig klappt. Fassen Sie sich also in Geduld!

Geht Ihr Foxtrotter nun einen annehmbaren Jog, und wird er beim leichten Entlasten und Vorgeben des Zügels nur schneller im Trab, statt in den Paß zu wech-

▸ *Tief einsitzen – wie geht das?*

„Sitzen Sie tief ein", „Bringen Sie mehr Gewicht in den Sattel", „...aber hängen Sie dem Pferd keineswegs wie ein Mehlsack im Rücken!" – häufig gehörte Anweisungen, deren praktische Umsetzung sich aber nicht unbedingt gleich erschließt.

Hier also der Trick: Sie sitzen locker und aufrecht im Sattel wie schon früher angemerkt. Wenn Sie nun besonders tief einsitzen wollen, atmen Sie bewußt aus und lassen Ihre Körpermitte dabei weich werden und Ihrem Atemfluß nachgeben. Unweigerlich werden Sie dabei das Becken ein wenig abknicken und etwas mehr Sattelfläche ausfüllen. Das war's dann auch schon – für Sie eine Kleinigkeit, für das Pferd eine deutliche Hilfe.

seln wie früher, beginnen Sie am Foxtrott zu arbeiten. Dazu setzen Sie sich im langsamen Trab etwas tiefer in den Sattel – wobei Sie aber nicht die Beine nach vorn wegstrecken! – und konzentrieren sich auf rhythmische Belastung der Hinterbeine des Pferdes. Auf das Hinterbein, das gerade am Boden ist, soll jeweils mehr Gewicht gebracht werden. Das Pferd läßt es dann Bruchteile von Sekunden länger am Boden und bricht damit den Trab in Richtung Foxtrott.

Dies klingt schwieriger, als es ist. Wenn Sie einmal gezielt darauf achten, wie sich das Pferd beim Aussitzen im Trab bewegt, spüren Sie nicht nur eine Auf- und Abbewegung des Rückens, sondern auch das energische Untertreten des jeweiligen Hinterbeins. Es genügt im Grunde, sich das bewußt zu machen und locker, aber tief einzusitzen. Dann verlagern Sie unweigerlich etwas mehr Gewicht auf das am Boden befindliche Bein. Das tun Sie übrigens auch beim korrekten Töltsitz und erst recht beim entspannten Sitz im Foxtrott. Es funktioniert einfach dadurch, daß Sie aufrecht sitzen und sich tragen lassen, statt wie ein Mehlsack im Sattel zu hängen. Genau wie Fehler zum Teufelskreis werden, potenzieren sich nämlich auch richtige Handlungen: Wer entspannt und korrekt sitzt, bringt sein Gewicht richtig in den Sattel, treibt automatisch im richtigen Rhythmus und hat insofern ein sicherer töltendes, foxtrottendes oder walkendes Pferd. Er braucht infolgedessen weniger mit den Zügeln einzuwirken, gelangt zu leichterer und bewußterer Zügelführung und kann die Haltung des Pferdes dadurch weiterhin verbessern.

Natürlich funktioniert die Trabbrechung nicht nur durch Gewichtsverlagerung, sondern wird durch die schon beim Thema Tölt beschriebenen sanften Zügelhilfen unterstützt. Zudem ist sie anfänglich nur in sehr langsamem Tempo zu halten. Wichtig ist zunächst der Takt, nicht die Geschwindigkeit. Erst wenn der langsame Foxtrott über längere Strecken und auch unebenes Gelände gehalten wird, können Sie beschleunigen. Fällt das Pferd dann wieder in den Paß, muß die Basisarbeit wiederholt werden.

Gangprobleme und ihre Ursachen

Verstärkte Neigung zu Trab oder Paß

Die weitaus meisten Gangprobleme ergeben sich daraus, daß die Gangveranlagung des individuellen Pferdes eben nicht ideal zwischen Paß und Trab liegt, sondern verstärkt zu der einen oder anderen Gangart tendiert. Beim Walker ist das meist der Paß – Ergebnis einer Züchterstrategie, die auf die Produktion leicht manipulierbarer Pferde abzielt, aber darauf werden wir später noch eingehen. Beim Tölter hält es sich bisher noch die Waage – nicht unbedingt deshalb, weil ihre Trainer die besseren Menschen sind, sondern weil viele Trainingsmethoden in Europa geächtet sind. Zudem werden viele Töltrassen ja nicht nur in ihrer Spezialgangart, sondern auch im Trab turniermäßig vorgestellt, und die Züchter und Trainer haben insofern Interesse daran, die Gangart zu erhalten.

Tendiert ein Pferd zu stark zum Trab oder Paß, so hört man oft, es müsse jetzt dazu gebracht werden, die jeweils bevorzugte Gangart zu „brechen". Dabei braucht man im allgemeinen weniger Anstrengung, das Pferd den Paß brechen zu lassen als den Trab, denn die laterale Gangart ermöglicht weniger Biegung als die diagonale. Der Passer ist also schon aus dem Zweitakt zu bringen, indem man ihn zum Beispiel Schlangenlinien gehen läßt. Da der Pferdekörper sich nicht biegt, muß eins der sich gleichseitig vorwärts bewegenden Pferdebeine unweigerlich eher aufkommen als das andere, und schon ist ein Viertakt zu hören. Im Trab kann sich das Pferd dagegen biegen, und die diagonalen Beinpaare kommen weiterhin gleichzeitig auf. Andere Tricks zum knappen „Brechen" des Trabs oder Passes sind bergauf oder bergab reiten, Seitengänge und natürlich das Beschweren der Vorder- oder Hinterhufe, wie wir es teilweise schon im Kapitel zum Hufbeschlag erwähnt haben.

Alles das ist nicht grundsätzlich abzulehnen. Es darf allerdings nicht den Blick auf das Wesentliche trüben: Letztlich funktioniert Viertaktgangart nur dadurch, daß das Pferd sein Gewicht und das des Reiters mit der Hinterhand aufnimmt, vorn dadurch leichter wird und seine Grundgangart zwanglos in Richtung Tölt oder Walk verändert. Idealerweise erfolgt die „Brechung" also durch Leichterwerden in der Hand, nicht durch Schwererwerden. Alle Übungen und „Tricks" zur Entdeckung der Gangart müssen diesem Ziel untergeordnet sein. Das Ziel ist nicht „irgendein" Viertakt um jeden Preis, sondern ein pferde- und reiterfreundlicher Viertakt! Betrachten wir nun aber trotzdem die Einzelprobleme – oft muß man ja auch einem gut vorbereiteten Gangpferd ein bißchen auf die Sprünge oder besser gesagt: auf den Viertakt helfen!

Paßprobleme beim Tölter

Eine verstärkte Paßneigung kann entweder durch Verspannung verursacht sein oder auf das genaue Gegenteil, eine zu latschige Haltung und Arbeit auf der Vorhand,

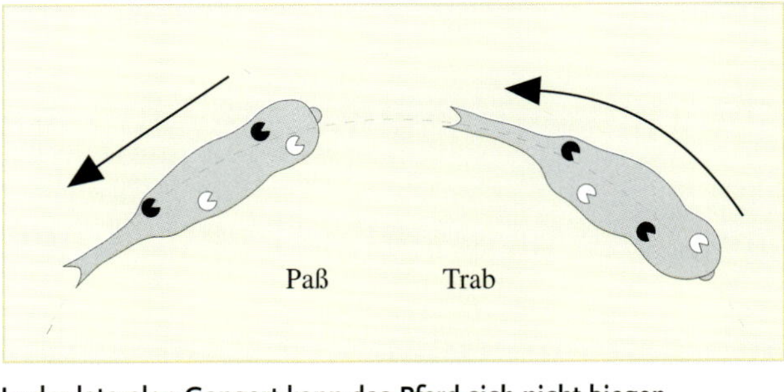

In der lateralen Gangart kann das Pferd sich nicht biegen. Paß bricht also schon beim Reiten von Schlangenlinien. Der Traber kann sich dagegen auf die Biegung einstellen.

zurückgehen. Letzteres passiert oft bei stark paßveranlagten Pferden im Besitz von Freizeitreitern: Man möchte das geliebte Pferd im Maul nicht stören, ihm Zeit zur Entwicklung geben – es vielleicht ausdrücklich „Western" reiten. Diese Einstellung ist zwar im Prinzip lobenswert, tut dem Pferd aber nichts Gutes. Wie schon mehrmals gesagt: Das funktioniert nicht mal beim Andalusier und erst recht nicht bei Rassen wie dem Isländer, die oft Probleme mit der Ganaschenfreiheit (siehe Seite 131) haben und zu starkem Hals oder tiefem Halsansatz neigen.

Häufiger als das mit zu wenig Anlehnung gerittene Pferd findet sich im Gang-

Rückwärtsgehen in verspannter Haltung ohne Übungseffekt

Rückwärtsgehen in dressurmäßig korrekter Haltung

Ein Pferd braucht eine gewisse körperliche Vorbereitung auf das Reiten. Versagt man ihm die aus falsch verstandener Tierliebe, so ist das, als erspare man einem Kind das Rechnenlernen, um es unbelastet in den Umgang mit Geld hineinwachsen zu lassen!

Das vom Reiter alleingelassene – von keiner Zügelverbindung „gestörte" – Pferd kann nämlich nichts anderes tun, als sich auf seine natürliche Veranlagung zu besinnen. Es wird den Rücken nicht aufwölben, sondern hängen lassen und kopflastig laufen. Damit fällt es unweigerlich auf die Vorhand, was dem Reiter beim Dreigänger möglicherweise gar nicht auffällt. Der Gangpferdebesitzer wird aber buchstäblich darauf gestoßen, denn diese Haltung begünstigt den Paß. Verabschieden Sie sich also unbedingt von der Vorstellung, man könne ein Pferd von Anfang an ohne Zügel reiten oder es gar ohne Zügel versammeln.

pferdebereich aber das Problem der zu großen Konzentration auf Zügelhilfen. Gerade bei Paßgängern wird gern versucht, das Pferd durch starkes Annehmen der Zügel zu mehr Aufrichtung zu bringen und damit den Paß zu brechen. Das Pferd gerät dabei in Saddlegait, und viele Reiter finden sich damit ab. Sie nehmen an, ein wenig veranlagtes Pferd zu besitzen und es ausschließlich in dieser schwächsten Töltvariante reiten zu können. Geht ein Pferd allerdings sowohl Trab als auch Paß locker auf der Weide oder gar unter dem Reiter, so hat es immer ein größeres Tölt-Potential als das zum schlichten Saddlegait! Mitunter steckt sogar ein echter Naturtölter in Ihrem Pferd, der nie entdeckt wird, wenn Sie nicht aufhören, den Schwerpunkt auf die Zügelhilfen zu legen.

Tatsache ist: Das Grundproblem liegt nicht in der mangelnden Aufrichtung, sondern im zu schwachen Einsatz der Hinterhand. Der bewirkt die „kopflastige" Arbeit auf der Vorhand und verstärkt damit automatisch die Neigung zum Paß. Ursache für den mangelnden Einsatz der Hinterhand ist aber selten Veranlagung, sondern fast immer eine zu schwache Rückenmuskulatur. Und die wiederum ist eine Folge von Blitzausbildung mit Hilfe fragwürdiger Methoden und/oder mangelnder oder falscher Hilfengebung des Reiters. Mit treibenden Hilfen im falschen Moment wird die Hinterhand nämlich regelrecht gebremst. Im Prinzip läuft es immer auf das gleiche hinaus: Pferd und Reiter brauchen eine fundierte Ausbildung, um harmonisch zusammenarbeiten zu können.

„Steigbügelküssen" oder „Flexen" – am Anfang lockt ein Leckerbissen ...

Machen Sie sich also an die Arbeit und versuchen Sie, Ihr Pferd zu versammeln. Das heißt, Sie konzentrieren sich auf Übungen, die es auf die Hinterhand bringen und eine Verschiebung zur Diagonalen begünstigen. Dazu gehören zum Beispiel Seitengänge und Rückwärtsrichten sowie alle anderen Lektionen, die Biegungen erfordern. Aber Achtung: Verstehen Sie diese Übungen wirklich als vorbereitendes Training und schaffen Sie keine zwanghafte Verbindung zum Antölten. Wenn Sie alles nur als Eselsbrücke auf dem Weg zum Tölt betrachten und zum Beispiel aus jedem Rückwärtstreten und aus jedem Schulterherein antölten, so wird das Pferd sich sehr bald verweigern. Schlimmstenfalls blockiert es völlig oder rastet aus, bestenfalls vollzieht es die Dressurlektionen in einer Manier, die jedem Zuschauer aus dem klassischen Lager Schauer über den Rücken laufen läßt.

Hineinstreichen der Ohrspeicheldrüse

Viele Gangpferde gehen mit durchgedrückten Unterhals und steifem Rücken rückwärts und werfen sich gleich darauf in eine ebenso verspannte Tölthaltung. Auch Seitengänge sieht man auf Islandpferdereitkursen oft in dieser Haltung. Die Pferde warten nur auf das Signal zum Tölt. Dieses Antölten aus der Dressurlektion heraus ist jedoch keine Lektion mit Übungswert oder Hilfe zum Aufbau von Muskulatur oder Kondition. Sie ist lediglich ein Kunstgriff zum gelegentlichen „Überlisten" des Pferdes: Hat man die Sache richtig vorbereitet, so erzielt man damit einen „Aha-Effekt". Die andere Situation und die weichere, überlegtere Zügelhilfe geben den Impuls, das frühere Verhaltensschema „Tölt = Zügelzerren = Verspannung = Paß" aufzubrechen. Das kann aber nur klappen, wenn durch intensive dressurmäßige Vorbereitung Muskeln aufgebaut und Zügel- und Schenkelgehorsam trainiert worden sind. Versucht man die Tricks, bevor die körperlichen Voraussetzungen für besseren Tölt geschaffen wurden, erreicht man das Gegenteil. Das Pferd wird zwar zunächst überlistet

Antölten aus dem Rückwärtsrichten – warum es klappt!

Antölten aus dem Rückwärtsrichten ist eine häufig durchgeführte, aber selten erklärte Übung in Reitstunden auf Gangpferden. Der Grund dafür, weshalb besonders Paßtölter gut darauf ansprechen, liegt darin, daß Rückwärtsgehen eine diagonale Bewegungsform ist. Das Pferd setzt die Beine dabei keineswegs so wie im Schritt, sondern eher wie im Trab. Es ist also auf die Diagonale eingestellt und wird sie wahrscheinlich auch beim Antölten eher betonen.

und bricht den Paß, aber es tut schon das in verspannter Haltung und findet sofort in sein Fehlverhalten zurück. Zudem ist es zu Recht verärgert und/oder verängstigt, verbindet bald auch die Dressurlektionen mit Zwang und kommt ganz sicher nicht zur entspannten Arbeit – weder im Viereck noch im Tölt.

Also: Betrachten Sie Dressurlektionen zunächst als Selbstzweck, achten Sie unbedingt auf korrekte Ausführung und erkundigen Sie sich nach den Qualifikationen des Reitlehrers. Fast immer wird ein klassischer Lehrer besser geeignet sein, Sie und Ihr Pferd zum entspannten Miteinander zu bringen, als jemand, der den Tölt immer und überall an die erste Stelle stellt. Mit Tricks allein ist nichts gewonnen!

Zuletzt noch eine gute Übung zum Beginn der Reitstunde: Führen Sie das Pferd in eine starke Biegung, so daß sein Kopf Ihren Steigbügel berühren kann (Steigbügelküssen). Wenn es in dieser Haltung ist, fühlen Sie seine Ohrspeicheldrüse und streichen Sie sie vielleicht sanft nach innen. Das Pferd darf dabei übrigens gern einen Leckerbissen kauen. Kauen beruhigt, regt die Tätigkeit der Ohrspeicheldrüse an und verbessert die Stimmung.

DER KÜNSTLICH „GEMACHTE“ PASSER

Wie gesagt zeigen auch echte Naturtölter oder Walker sehr selten ausschließlich Tölt oder Walk. Die meisten gehen auf der Weide sowohl Trab als auch Paß und brauchen dann eine verständnisvolle, geduldige Ausbildung, um das Traumpferd zu werden, das in ihnen steckt: ein Pferd, das auch am durchhängenden Zügel oder nur mit einem Bändchen um den Hals locker und absolut gleichmäßig töltet oder walkt.

Leider sind solche Pferde im modernen Turniersport gar nicht so sehr erwünscht. Man will es ja nicht entspannt, sondern spektakulär – wer wünscht sich schon Tölt in Dehnungshaltung? Davon abgesehen haben viele Ausbilder auch einfach keine Zeit und keine Lust, sich mit diesem einen Pferd so lange und intensiv abzugeben. Insofern werden „stille“ Naturtölter während der Ausbildung gern künstlich auf Paß(tölt) reduziert. Sie – mit oder ohne extreme Manipulationsmethoden – den Paß brechen zu lassen ist ja sehr viel einfacher, als die Gangart zwischen Trab und Paß zu suchen und zu fördern.

Falls Sie nun ein Pferd haben, bei dem Sie einen solchen Verdacht hegen, oder ein Jungpferd, das Paß und Trab gleichermaßen im Freilauf zeigt, so sollten Sie den Tölt zunächst zurückstellen – sowohl beim Anreiten wie auch bei der Korrektur. Beginnen Sie statt dessen damit, das Pferd zu traben, möglichst an der Longe oder noch besser frei im Roundpen. Das Pferd wird dabei anfänglich Schwierigkeiten haben, die diagonale Gangart auf der Kreisbahn zu halten, insbesondere dann, wenn es zu den schwierigen „Gangwechslern“ gehört. Was Sie hier brauchen, ist viel Geduld und eine weiche Hand. Das Pferd braucht viel Kopffreiheit, um die Dehnungshaltung einnehmen zu können. Gleichzeitig müssen treibende Peitschenhilfen kommen, damit es flott antritt. Solange Sie es noch nicht mit sanfter Anlehnung reiten oder longieren können, läßt sich der Schub aus der Hinterhand, der dann eine verstärkte Neigung hervorruft, die Dehnungshaltung als Laufhaltung zu bevorzugen, nur durch Tempo erreichen.

Das heißt allerdings nicht, daß Sie Ihr Pferd wie wild im Roundpen herumjagen. Wichtiger ist eher Treiben im richtigen Moment. Das Pferd geht zum Beispiel einen schönen, langen Schritt in Dehnungshaltung, streckt sich gerade noch einmal besonders genüßlich nach vorn – und wird jetzt durch einen Treibimpuls zum Antreten im Trab gebracht. Oder das Pferd zackelt zunächst im eher ruhigen, da angespannten Paß um die Runde. Aber nach der zweiten Runde macht es Anstalten, den Kopf vorzustrecken. Wenn Sie jetzt treiben, haben Sie gute Chancen, es zum Trab wechseln zu lassen. Das alles ist nicht leicht zu erklären, denn es bleibt eine Sache des Gefühls. In der Praxis übt es sich aber relativ schnell, denn an der Longe oder im Roundpen sehen Sie ja, was das Pferd tut und wie es auf Ihre Hilfen reagiert.

Cavalettiarbeit – Abwechslung und Trabschulung

Tellington-Touch kann verspannte Muskeln lockern.

Natürlich müssen Sie sich auch ins richtige Longieren erst mal „einsehen“. Vielleicht gibt es in der Nähe Ihres Wohnortes einen klassischen Ausbilder, der Roundpen-Arbeit praktiziert und sogar unterrichtet. Leider wird er Gangpferde und ihre Besitzer nicht immer mit offenen Armen als Schüler aufnehmen. Außerhalb der eigenen Szene haben wir nämlich nicht den besten Ruf. Die spektakulären Bewegungen der vielen verspannten und verängstigten Gangpferde, die auf Schauen und Messen zu sehen sind, reißen vielleicht das Publikum zu Begeisterungsstürmen hin, nicht aber die kundigen Zuschauer aus dem klassischen Bereich. Unter Umständen müssen Sie also Vorurteile aufbrechen. Schauen Sie in diesem Fall erst mal beim Training anderer Pferde zu. Wenn der Kontakt einmal da ist und der Lehrer Ihr Interesse bemerkt, wird er aufgeschlossener sein.

Auch Cavalettiarbeit im Roundpen leistet gute Dienste, das Pferd in den Trab zu bringen.

RÜCKENSCHMERZEN

Klappt es beim schon gerittenen Pferd so gar nicht mit dem Trab an der Longe/im Roundpen und sehen Sie, daß es in der letzten Zeit auch auf der Weide weniger trabt, so leidet es wahrscheinlich an Rückenschmerzen. Mit diesem Verdacht wenden Sie sich am besten an eine/n TTEAM-Ausbilder/in, also jemanden, der nach der Tellington-Methode arbeitet, oder an eine/n gute/n Physiotherapeut/in. Er oder sie sollte herausfinden, ob schmerzhafte Verspannungen vorliegen, und Ihnen Behandlungsmethoden und Bewegungsübungen vorschlagen können. Mitunter hilft natürlich auch der Tierarzt oder der Chiropraktiker, aber wir würden es immer zuerst auf die sanfte Tour versuchen, bevor wir womöglich zur Spritze greifen. Das Gel-Pad als Allheilmittel ist übrigens keine Lösung.

Zwar scheint es sehr einfach – und auch sehr diskret! – , lediglich die zusätzliche Satteluntelage zu erstehen, aber Ihr Problem bekommen Sie dadurch mit ziemlicher Sicherheit nicht in den Griff. Wenn Sie meinen, der Sattel könnte die Ursache der Verspannung sein, versuchen Sie es besser mit einem Modell mit größerer Auflagefläche oder einem Westernsattel. Sie sollten das aber abklären lassen, bevor Sie sich in Unkosten stürzen! Eine Sattelvermessung ist viel billiger als ein neues Teil, und auch der/die TTEAM-Ausbilder/in oder der/die klassische Lehrer/in sollte erkennen können, ob das Pferd sich eher vom Sattel oder von Ihrem Reitstil irritieren läßt.

LOCKERER TÖLT STATT STEIFEM PASS

Auch beim Reiten des Pferdes mit Paßneigung arbeiten Sie zunächst auf Dehnungshaltung hin. Geben Sie dem Pferd viel Zügel, wenn es Paß geht, gehen Sie demonstrativ mit dem Oberkörper vor und stellen Sie sich vielleicht etwas in die Bügel. Das hat zwei Effekte: Zum einen nehmen Sie dem Pferd die Stütze am Zügel und bringen es damit im Idealfall dazu, sich auf der Suche nach Anlehnung nach vorn zu strecken. Außerdem entlasten Sie seinen Rücken, geben also den Impuls, sich zu lockern. Vergessen Sie dabei aber nicht zu treiben. Das Pferd braucht etwas Schwung, um in den Trab zu wechseln. Eventuell geben Sie den Impuls zum Umspringen auch durch diagonale Hilfengebung: Treiben Sie beispielsweise bei vorgehendem linken Hinterhuf, geben Sie gleichzeitig eine halbe Parade rechts und bieten Sie leichte Entlastung. Um das richtig zu machen, brauchen Sie allerdings schon recht viel Körperbeherrschung. Seien Sie also nicht zu enttäuscht, wenn es nicht gleich klappt.

Weniger geübte Reiter erzielen die besten Effekte, indem sie das Pferd viel im Schritt arbeiten. Neben dem vorher schon erwähnten Schwerpunkt auf Biegen und Seitengänge sowie Schrittreiten bergauf ist

Schrittarbeit lockert das Pferd.

es dabei sinnvoll, verschiedene Tempi im Schritt zu üben. Gerade der verspannte Passer erwartet oft, bei jeder Beschleunigung angetöltet zu werden. Erst wenn er sich im Schritt zurücknehmen, das Tempo verstärken, in Dehnungshaltung führen läßt usw., ist er wieder aufnahmefähig für die Tölthilfe. Bei diesen Übungen lernt er auch treibende und verhaltende Hilfen in verschiedenen Zusammenhängen kennen, während er vorher oft nur auf Tölt und nur auf Zügel geritten wurde. Erst wenn das Pferd auch in Dehnungshaltung problemlos zu beschleunigen ist, versuchen Sie ein erneutes Antölten. Nach ein oder zwei Runden im vielleicht eher passigen Tölt sollte sich das Pferd dann im Viertakt einlaufen, ansonsten war der Zeitpunkt für den Versuch zu früh gewählt.

Natürlich wollen wir Sie und Ihr Pferd nun nicht auf die Reitbahn beschränken. Im Gegenteil: Das Gangpferd wurde zum Reiten langer Strecken gezüchtet, es gehört ins Gelände, nicht in Viereck und Ovalbahn! Gehen Sie also weiterhin hinaus mit Ihrem Korrekturpferd und arbeiten Sie auch beim jungen Pferd viel draußen. Seitengänge, Biegungen, Wendungen usw. lassen sich schließlich auch in den Ausritt einbauen und schaffen damit Abwechslung.

Üben Sie außerdem lockeren Trab im Gelände. Das Pferd soll möglichst in Dehnungshaltung flott vorwärts traben, wobei Sie nur ganz leichte Zügelverbindung halten. Trainieren Sie das auch bergab – und wenden Sie einen Kunstgriff zum Antölten an, sobald das Pferd es beherrscht. Das Bergabtraben fällt Ihrem Vierbeiner nämlich schwer, und er wird möglicherweise gern die Anregung aufnehmen, den Trab zu brechen. Dazu sitzen Sie etwas mehr ein, nachdem Sie vorher leicht- bzw. im Vorwärtssitz getrabt sind, und nehmen die Zügel geringfügig an. Die Betonung liegt dabei auf „geringfügig" und „etwas", denn sonst wechselt das Pferd in den Paß.

Stellen Sie sich vor, die leichte Entlastung des Sattels bewirke die Diagonale, ein schweres Einsitzen die Laterale, und Sie müssen nun im Gleichgewicht zwischen

Der Trick mit dem Hufbeschlag

Wie schon im Kapitel zur Ausrüstung erwähnt, gibt es die Möglichkeit, den Gang des Pferdes durch etwas schwereren Hufbeschlag oder den Einsatz von Töltglocken geringfügig zu beeinflussen. Wird ein Huf beschwert, so läßt das Pferd ihn erstens etwas länger am Boden, zweitens hebt es ihn dann ein wenig stärker an. Dies ist nicht grundsätzlich als Manipulation abzulehnen, weil es dem Pferd keine Schmerzen oder sonstige Unannehmlichkeiten verursacht. Letztlich passiert dabei ja nichts anderes als bei den vielen Dreigängern, die nur vorn beschlagen werden, oder wenn ein Pferd nach einer Beschlagsperiode hinten bereits neue, dickere Eisen erhält, während die alten vorn „noch einmal gehen". Sie können also ohne schlechtes Gewissen ausprobieren, ob und wie Ihr Pferd auf leicht veränderten Hufbeschlag reagiert. Aber Sie sollten wissen, was Sie tun und warum Sie es tun. Blindes Herumprobieren schadet mehr, als es nutzt.

Also: Ein Tölter gerät in den Paß, weil er sein Vorderbein zu früh abhebt. Sie können ihm helfen, die Viertaktgangart zu halten, indem Sie ihm vorne 10er Eisen, hinten 8er Eisen anlegen lassen. Der starke Traber schafft es dagegen nicht in den Tölt, weil sein Vorderbein zu spät abfußt. Insofern korrigiert man ihn eher durch schwereren Beschlag hinten, wodurch man im Idealfall seine Neigung verstärkt, die Hinterhand vermehrt einzusetzen. Aber wie gesagt: Wundermittel sind das alles nicht. Werden Reiterfehler nicht abgestellt, so tut sich beim schlichten Einsatz von 10er und 8er Eisen wahrscheinlich gar nichts.

beiden Extremen sitzen. Wenn dies klappt, ist es die eleganteste Methode, Ihr Pferd wieder zum Tölten zu bringen, denn dabei töltet es wirklich mit minimaler Anlehnung, und es bricht den Trab, also die Diagonale und nicht mehr die Laterale. Hat es dieses neue Muster erst mal verinnerlicht, so können Sie bald auch auf geraden Strecken aus dem Trab antölten.

Jede Korrektur des zum Paß neigenden Pferdes wird natürlich schwieriger, je länger das Pferd bereits so passig geht. Der Muskelaufbau richtet sich ja nach der bevorzugten Gangart, und Dauerpaß führt zu Verkürzungen der für diagonale Bewegung benötigten Muskulatur. Verlieren Sie also nicht den Mut, auch wenn Ihre Mitreiter spotten und Ihnen zur Rückkehr zum bewährten Gangpferdebereiter raten. Geben Sie der Muskulatur Ihres Pferdes Zeit, sich auf Trab umzustellen. Die Fähigkeit zum Tölten wird das Tier dabei ganz sicher nicht einbüßen. Schließlich arbeiten Sie es ja auch viel im flotten Schritt – und üben damit ganz zwanglos den Viertakt.

Trabprobleme beim Tölter

Im Grunde haben die Probleme mit stark trabveranlagten Töltern ganz ähnliche Ursachen wie die mit Paßgängern. Auch der Traber läuft „bergab", statt die Hinterhand korrekt einzusetzen. Um ihn aufzurichten, wird in der Regel mit noch stärkerer Zügeleinwirkung gearbeitet als beim Paßgänger. Der Reiter hat dann oft so viel Gewicht in der Hand, daß es ihn nach vorn zieht. Eine korrekte treibende Hilfe wird aus dieser verzweifelten Haltung heraus unmöglich – ganz abgesehen davon, daß es kaum machbar ist, so intensiv zu treiben, wie man hier gegenhält! Das ungemein wichtige Gleichgewicht zwischen den Hilfen ist also nicht gewahrt. Die Folge der Übung ist ein, wenn überhaupt, dann langsam und verspannt töltendes Pferd – und enorme Oberarmmuskulatur beim Reiter! Vergnügen am Gang kommt dabei kaum auf, und besonders bei von Natur aus temperamentvollen oder künstlich zum Rennen gebrachten Pferden ist der Weg in die Karriere als Durchgänger geebnet. Wer das Maul eines Pferdes so hart reitet, hat im Zweifelsfall keine Chance!

Als Gegenmittel empfiehlt sich also erst einmal echte, die Hinterhand aufbauende Dressurarbeit. Dazu muß das Pferd dringend leichter in der Hand werden. Das geht aber oft wie von selbst, wenn man ihm erst mal erlaubt zu traben. Sofern das Pferd noch kein Durchgänger ist, kann es eine faszinierende Erfahrung sein, ihm erstmalig die Zügel zum Traben freizugeben. Die Erleichterung des Tieres ist dann fast körperlich spürbar, es ist beinahe, als würde ein Knoten zerschlagen!

Reiten Sie auch dieses Pferd zuerst in Dehnungshaltung und vergessen Sie dabei das Treiben nicht! Das passiert schnell, denn im Gegensatz zum Paßgänger bemerken Sie hier ja nicht durch einen Gangwechsel, daß Sie wieder einmal „geschlafen" haben. Gewöhnen Sie das Pferd also behutsam daran, sich am leicht anstehenden Zügel in Dehnungshaltung führen und lenken zu lassen. Im Rahmen der Trabarbeit muß es Muskulatur aufbauen, um dann in Aufrichtung gearbeitet zu werden wie oben beschrieben. Erst wenn das Pferd so weit gefestigt ist, versuchen Sie, beim Bergabreiten den Trab zu brechen wie schon beim Paßgänger/Naturtölter beschrieben.

Wenn ein Tölter ordentlich untertritt, liegt er gewöhnlich nicht auf der Hand.

Besonders bei einem Pferd, das mit der Trense schlechte Erfahrungen gemacht hat, kann es helfen, mit anderen Gebißvarianten zu experimentieren. In Frage kommen hier Tellington-Trainingsbit und Pelham wie früher schon erwähnt. Dies hat den Vorteil, daß zunächst einmal das Muster „Trense – Schmerz – Tölt" aufgebrochen wird und daß der Reiter zum andern weniger Kraft einsetzen muß, um deutlich einzuwirken. Denn über eines dürfen wir uns nichts vormachen: Vollkommene Sensibilität wird das Maul eines so malträtierten Pferdes nie wiedergewinnen. Zeit seines Lebens wird es sich daran erinnern, daß es gegen den Zügel gehen kann, wenn es will. Falls Sie dann an der Trense zu stark einwirken müssen, kann erneut „die Klappe fallen", und das Pferd rennt wie in Trance. Im schlimmsten Fall macht es danach wieder Probleme. Sie dürfen sich hier auch bei der Korrektur keine Rückfälle erlauben. Wenn Sie drei Monate ruhige Dressurarbeit im Trab gemacht haben und dann plötzlich doch wieder im verspannten Tölt durch die Ovalbahn wollen – vielleicht weil Sie gerade auf dem Islandpferdehof Urlaub machen und das Ding so einladend aussieht oder weil Ihre Freunde beim Vereinsausritt spötteln –, kann das Pferd „zumachen", und die ganze Arbeit war vergebens. Das hat dann natürlich psychische und keine körperlichen Ursachen, aber der Effekt bleibt der gleiche.

Paßprobleme beim Walker

Auch die Paßtendenz im Walk liegt neben der vielleicht zu starken genetischen Veranlagung zur lateralen Gangart in der mangelnden Bereitschaft zum Einsatz der Hinterhand. Hier können Sie der Sache aber nicht durch ganz normale Dressurarbeit abhelfen, denn der Walker hat meistens weniger Trab als die töltenden Rassen. Außerdem würde man ihn damit zu sehr auf Versammlung durch Kreuzhilfen konzentrieren und insofern das erste Ziel „hyperentspannter Gang" aus den Augen verlieren. Dressurarbeit sollte sich also auf Schritt beschränken. Die Bodenarbeit im Roundpen oder an der Longe kann sich dagegen an den Hinweisen orientieren, die wir oben für Tölter gegeben haben. Wir empfehlen Ihnen hier dringend, auch Ihren Walker im Trab zu arbeiten!

Beim Reiten achten Sie darauf, den passigen Walker in Richtung Dehnungshaltung zu arbeiten. Geben Sie die Zügelhilfen also weniger aufrichtend. Dazu treibt man wie beim Dressurreiten gegen die Hand, hält also stärker gegen als sonst beim Walk – alles natürlich ohne Kreuzhilfen einzusetzen. Statt dessen gibt man Schenkelhilfen im Rhythmus der Gangart und setzt auch mal die Gerte zum Treiben ein. Das Pferd tritt dann irgendwann mehr unter und knickt im Genick ab. Daraufhin muß der Reiter den Zügel sofort nachgeben! Das Pferd muß die Chance haben, sich zu dehnen, zu lockern und den Gang in Richtung Diagonale zu verschieben. Tut es das nicht, so nehmen Sie den Zügel wieder an und beginnen von vorn.

Diese Arbeit kann verhältnismäßig zäh sein. Wappnen Sie sich also mit Geduld und schaffen Sie Abwechslung durch Schrittausritte und Bodenarbeit im Trab. Geht das Pferd dann erst in Dehnungshaltung einen sauberen Viertakt, so beginnen Sie, es langsam wieder aufzurichten. Ansonsten kann es seine Geschwindigkeit ja kaum bis zum Running Walk steigern und

Entlastungssitz und sanfte Zügelführung gegen Paß

Verspannter Trab – verspannter Paß

Sowohl beim Dreigänger als auch beim Mehrgänger ist der Trab eine eher entspannte, gelöste Gangart. Das Pferd gerät hier nur in Spannung, wenn es positive Energie einsetzt wie zum Beispiel beim Imponieren: Das Pferd strafft sich, um Eindruck auf andere zu machen. Genau zu dieser positiv angespannten Körper- und Geisteshaltung will man es auch bringen, indem man an seiner dressurmäßigen Versammlung arbeitet. Nun geht das oft schief, wie ein Besuch im konventionellen Reitstall häufig beweist: Viele Pferde gehen hier kurzen, verspannten Trab mit durchgedrücktem Unterhals oder umgekehrt mit künstlich hinter die Senkrechte gezerrtem Kopf. Das Pferd ist in Spannung, aber die Grundstimmung ist negativ.

Hier sehen Sie jedoch leicht den Unterschied zwischen der Haltung des genetisch stark paßveranlagten Pferdes und der des gar nicht oder nur geringfügig lateral veranlagten Pferdes: Während der Dreigänger alles im Trab mit sich ausmachen muß, reagiert das paßveranlagte Pferd auf Verspannung (oder manchmal auch nur leichte Irritation, beim Gangwechsler genügt mitunter eine Bodenunebenheit), indem es in die laterale Gangart fällt. Gibt der Reiter dann nicht nach, so wird der Paß (wie sonst der Trab) immer kürzer, und irgendwann bricht ihn das Pferd wahrscheinlich zum Tölt. Letzteres hat natürlich mit Tölttraining nichts zu tun. Das geht – wenn es pferdefreundlich und richtig gemacht werden soll! – nur über den Aufbau von positiver Spannung. Tölttraining und Dressurtraining sind einander deshalb sehr ähnlich und ergänzen einander. Beides sollte darauf zielen, das Pferd unter dem Reiter nicht nur schöner, sondern leichter und letztlich auch glücklicher zu machen.

läuft auch Gefahr, sich auf die Dauer zu sehr auf die Vorhand zu mogeln. Nehmen Sie die Zügel dazu zunächst für ein paar Meter etwas höher – natürlich verbunden mit dem schon beschriebenen Treiben und vorsichtigen gleichseitigen Paraden. Reagiert das Pferd, so lassen Sie sofort nach, wobei das Pferd folgen sollte wie beim Zügel-aus-der-Hand-kauen-Lassen. Die Strekke, in der es in Aufrichtung geritten wird, wird dann mit der Zeit verlängert, aber vergessen Sie nie, das Pferd anschließend wieder in die Dehnungshaltung zu entlassen. Die Bereitschaft, dem Nachgeben der Hand zu folgen, ist immer ein Kontrollmittel für Durchlässigkeit.

Der häufigste Fehler bei der Arbeit mit stark paßveranlagten Walkern ist der, das Nachgeben der Zügel im richtigen Moment zu unterlassen und weiter gegenzuhalten, obwohl das Pferd bereits abknickt. Damit wird es für seine Bereitschaft mitzuarbeiten eher bestraft als darin bestärkt. Treibt man dann noch mit dem Kreuz gegen die Zügel, so bricht das Pferd den Paß sehr schnell in Richtung Tölt. Das Ergebnis ist aber kein lockerer, entspannter Tölt, wie wir ihn uns bei töltenden Rassen wünschen, sondern ein angespannter, auf Dauer ziemlich ungesunder Gang. Der Zwang dazu belastet die Pferde sowohl physisch als auch psychisch. Leider sieht man relativ häufig Pferde in einem so verspannten Saddlegait. Die Ursachen dafür liegen in der oft starken Paßveranlagung vieler Importpferde und den „traditionellen" sehr scharfen Zäumungen, die oft schon Anfängern in die Hand gedrückt werden. Hier wirken schon bei leichtem Annehmen starke Kräfte auf den Pferdekopf, und ein extremes „Zusammenstellen" der Pferde wird erheblich erleichtert. Die Pferde laufen denn auch meist in verspannter „Schlaufzügelhaltung".

Im Gegensatz zu den häufigen Schwierigkeiten mit dem Paß ist es eher selten, daß ein Walker zu stark zum Trab tendiert. Trabprobleme im Flat Walk gibt es eher bei Foxtrotting Horses oder bei Gangpferden anderer Rassen, die Sie im Flat Walk trainieren möchten.

Dabei mogelt sich ein walkveranlagtes Pferd fast immer über die Dehnungshaltung in den Trab. Man arbeitet also dagegen, indem man vermehrt einsitzt und die schon beschriebenen halben Paraden eher mit Tendenz nach oben, also aufrichtend, gibt. Besonders das junge Pferd, das seine Viertaktgangart gerade erst „entdeckt" hat, braucht korrigierende Zügelhilfen, um sie zu halten. Übertreiben Sie es jedoch nicht: Oft ist der Versuch, in den Trab auszuweichen, eine Reaktion auf zu rasches Ausbildungstempo: Der Reiter will zu früh zu schnell walken. Stufen Sie das Arbeitstempo also zunächst etwas zurück, wenn Sie plötzlich merken, daß Ihr Walker zum Trab tendiert.

WENN DAS PFERD NICHT MEHR MITSPIELT

Die Haltung eines die Viertaktgangart konsequent verweigernden Pferdes kann man am besten mittels eines Beispiels aus dem menschlichen Bereich verdeutlichen. Stellen wir uns also ein musikalisch hochbegabtes Mädchen vor, dessen Eltern es von klein auf fördern, indem sie ihm Klavierunterricht geben lassen. Das Mädchen muß über Jahre hinweg jeden Tag üben, abends noch dem Vater vorspielen, gelegentlich auf Familienfesten oder auch mal in der Öffentlichkeit mit seinem Talent glänzen. Zuerst findet es das alles ganz nett, auf die Dauer fühlt es sich jedoch gelangweilt. Zudem werden die Ansprüche immer größer und der Tadel intensiver, wenn etwas nicht klappt. Wirkliche Freude hat das Mädchen nur dann an seinem Spiel, wenn es eine singende Freundin begleiten kann, ansonsten beginnt es das Klavier zu hassen. Als es schließlich erwachsen ist und das Elternhaus verläßt, rührt es nie wieder ein Instrument an.

Keinem von uns wird es schwerfallen, dafür Verständnis aufzubringen. Andererseits können wir aber kaum nachvollziehen, daß unser frisch gekaufter Preistölter oder der Superwalker aus Amerika plötzlich „nein" sagt. Dabei ist dem Pferd letztlich das gleiche passiert wie dem Mädchen: Seine Begabung ist erkannt und – reichlich einseitig – gefördert worden, es hat Turniere gewonnen, aber es stand immer unter Druck, Höchstleistungen zu erbringen. Niemand hat es gefragt, ob es statt dessen lieber mal einen entspannten Ausritt gemacht hätte. Nun aber ist es bei Freizeitreitern gelandet. Die Zügelführung der neuen Besitzer ist sanfter, aber auch unpräziser als die des früheren Reiters, die Hilfen kommen weniger sicher, Gewalt wird nicht angewandt. Das Pferd „atmet auf" und stellt das Tölten (Walken) ein. Mit etwas Glück trabt es, aber leider kann es auch in Schaukelpaß verfallen.

Was tut man nun mit einem solchen „Verweigerer"? Letztlich bleiben Ihnen drei Möglichkeiten, zu reagieren:

1. Erneut Druck ausüben

Wenn Sie der Meinung sind, ein zum Tölten (Walken) gekauftes Pferd habe das gefälligst auch zu tun, werden Sie das Tier zu einem Bereiter bringen, der Gewalt nicht scheut, oder selbst Kurse buchen und insofern lernen, genauso fordernd zu reiten wie der Vorbesitzer des Pferdes. Das Pferd wird sich dann fügen, aber mit der gleichen Begeisterung weiter tölten (walken), wie unsere Beispielpianistin jahrelang Klavier spielte.

2. Auf den Gang verzichten

Falls Ihnen Tölt (Walk) nicht so wichtig ist wie die offensichtliche Zufriedenheit Ihres Pferdes, so werden Sie es in Zukunft einfach als Dreigänger reiten. Das geht, sofern das Pferd in den Trab ausweicht und sofern Sie sich damit nicht zum „Reiter von des Pferdes Gnaden" machen lassen. Wenn Sie bewußt entscheiden, auf die Viertaktgangart zu verzichten, weil Sie zum Beispiel sowieso lieber Dressur reiten, ist dagegen im Prinzip nichts zu sagen. Ist der Verzicht auf den Tölt aber der Anfang vieler anderer Zugeständnisse und Sie lassen das Pferd demnächst auch wählen, ob es beim Ausritt nach rechts oder links will, so läuft etwas falsch!

Auf unser menschliches Beispiel bezogen, entspricht die „Verzichthaltung" übrigens dem tatsächlichen Verhalten der jungen Pianistin: Sie unterwirft sich keinen Zwängen mehr, verliert aber eine Fähigkeit, die ihr Leben und das anderer bereichern könnte.

3. Versuchen, das Pferd erneut zum Viertakt zu motivieren

Dies ist sicher der schwierigste Weg, aber eine echte Alternative zu Möglichkeit 2 und fast unumgänglich, wenn das Pferd, statt zu tölten oder zu walken, in den Paß ausweicht. Schließlich möchte niemand zeit seines Reiterlebens durch die Gegend geschaukelt werden, und dem Pferd tut man auch keinen Gefallen damit, es ausgerechnet in der angespanntesten Gangart zu reiten.

Beziehen wir die Möglichkeit wieder auf unser Musikbeispiel: Hier wäre es sicher gut möglich gewesen, das Mädchen nach einer kurzen Erholungspause vom Druck seiner Eltern erneut für die Musik zu motivieren. Hätte es zum Beispiel einen Partner gefunden, der gern singt, so hätte es sicher Freude daran gefunden, ihn zu begleiten – oder es hätte Spaß am Spiel eines verwandten Instrumentes wie etwa eines Synthesizers finden können.

Bei unserem Pferd müssen wir nun nach einem entsprechenden Ansatzpunkt suchen. Einer davon ist sicher die Sympathie, die es zu uns aufbauen wird, wenn wir erst länger zusammen sind. Es will uns dann gefallen und wird insofern auch gern wieder für uns tölten (walken). Sinnvoll sind also als erstes vertrauenbildende Maßnahmen wie zum Beispiel die Arbeit an Bodenhindernissen. Auch Tellington-Touch kann helfen, Verspannungen zu lockern und das Pferd aufgeschlossener gegenüber den Wünschen des Menschen zu machen. Sanfte Dressurarbeit wie oben schon beschrieben macht das Pferd körperlich fitter für die Viertaktgangart, ist also ebenfalls empfehlenswert. Eine Tölt-/Walk-Pause ist sicher angebracht, aber lassen Sie sie nicht zu lang werden! Verzichtet man zu lange auf die ungeliebte Gangart, so gewöhnt sich das Pferd an das tölt-/walklose Dasein und verbucht die Viertaktgangart als schlechte Erinnerung. Soll es sie dann wieder gehen, so kommen alte Ressentiments durch und führen oft zu noch heftigeren Verweigerungsreaktionen als zuvor.

Also: Nach höchstens vier Wochen Viertaktpause wieder anfangen, aber zunächst langsam und in positiv besetzten Situationen. Lassen Sie das Pferd zum Beispiel die letzten hundert Meter des Heimwegs tölten (walken) oder reiten Sie hundert Meter im Tölt (Walk) hinter seiner Lieblingsstute her. Danach halten Sie an und lassen es etwas grasen oder geben ihm einen Leckerbissen. Auf die Dauer kommt es so zu einer positiveren Haltung gegenüber der Gangart, und manchmal wird es ein traumhafter Tölter (Walker). Aber Vorsicht: Ein einziger Rückfall in den Renntölt als Showeinlage, und Ihr Pferd wird sich wieder monatelang verweigern! Bei manchen Pferden haben Sie sogar nur eine einzige Chance zur Korrektur. Vergeben Sie diese um eines Turniers oder eines Showeffektes willen, so steckt Ihr Gangpferd Sie in die gleiche Schublade wie seinen Vorbesitzer. Nur wird es Sie als inkonsequent und insofern leicht zu überlistenden Gegner einordnen. Tölten wird es für Sie nur noch gegen Brachialgewalt!

▸ Gangprobleme durch ungünstigen Körperbau

Wenn im Rahmen von Materialprüfungen Gebäudebeurteilung betrieben wird, so zielt das nicht nur darauf, möglichst „schöne“ Pferde zu züchten. Hauptsächlich geht es darum, Pferde herauszustellen und zur Weiterzucht zu empfehlen, die von Natur aus gute Reiteigenschaften mitbringen. Dabei unterscheidet sich das Gangpferdeideal gar nicht so sehr von dem des klassischen Dressurpferdes: In beiden Fällen ist ein Pferd erwünscht, dem Aufrichtung und Arbeit auf der Hinterhand möglichst leichtfallen. Es ist kein Zufall, daß fast alle Barockpferde in früheren Jahrhunderten Gangveranlagung hatten, die oft

Gebäudebeurteilung hat ihren Sinn.

auch heute noch rudimentär vorhanden ist.

Nun muß man sich mit manchen Gebäudeproblemen abfinden, manchen kann man durch verstärkte Gymnastizierung entgegenarbeiten. Außerdem beweist ein gutes Gebäude allein noch nicht allzuviel. Es kommt durchaus vor, daß absolute „Traumpferde“ bevorzugt durch die Gegend passen, während kleine Knuddel mit tiefem Halsansatz aus dem Tölt gar nicht mehr herauskommen. Sie sollten Gebäudebeurteilung also nicht überbewerten. Kein einziges rein am Gebäude orientiertes Zuchtprogramm bewährt sich in der Praxis! Andererseits hilft die Kenntnis von Gebäudeproblemen mitunter zu verstehen, warum einem Pferd diese oder jene Lektion besonders schwer fällt. Sehen wir uns das Pferd und seine „Einzelteile“ also kurz näher an.

PROBLEME MIT KOPF UND HALS

Um in Aufrichtung gehen zu können, muß das Pferd den Hals stark anwinkeln. Dressurmäßige Beizäumung bei der Arbeit im Schritt und Trab verlangt eine Anlehnung der Backenränder an die Ohrspeicheldrüsen, und auch beim Tölt oder Walk in Aufrichtung sollte der Kopf nicht hochgerissen, sondern nur relativ knapp vor der Senkrechten getragen werden. Das kann durch Training der oberen Halsmuskulatur gefördert werden, aber letztlich geht es nur, wenn genügend Ganaschenfreiheit vorhanden ist. Ansonsten wird es unangenehm, schmerzhaft bis anatomisch schlicht unmöglich.

Bei amerikanischen und südamerikanischen Gangpferderassen ist die Weite der Ganaschen selten ein Problem. Der Isländer hat allerdings oft damit zu kämpfen. Schauen Sie Ihr Pferd deshalb unbedingt sehr kritisch an, bevor Sie es womöglich mit Hilfszügeln traktieren. Falls die Ganaschen nicht weit genug sind, müssen Sie damit leben, daß Ihr Pferd sowohl Trab als auch Tölt mit einer Kopfhaltung deutlich vor der Senkrechten geht. Es gelangt dabei nicht zu so hohem Versammlungsgrad und wird wahrscheinlich auch weniger Vorhandaktion zeigen, aber prinzipiell ist durchaus ein angenehm weicher Tölt am leicht anstehenden Zügel möglich. Verzichten Sie allerdings auch hier nicht auf die gymnastizierende Arbeit, denn wenn Sie bei solchen Pferden ins Ziehen und Zerren kommen, entziehen sie sich Ihrer Zügeleinwirkung durch Hochnehmen des Kopfes und entwickeln meist auch sehr schnell Unterhals. Bei der Gymnastizierung dieser Pferde ist es mitunter besser – und vor allem weniger

Ganaschenfreiheit: Wenn der Abstand zwischen den Backenknochen nicht groß genug ist, hat das Pferd Schwierigkeiten, den Kopf anzuwinkeln.

frustrierend! – , sich am Training der Westernreiter zu orientieren als an der klassischen Dressur. Welche Reitweise Sie wählen, ist im Grunde unerheblich. Hauptsache, das Pferd wird durchlässig und macht gern mit.

Auch eine schräge Halsaufsatzfläche und eine gerade aufsteigende Kehllinie erleichtern dem Pferd die Aufrichtung, während steile Aufsatzfläche und vorhängender Hals eher zu Kopflastigkeit führen. Diese Pferde mogeln sich gern in eine Pseudo-Dehnungshaltung! Vergessen Sie bei Ihnen auf keinen Fall das Treiben, sonst laufen sie auf der Vorhand!

Ein schlecht aufgesetzter Hals und erst recht ein Hirschhals begünstigen eine Steifheit der Halsmuskulatur. Auch hiervon ist wieder besonders oft das Islandpferd betroffen, denn es hat naturgemäß einen relativ kurzen Hals, und häufig einen sehr muskulösen. Leider werden Hirschhälse bei der Gebäudebeurteilung oft toleriert – vielleicht betrachten die Materialrichter sie grundsätzlich als „angeritten", denn Tölt mit extrem starker Zügelführung und mangelnder Treibarbeit fördert den Unterhals enorm! Hengste mit diesem Gebäudefehler werden also angekört und sogar prämiert, falls sie die erwünschte enorme Töltaktion zeigen. Wir würden Ihnen hier aber nicht zu einem Zuchteinsatz oder zum Kauf entsprechender Jungtiere raten. Ein Pferd mit Ansatz zum Unterhals neigt schnell zu Hochreißen des Kopfes und Wegstrecken des Rückens, wenn es mit viel Zügelanlehnung geritten wird. Es braucht einen routinierten Reiter, der dem gezielt und ausdauernd entgegenwirkt – oder zumindest die Kraft hat, das enorme Angsttemperament dieser verspannten Tiere im Zaum zu halten. Steht man nicht auf diese Form von „Bodybuilding", so muß die Töltarbeit dabei unbedingt vor der Gymnastizierung und der Streckung nach vorwärts-abwärts zurücktreten. Unterläßt man das, so bewegen sich viele Hirschhals-Tölter zwar äußerst eindrucksvoll – gehen aber genauso spektakulär durch, wenn sie an einen Reiter ohne regelmäßiges „Hanteltraining" geraten!

Zu den Kopfproblemen gehören auch die mitunter mit einer kurzen Maulspalte verbundenen Schwierigkeiten. Eine solche ist zwar kein eigentlicher Gebäudefehler, aber es empfiehlt sich doch, bei der Wahl des Gebisses etwas Rücksicht darauf zu nehmen. Viele Isländer mit kleinen Mäulern tragen zum Beispiel sehr dicke Gebisse. Das ist zwar an sich pferdefreundlich, da die Auflagefläche dicker Trensen größer ist und sie damit weicher wirken. Andererseits können die Pferde ihre Mäuler damit oft kaum schließen, und das Hannoversche Reithalfter macht die falsch gewählte Zäumung perfekt. Die meisten dieser Pferde sind mit einem zierlichen Kopfstück mit Englischem oder Amerikanischem Reithalf-

Korrekter Rücken — Senkrücken — Karpfenrücken

ter und einer dünneren Trense erheblich zufriedener, und der Reiter kann damit sanfter und präziser einwirken.

SCHULTER- UND RÜCKENPROBLEME

Steile Schultern bedingen eher kurze Gänge mit wenig Raumgriff und wenig natürlicher Aktion. Die Pferde lassen sich schwer in Aufrichtung arbeiten. Das gleiche gilt für Pferde mit Neigung zum Senkrücken, die bei Gangpferden aber zum Glück recht selten ist.

Die meisten Gangpferderassen haben von Natur aus einen eher kurzen Rücken, was es ihnen leichtmacht, die Hinterhand unterzusetzen. Lediglich bei Rassen, die im Warmbluttyp stehen (können), wie etwa Traber und Mangalarga Marchadores, kann der Rücken im Einzelfall etwas lang ausfallen. Mit intensiver Dressurarbeit läßt sich das meist ausgleichen, außerdem sprechen die Pferde oft gut auf Stangenzäumungen an.

Schwieriger wird es, wenn das Pferd extrem kurz ist und obendrein zum Hirschhals neigt. Solche Pferde machen sich gern im Rücken fest und neigen zum Buckeln. Reiten Sie sie unbedingt zunächst im Trab und achten Sie auf lange Trabbewegungen bei deutlicher Streckung nach vorwärts-abwärts. Falls das Pferd schon als Jungpferd auf der Weide viel bockt, empfiehlt es sich, beim Anreiten auf professionelle Hilfe zurückzugreifen oder eine Ausbildung an der Doppellonge voranzustellen, die schon im Vorfeld gymnastiziert. Ansonsten buckelt Sie das Pferd womöglich herunter, bevor Sie noch zur Dressurarbeit kommen – Sie entwickeln Angst, und ein Teufelskreis aus Furcht und Verspannung baut sich auf.

Bei Pferden mit Neigung zum Karpfenrücken bemüht man sich möglichst schon nach kurzer Arbeitsphase in Dehnungshaltung um möglichst hohe Aufrichtung. Es ist wichtig, die abschiebenden Streckbewegungen der Hinterbeine durch Treiben im richtigen Rhythmus zu fördern. Besonderes Augenmerk sollten Sie hier

Ein überbautes Pferd ist von Natur aus kopflastig.

auch auf den richtigen Sitz des Sattels legen sowie auf die Auswahl des Sattelmodells. Das karpfenrückige Pferd ist besonders druckempfindlich, und gerade Gangpferdesättel belasten oft die sensibelsten Teile der Sattellage.

Ist das Pferd überbaut, so steht die Hinterhand meist zu steil und tritt deshalb nicht gut genug unter. Eine solche Stellung fördert auch die Neigung zum Paß, der Gebäudefehler ist bei Gangpferden also schwerwiegender als bei anderen Rassen. Haben Sie ein solches Pferd, so sollten Sie es auf jeden Fall längere Zeit auf Trab hin arbeiten und viel Wert auf Reiten im Entlastungssitz und in Dehnungshaltung legen. Erst wenn das Pferd gelernt hat, trotz seiner Hinterhandprobleme weit unterzutreten, kann an höherer Aufrichtung und damit

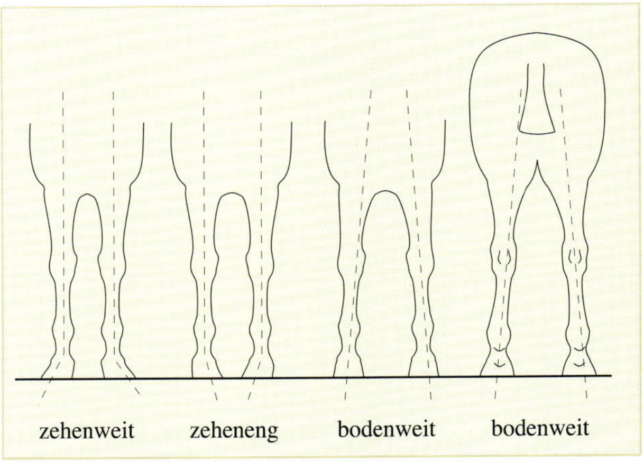

Zehenweit stehende Vorderbeine beeinflussen den Gang kaum.

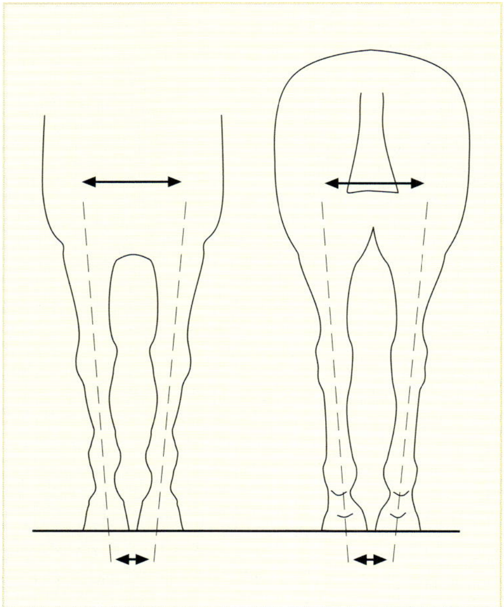

Bodenengstellungen behindern den Raumgriff.

auch am Viertakt gearbeitet werden. All das fordert viel Geduld und Einsatz, denn solche Pferde sind oft auch Gangwechsler und erschweren damit jede Dressurarbeit. Mit Hilfszügeln oder anderen mechanischen Hilfsmitteln ist der Sache aber nicht beizukommen: Entweder Sie verzichten auf Tölt (Walk) und reiten nur schwungvollen Trab in Dehnungshaltung im Gelände, oder Sie machen sich die Arbeit. Einzige Alternative: Verspannter, gezwungener Saddlegait, der weder dem zwei- noch dem vierbeinigen Beteiligten richtig Spaß macht!

Bei manchen Gangpferdelinien liegen extrem flache Hufstellung oder flache, weiche Fesselung in der Familie.

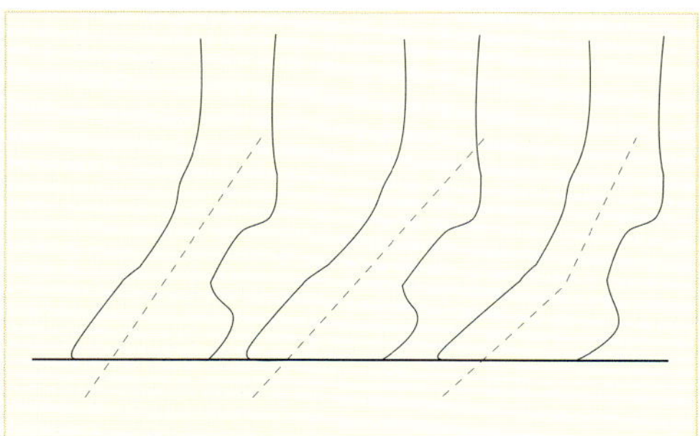

FALSCHE BEINSTELLUNGEN

Viele Gangpferde stehen alles andere als lehrbuchgerecht auf den Beinen – dabei verbucht man hier einige Stellungen als rassetypisch, die bei Warmblütern als fehlerhaft gelten. Bodenweit stehende Hinterbeine zum Beispiel ermöglichen starken Raumgriff und verhindern das Greifen. Auch zehenweite Stellung der Vorderbeine beeinflußt den Gang nicht gravierend.

Bodenengstellungen behindern dagegen den Raumgriff und die Schwungentfaltung. Zehenengstellungen verstärken eine Neigung zum Streichen. Bei jungen Pferden sind diese Probleme übrigens durch Korrekturbeschläge zu bessern und oft völlig zu beheben. Verzichten Sie also auch beim Gangpferd nicht auf den regelmäßigen Besuch des Schmiedes auf der Jungpferdekoppel!

Vor allem töltende Pferderassen neigen häufig zum Bügeln, also zum Seitwärtsschlenkern der Vorhand bei starker Aktion. Beim Isländer wünscht man sich das heute nicht mehr so sehr, denn der Gang verliert dabei an Raumgriff und Schwung. Beim Paso Fino und Paso Peruano gilt der sogenannte Término dagegen als rassetypisch. Aber Vorsicht: Wenn der Tölt lediglich dadurch zustande kommt, daß der Término den Paß bricht, hat das Pferd zuwenig Gangveranlagung! Südamerikanische Schaureiter bevorzugen bei Paso Finos auch oft Pferde mit extrem kurzen Gängen. Falls Sie das schön finden und gern solch ein Pferd besitzen möchten, müssen Sie sich aber darüber im klaren sein, daß ein solcher „Trippeltölter" wirklich nur noch für den Showring, nicht mehr fürs Gelände geeignet ist. Auf unebenen Wegen neigen die Tiere zum Stolpern und sollten deshalb auf Ausritten getrabt werden.

HUFSTELLUNGEN

In manchen Gangpferdelinien ist eine Neigung zu sehr flacher Hufstellung genetisch bedingt. Das ist an sich kein Problem, verlangt aber besondere Aufmerksamkeit des Schmiedes. Auf andere Fehlstellungen der Hufe reagiert das Gangpferd mit den gleichen Schwierigkeiten wie der Dreigänger. Wir können folglich nur wiederholen, daß regelmäßige Kontrolle und Korrektur der Hufe von Fohlenbeinen an unumgänglich ist! Gewöhnen Sie das junge Gangpferd unbedingt von klein an ans Hufegeben und lassen Sie es nicht so „frei" aufwachsen, daß es monatelang keinen Menschen und erst recht keinen Schmied zu Gesicht bekommt.

Galopp-Probleme bei Gangpferden

Galopp bei Gangpferden ist eine heikle Sache. Zwar ist die Gangart bei den weitaus meisten von ihnen genetisch angelegt, aber in der Praxis haben viele Probleme damit, sauber anzuspringen und den Galopp über längere Strecken durchzuhalten. Warum das so ist, haben wir schon im Gangartenkapitel zumindest ansatzweise erklärt: Das Gangpferd hat sowohl laterale als auch diagonale Bewegungsanlagen, und die gesprungene Gangart Galopp ist anfällig für Taktfehler. Insbesondere wenn das Pferd auf der Weide viel Paß zeigt und/oder meist in der Box steht und nur in seiner Viertaktgangart geritten wird, ist die Muskulatur stärker in Richtung der Lateralen ausgebildet. Dann hat das Pferd Schwierigkeiten, sich im Galopp auf die Diagonale zu konzentrieren.

Insofern halten wir es auch nicht für sinnvoll, den traditionell amerikanischen Weg zu gehen und das Pferd erst im Canter auszubilden, wenn das sonstige Gangtraining weitestgehend abgeschlossen ist. Lediglich bei Rassen, die auch regelmäßig im Trab geritten und in dieser Gangart gymnastiziert werden, ist es sinnvoll, mit dem Galopp zu warten, bis ein relativ hoher Versammlungsgrad erreicht ist. Hier kann man sich am klassisch-iberischen Dressurreiter orientieren, der mit der Galoppausbildung beginnt, sobald das Pferd Schulterherein im Schritt und Trab und Travers mindestens im Schritt beherrscht. An-

Klar gesprungener Galopp ist bei Gangpferden nicht selbstverständlich.

spruchsvoll, aber der sicherste Weg zur wirklich guten Galoppade, auch und gerade beim Gangpferd!

Wir wollen Ihnen im Folgenden aufzeigen, wie man ein junges Gangpferd parallel zur sonstigen Ausbildung dazu erzieht, taktrein zu galoppieren. Die Ursache aller anderen Galopp-Probleme liegt nämlich darin, daß hier irgendwo etwas versäumt wurde. Galoppschwierigkeiten sind immer eine Folge mangelnder Balance zwischen diagonaler und lateraler Gangveranlagung.

Im Freilauf geht es am besten.

ANFANG IM LONGIERZIRKEL

Mit der Galoppausbildung des Gangpferdes beginnt man am besten im Roundpen oder einem zumindest provisorisch abgesteckten Longierzirkel. Eine Begrenzung ist wichtig, denn wenn das Pferd nur durch eine Longe auf der Kreisbahn gehalten werden muß, bleiben Irritationen durch Zupfen am Halfter nicht aus. Deshalb sollte wenn möglich auch im Freilauf und zumindest zunächst ohne Sattel und Zaum gearbeitet werden.

Falls Sie keinen festen Longierzirkel zur Verfügung haben, bauen Sie sich einen aus Strohballen oder Flatterband. Das Pferd soll sich darin möglichst entspannt bewegen. Geben Sie ihm also Zeit, den Übungsplatz gründlich kennenzulernen. Zwang führt zu Verspannung und damit, wie Sie wissen, zu einer Begünstigung lateraler Bewegungen. Auch Unruhe und schlechte Stimmung des Ausbilders wirken sich negativ aus. Besonders bei stark paßveranlagten Pferden brauchen Sie viel Geduld und sollten so locker wie möglich an die Sache herangehen.

Galopp darf nicht daraus entstehen, daß eine andere Gangart bis an die Geschwindigkeitsgrenze gesteigert wird. Es ist vielmehr die Reaktion auf einen Impuls: Laufen muß mit einem Ruck zum Springen werden. Lassen Sie Ihr Pferd also nicht in den Galopp hineinrennen. Statt dessen helfen Sie ihm aus dem Schritt oder dem Trab im wahrsten Sinne des Wortes „auf die Sprünge“. Die besten Hilfen dazu sind ein Stimmkommando oder ein rascher Peitschenknall. Ganz unsensible Vertreter muß man auch schon mal mit dem Peitschenschlag streifen. Aus dem Paß sollte das junge Pferd auf keinen Fall anspringen. Es kommt dann fast immer in den Viertschlaggalopp und letztlich in heilloses Gangdurcheinander.

Loben Sie Ihr Pferd eifrig, während es galoppiert – nicht erst, nachdem es wieder damit aufgehört hat! Ansonsten verbindet es das Lob mit dem Anhalten. Es ist auch sehr sinnvoll, ein Stimmkommando dazu einzuführen, am besten eines, mit dem man den Rhythmus der Gangart begleiten kann. In Frage kommen zum Beispiel ein rasches „Hopp!“ zum Anspringen und in der Folge ein gleichmäßiges „Uunnd-Hopp!“ oder „Gaa-lopp!“ Versuchen Sie sich nicht an Galoppmarathons. Am Anfang genügen wenige Galoppsprünge. Qualität ist dabei wie immer wichtiger als Quantität. Gerät das Pferd mit seinen Gängen durcheinander, holen Sie es sofort zurück in den Schritt.

Wie immer während der Pferdeausbildung ist auch hier wichtig zu wissen, wann man aufhören muß. Arbeiten Sie das Pferd auf beiden Händen, aber auf keinen Fall länger als zwanzig Minuten. Es braucht dazu nämlich erheblich mehr Konzentration als zum Beispiel beim entspannten Ausritt. Bedenken Sie, wie viele Stimmkommandos und körpersprachliche Kommandos es auseinanderzuhalten hat und wie viele Beine sortiert sein wollen! Beginnen Sie nicht immer auf der gleichen Hand und arbeiten Sie auf der schlechteren Hand etwas länger. Falls Sie sich bei der Arbeit im Roundpen übrigens an Zirkusarbeit orientieren und Dinge wie Appell (Hereinrufen des Pferdes zum Longenführer) und Changer (rascher Wechsel durch den Zirkel) einüben, so verzichten Sie darauf beim Gangpferd besser im Galopp. Es gibt nur selten Vertreter mit so wenig lateraler Veranlagung, daß diese Übungen ohne „Gangsalat" abgehen, und das ist weder besonders schön anzusehen, noch dient es der Ausbildung.

Die Galopparbeit unter dem Reiter beginnt erst, wenn das Pferd auf beiden Händen gut galoppiert. Es sollte dabei Sattel und Zaum tragen und gelernt haben, die Gangart mehrere Runden hindurch sauber zu halten.

GALOPP UNTER DEM REITER

Auch mit dem Galopp unter dem Reiter fangen Sie am besten im umzäunten Zirkel an. Da das Gangpferd Kopffreiheit braucht, sollte der Zügelkontakt extrem fein ausfallen. Die Schenkel- und Gewichtshilfen müssen für das Pferd klar erkennbar sein, und selbstverständlich muß es vorher schon ihre Bedeutung gelernt haben: Schenkel am Gurt bedeutet vorwärts, hinter dem Gurt seitwärts. Der anliegende Schenkel wirkt verwahrend, die Gertenhilfe macht nicht schneller, sondern motiviert zum Untersetzen der Hinterhand. Letzteres ist wichtig, denn „auseinandergefallene" Pferde neigen stark zum Paß.

Das Pferd springt im normalen Galopp immer mit dem äußeren Hinterbein an. Ansonsten kommen Außen- oder Kreuzgalopp heraus. Die ersten Galoppschritte sind also entscheidend dafür, ob das Pferd seinen Takt findet oder nicht. Der Reiter kann ihm dabei helfen, indem er seine Hilfen genau auf seine Bewegungen abstimmt. Vergegenwärtigen Sie sich dazu nochmals, daß der Reiterschenkel immer das gleichseitige Hinterbein kontrolliert.

Zum Angaloppieren liegt Ihr innerer Schenkel am Gurt und Ihr äußerer hinter dem Gurt. Mit dem Zügel machen Sie vorerst so wenig wie möglich. Ihr Gewicht verlagern Sie leicht nach außen. Der äußere Schenkel schiebt nun die Hinterhand vorwärts-seitwärts unter den Pferdekörper. Er verändert damit den Takt der aktuellen

Ausbinder beim Galopptraining müssen flexibel sein.

Gangart und sensibilisiert das Pferd für das Umspringen. Springt das Pferd dann an, so treiben Sie es mit dem inneren Schenkel im Takt des vorgreifenden Hinterbeins. Sie dürfen sich dieses Treiben allerdings nicht als massiven Schenkeldruck vorstellen. Meist genügt es, das Pferd taktmäßig mit dem Schenkel zu streifen.

Das alles klingt sehr kompliziert. Um es anschaulicher zu machen, hilft es, sich vor Beginn des Galopptrainings das Video eines ruhig galoppierenden Pferdes anzusehen und im Geiste „mitzureiten". Mentales Training ist hier sehr wirksam – fühlen Sie sich möglichst vor Einsatz der Hilfen in den angestrebten ruhigen Galopp hinein und unterstützen Sie ihn dann auch mit den schon vom Üben im Roundpen bekannten Stimmkommandos. Dann fällt es Pferd und Reiter leichter, den Rhythmus zu finden.

Neben dem Galopp auf dem Zirkel üben Sie die Gangart im Gelände. Die meisten Pferde bieten den Galopp draußen an, vor allem dann, wenn es bergauf geht. Das sollten Sie unterstützen. Galopp im Gelände macht Spaß, und das Pferd trainiert dabei, die Gangart längere Zeit zu halten. Helfen Sie ihm dabei durch das schon beschriebene taktmäßige Treiben mit dem inneren Schenkel. Ansonsten galoppieren Sie im Entlastungssitz. Werden Sie dabei nicht nervös, wenn das Pferd etwas schneller wird. Besonders paßveranlagte Pferde brauchen zum Halten des Galopps etwas Schwung. Wenn Sie Ihr junges Pferd sorgfältig ausgebildet haben, ist ein Durchgehen nicht zu befürchten.

Übrigens ist es sehr wichtig, daß auch Sie ein Feeling für Galopp und seinen Takt entwickeln und vor allem dafür, wann sich der Ihres Pferdes zum Paß hin verschiebt. Ein guter Reiter merkt, wenn es zur Lateralen hin tendiert und gleicht das durch Paraden und gleichzeitig treibende Hilfen aus. Wenn Sie die Probleme allerdings erst bemerken, wenn das Pferd im Rennpaß oder Passergalopp ist, müssen Sie durchparieren und noch einmal anfangen. Und falls Ihr Pferd zu den eher faulen Vertretern seiner Zunft gehört, wird es die Pause auch noch als Belohnung betrachten.

GALOPP IN VERSAMMLUNG

Nachdem das Pferd nun gut galoppiert und sich im Takt treiben läßt, verfeinern Sie das Zusammenspiel der treibenden Hilfen und beginnen damit das Cantertraining. Auf die Dauer soll das Pferd ja ruhig und versammelt galoppieren lernen, auch wenn es Ihnen vielleicht nicht auf den klassischen Vierschlagcanter ankommt. Der braucht – wie schon gesagt – extrem viel dressurmäßige Vorarbeit. Auch zur verstärkten Versammlung des Pferdes besinnen Sie sich zunächst auf Ihre theoretischen Kenntnisse, diesmal zum Einsatz der Zügelhilfen. Zügeleinwirkung im richtigen Moment bringt die Hinterhand dazu, weiter unterzutreten, beeinflußt aber wieder nur die Seite des Pferdes, auf der gerade eingewirkt wird: halbe Parade links also linkes Hinterbein, halbe Parade rechts rechtes. Der richtige Moment ist wieder der, in dem das entsprechende Hinterbein gerade in der Luft ist.

Zur Einführung der Zügelhilfen arbeiten Sie das junge Pferd ebenfalls ohne Reiter im Roundpen. Legen Sie ihm dazu Ausbinder an und verkürzen Sie den inneren Zügel so weit, daß Sie das innere Auge ganz leicht schimmern sehen. Außen liegt der Zügel ohne viel Zug an. Er wirkt nur als Begrenzung, damit das Pferd nicht über die äußere Schulter ausfällt. Ideal für diese Arbeit sind nachgebende Ausbindezügel. Am besten fertigen Sie sich selbst welche aus dickem Gummiband, erhältlich in jedem Laden für Bootsbedarf. Wenn das Pferd mit dieser Konstruktion gut galoppiert, können Sie den inneren Ausbinder allmählich noch um etwa fünf Zentimeter verkürzen.

Auch beim Reiten nehmen Sie dann innen mehr Zügelkontakt auf. Nach kurzer Zeit können Sie den Roundpen verlassen und auf dem Viereck üben. Galoppieren Sie zunächst immer in der gleichen Ecke an und treiben Sie wie schon erklärt. Gleichzeitig mit dem Einsatz des treibenden Schenkels erfolgt nun aber ein leichtes Annehmen des inneren Zügels. Treiben und Paraden im Takt der vorschwingenden Hinterhand bewirken auf die Dauer, daß das innere Hinterbein verstärkt die Last von Reiter und Pferd übernimmt.

Gehen Sie aber nicht zu schnell vorwärts, sondern begrenzen Sie die Versammlungsversuche zunächst auf die langen Seiten des Vierecks. Um die Ecken soll das Pferd entspannt laufen und sich selbständig ausbalancieren. Erst wenn es kürzer wird, also besser untertritt, können Sie auch in den Kurven treiben. Auch hier gilt die Grundregel: Am Anfang besser etwas weniger als zuviel. Zunächst genügen zwei lange Seiten Treiben pro Hand. Während der restlichen Dressurstunde konzentrieren Sie sich besser auf all die anderen Lektionen, die das Pferd verstärkt auf die Hinterhand bringen und den diagonalen Muskelgebrauch fördern. Dazu gehören Seitengänge, Hinterhandwendungen usw. Geländeritte mit lockeren Galoppeinlagen erhalten dem Pferd den Spaß an der Arbeit.

HILFSMITTEL

Wenn ein Pferd trotz Geduld und fundierter Arbeit Schwierigkeiten hat, zum Galopp zu finden, kann man ihm mit dem vorübergehenden Einsatz von Hilfsmitteln entgegenkommen. Bei stark paßveranlagten Pferden bringt man beispielsweise etwas Gewicht (zwischen 100 und 200 Gramm) an das äußere Vorderbein (zum Beispiel, indem man zwei Töltglocken übereinander anlegt). Das Pferd neigt dann dazu, das äußere Bein etwas länger am Boden zu lassen. Das innere greift infolgedessen weiter vor, und das Angaloppieren wird leichter.

Bei manchen Pferden kann es nützlich sein, den Beschlag zu ändern. Trabveranlagte Pferde mögen oft leichte Eisen (Trabereisen) mit viel Zehenrichtung. Stark paßveranlagte Pferde galoppieren dagegen meist besser, wenn sie vorn etwas schwerer beschlagen sind, also wieder mit 10er statt mit 8er Eisen. Das hat dann einen ähnlichen Effekt wie das Bergaufgaloppieren im Gelände.

WENN GALOPP VERBOTEN WAR ...

Schwieriger als mit jungen Pferden ist die Galopparbeit mit erwachsenen Importpferden, denen die diagonale Gangart jahrelang verboten war. Oft werden sie im Ursprungsland ganz einfach nicht galoppiert, oder die Gangart wird zumindest auf Turnieren nicht abgefragt. Auch Traber, die di-

Warum nicht auch mal ein Sprung? Erlaubt ist, was motiviert!

Roundpen- oder Longenarbeit beim Gangpferd

In diesem Buch konzentrieren wir uns auf die Arbeit an Viertaktgangarten, wobei der Schwerpunkt auf dem Reiten liegt. Bodenarbeit mit jungen Gangpferden wird in anderen Veröffentlichungen behandelt. Hier trotzdem ein paar Worte zur Arbeit im Roundpen (Longierzirkel) oder an der Longe.

Grundsätzlich muß man zwischen beiden Varianten unterscheiden, denn während „die Route" im Longierzirkel festliegt, muß an der Longe am Pferdekopf eingewirkt werden, um es auf der Kreisbahn zu halten. Das macht es besonders dem stark paßveranlagten Gangpferd schwer, sich auf seine diagonale Veranlagung zu besinnen. Andererseits bringt jede Arbeit auf der Kreisbahn nur dann etwas, wenn das Pferd sich biegt, und das kann es – wir erinnern uns an die Grafik auf Seite 119! – nur im Trab (oder Tölt), nicht im Paß. Der Bau eines Longierzirkels ist also unter allen Umständen sinnvoll: sowohl beim jungen Pferd als auch zur Korrektur des verspannten Passers wie früher schon beschrieben. Erst wenn das Pferd den Trab auf der Kreisbahn sicher beherrscht, können Sie es auch an der einfachen Longe oder, wenn Sie möchten, an der Doppellonge arbeiten – zuerst im Roundpen, dann auch frei. Letztlich dient das als Kontrolle Ihrer Vorarbeit. Je trabsicherer das Pferd ist, desto eher duldet es Führung ohne Gangwechsel.

rekt von der Rennbahn kommen, haben fast immer Galopp-Probleme. In diesem Fall muß zunächst die Angst vor der „verbotenen Gangart“ abgebaut werden. Dazu stellt man die Galopparbeit vorerst an erste Stelle und läßt jedes andere Gangtraining ruhen.

Bevor am Galopp und den dazu nötigen Hilfen gefeilt wird, muß das Pferd begreifen, daß Galoppieren ab jetzt erlaubt und erwünscht ist. Wie und auf welcher Hand es angaloppiert, ist deshalb vorerst egal. Das Pferd darf ausnahmsweise in den Galopp hineinlaufen. Wenn Sie es das unter dem Sattel und nicht nur im Roundpen tun lassen, so sollten Sie sich dabei am Sattel oder in der Mähne festhalten, damit Sie ihm nicht in den Rücken fallen. Beim Geländetraining kann wieder eine Steigung zum Angaloppieren genutzt werden. Manchmal hilft auch das Mitreiten in einer kleinen, disziplinierten Gruppe. Hilfsmittel können angewandt werden, wenn sich das Pferd nicht davor fürchtet. Versteift es sich schon beim Anblick einer Glocke, so lassen Sie das lieber. Von zusätzlicher Verspannung wird nichts besser. Statt dessen sollte jede Galopparbeit zusammen mit dem Menschen durch regelmäßigen Auslauf und Möglichkeit zu freien Galoppaden unterstützt werden.

Ansonsten verläuft das Training ähnlich wie beim Jungpferd, es dauert nur länger. Ihr Pferd wird Muskelkater haben und muß einige „Denkarbeit“ hinter sich bringen, ehe es auch im Kopf von lateral zu diagonal, von verboten zu erlaubt umgeschaltet hat. Verlieren Sie also nicht zu schnell die Geduld. Galopptraining bei Gangpferden ist oft keine Frage von Wochen, sondern von Monaten.

▸ Muß ein Pferd unbedingt rassetypisch laufen?

Stellt man diese Frage in einer Gruppe von Gangpferdereitern und -besitzern, so ist der Abend gelaufen. Die Diskussion dar-

Ein gut ausgebildetes Pferd findet fast immer zu seiner rassetypischen Gangart.

über wird Stunden dauern, und zwischen „Wenn das Pferd und die Leute damit glücklich sind, sollen sie doch reiten, wie sie wollen ...“ und „Wenn ein Isländer nicht töltet, dann könnte man sich statt dessen ja auch irgendein anderes Pony kaufen ...“ erregen sich die Gemüter. Auch wir haben die Angelegenheit heiß diskutiert, aber letztlich kann man sie nicht pauschal abhandeln. Betrachten wir also ein paar Beispiele:

Das Pferd ist ein Isländer, vom Gebäude her hervorragend und mit sehr guten Grundgangarten begabt. Sein Trab ist ausdrucksvoll, der Galopp ein saubererer Dreiklang als bei vielen Barockrassen. Leider zeigte das Pferd noch nie einen Anflug von lateraler Veranlagung. Weder als Fohlen in den ersten drei Lebenstagen noch später in den Übergängen zwischen Trab und Galopp war auch nur ein Schritt Tölt oder Paß zu beobachten. Nichtsdestoweniger wird das Pferd mit Hilfe des Spanischen Reiters eingetöltet. Kommentar des Besitzers: „Manchmal muß man sie eben zu ihrem Glück zwingen.“

Beispiel 2, eine Tennessee Walker-Stute. Das Pferd ist im Walk hochveranlagt und hat schon in den USA einige Light-Shot-Konkurrenzen (Turnierklassen, in denen nicht mit Gewichteisen gearbeitet werden darf) gewonnen. Im Grunde ist es kinderleicht zu reiten, sofern man die Grundlagen des Walk-Reitens beherrscht. Ansonsten weicht es, wie die meisten Walker, in den Paß aus. Nun gerät die Stute an einen von ihrem weichen Gang begeisterten Reitanfänger. Leider nimmt er wegen der großen Entfernung zum nächsten Spezialtrainer keinen weiteren Unterricht. Nach wenigen Wochen geht die Stute nur noch Paß. Ihr Besitzer wendet sich an einen selbsternannten Gangpferdetrainer in der Nähe, der sehr schnell Abhilfe schafft: Drei Wochen bei ihm, und die Stute töltet. Dem Besitzer ist es egal, Hauptsache, der Gang ist weich.

Kurze Zeit danach landet das Pferd dennoch wieder bei seiner ersten Trainerin: Es ist körperlich völlig verspannt und psychisch derart durcheinander, daß es praktisch unreitbar ist. Die Korrektur wird Monate dauern.

Wieder ein Isländer: Trabtölter, hochprämiert und eindeutig gangveranlagt. Allerdings wurde er zeit seines Lebens hart geritten und ist die Tölterei gründlich leid, als er zu seiner neuen Besitzerin kommt. Die liebt ihn zum Glück eher aufgrund seiner schönen Augen als aufgrund seiner Gangveranlagung und macht sich mit viel Geduld daran, sein Angsttemperament abzubauen und ihn zu einem guten Dressur- und Geländepferd zu schulen. Sie reitet ihn ausschließlich als Dreigänger, bis sie auf einem Informationswochenende den Walk entdeckt. Erfreut bemerkt sie, daß auch ihr eigenes Pferd auf die Hilfen reagiert und seinen Schritt problemlos zum Flat Walk steigert. Zur beiderseitiger Zufriedenheit bauen Pferd und Reiterin die neue Gangart in ihre Ausritte ein.

Und ein letztes Beispiel: Der junge Isländer zeigt klare Viergangveranlagung, allerdings bietet er den Tölt unter dem Sattel nicht ohne weiteres an. Seine Besitzerin reitet ihn also zunächst dressurmäßig und beginnt das Gangtraining sehr spät. Das Pferd bietet dabei zunächst Walk an und wechselt beim Schnellerwerden in eine Gangart, die seine Reiterin zunächst nicht identifizieren kann. Die Trainerin erkennt Foxtrott. Nur wenn es bergab geht, wechselt das Pferd in Tölt. Alle seine drei Viertaktgangarten zeigt es entspannt und mit nur leichter Zügelanlehnung. Die Reiterin findet ihr vielseitiges Pferd interessant. Da sie keinerlei Turnierambitionen hat, übt sie alle drei Gänge weiter. Im Laufe der Zeit stellt sie dabei aber fest, daß sich der Foxtrott immer mehr verliert. Auf die Dauer wird ihr Pferd rassetypisch laufen.

Gangpferde sind über Generationen hinweg auf eine Spezialgangart hin gezüchtet. Es ist also nur normal, daß die meisten Individuen sich auch auf diese Bewegungsvariante einpendeln, wenn man sie gezielt fördert und dem Einzelfall vielleicht etwas mehr Zeit läßt als dem Durchschnitt. Allerdings ist die Gangpferdezucht stets eine heikle Sache. Die Gratwanderung zwischen

Gangpferde in der Gruppe

„An sich gefällt es mir gar nicht so gut im Verein, aber immer allein reiten möchte ich auch nicht. Und Isländer kann man ja nicht mit anderen Rassen reiten ..."
Ein immer wieder gehörter Stoßseufzer, der gerade bei den Besitzern von Isländern jeglicher Grundlage entbehrt. Die kleinen Gangpferde aus dem Norden verfügen schließlich über die so ziemlich größte erwünschte Gangbreite: Ist der Tölt zu langsam, um mit anderen Pferden mitzukommen, so reitet man eben Trab oder Galopp, ist der Schritt zu schnell, wird das Pferd etwas mehr versammelt und zurückgenommen.

Schwieriger wird es da schon für die Besitzer von Walkern und Foxtrottern. Veranlagungsgemäß hängen diese Pferde andere Rassen im Schritt mühelos ab, schaffen aber nur selten des Trabtempo einer Gruppe von Warmblutpferden. Um trotzdem mitzukommen, fallen sie dann oft in einen verspannten Paß, und mitunter wird das Gangtraining von Monaten durch einen verpatzten Ausritt zunichte gemacht.

Nun liegt die Lösung all dieser Probleme letztlich nur in der Kommunikation zwischen den einzelnen Gruppenmitgliedern. Wenn alle den Ausritt zu einem Erfolg machen wollen und ihre Pferde gut im Griff haben, ist Tempoanpassung in der Regel kein Problem. Besteht der verdeckte Sinn des gemeinsamen Reitens aber nur darin, sich zu profilieren und das eigene Pferd als das schnellste und temperamentvollste herauszustellen, möchten die Reiter nicht zusammen Spaß haben, sondern eher Nervenkitzel erleben, so bleibt unweigerlich jemand auf der Strecke. Überlegen Sie sich also im Vorfeld, welcher Reitergruppe Sie sich anschließen. Das gilt besonders, wenn Sie ein noch junges Pferd unter dem Sattel haben, und es gilt ebenso für Gruppen von Reitern auf gleichrassigen wie auf verschiedenrassigen Pferden. Letzlich entscheidend sind nicht die Pferderasse, sondern guter Wille, Flexibilität und Reitkenntnisse.

lateraler und diagonaler Veranlagung kann schiefgehen. Niemand ist davor gefeit, daß sein Fohlen plötzlich etwas zu sehr in die eine oder andere Richtung tendiert oder daß gar, wie bei dem Isländer in unserem ersten Beispiel, die laterale Komponente gänzlich fehlt. Pferde sind schließlich Lebewesen wie alle anderen und haben das Recht auf Fehler. Sie dann mit Brachialgewalt einzutölten ist letztlich nichts anderes als Tierquälerei.

Ganz anders steht es mit der Stute im zweiten Beispiel. Die zeigt ja ihre rassetypische Gangart – die Schuld an ihrem Versagen liegt einzig und allein beim Reiter. Sie nun in eine andere Viertaktgangart zu zwingen, nur weil die für den Anfänger – und den unfähigen Bereiter! – einfacher zu handhaben ist, ist selbstverständlich grundfalsch. In diesem Fall trifft es zudem ein sensibles, hochveranlagtes Pferd, das darauf entsprechend extrem reagiert. Ein tatsäch-

HIER EIN PAAR TIPS, DAMIT DER AUSRITT ZUM ERFOLG WIRD:

- Weder Tölter noch Walker sind für Ausritte in unregelmäßigem Tempo geschaffen, sie möchten ihre Gangart möglichst über längere Strecken halten. Ein Kilometer Schritt, fünfhundert Meter Trab, hundert Meter Galopp – das alles mit ständigen Tempiwechseln zwischen Bummeln und Beeilung und mit gelegentlichen Pausen, weil schon wieder ein Sattel verrutscht ist, bringt ein Gangpferd unweigerlich durcheinander. Nun wird aber auch kein guter Reiter eines Dreigangpferdes seinen Ausritt so anlegen. Dieser Reitstil ist charakteristisch für unsichere und ängstliche Reiter. Suchen Sie Ihre Begleiter also unter erfahrenen Langstreckenreitern und machen Sie auf die möglichen Probleme aufmerksam.
- Im Schritt ist das Gangpferd fast immer schneller als die dreigängigen Begleiter. Das gilt besonders für Walker und Foxtrotter, die man auch nicht ohne Gefahr der Verspannung im Schritt versammeln und damit tempomäßig zurücknehmen kann. Die beste Lösung bei gemeinsamen Ausritten mit Dreigängern ist hier, das Gangpferd vorn gehen zu lassen. An erster Position kann es ohne ständige verhaltende Zügeleinwirkung in seinem ruhigsten Schritt geritten werden. Gut trainierte dreigängige Geländepferde kommen beim langsamsten Schrittempo des Walkers noch mit – und weniger trainierte gelangen oft zu erstaunlicher Verbesserung im Schritt. Klappt das nicht, wird gelegentlich aufgetrabt, oder der Reiter des Walkers wartet. Gutgerittene Western- und Dressurpferde können auch im Jog oder versammelten Trab neben dem Walker hergehen. Das ist zwar etwas anstrengend, aber in der Regel fordert man es ja nicht jeden Tag ab.
- Der Dreigänger wechselt relativ übergangslos vom Schritt in den Trab, Walker und Foxtrotter gleiten dagegen über den Flat Walk in ihre schnellste mittlere Gangart und brauchen dafür etwas mehr Zeit. Auch hier ist es deshalb sinnvoll, das Gangpferd vorn in der Gruppe gehen zu lassen. Erst wenn es im Foxtrott oder Running Walk ist, schließen die anderen im Trab auf und passen ihr Trabtempo an.
- Beim Galopp gibt es im allgemeinen keine Probleme. Achten Sie nur darauf, Ihr Gangpferd sauber anspringen und nicht in den Paß fallen zu lassen. Auch das ist einfacher, wenn die anderen Reiter der Gruppe ihre Pferde gut im Griff haben. Es sollte auch in ihrem Interesse sein, aus einem ruhigen Trabtempo anzugaloppieren, statt die Pferde über schnellen Trab in den Galopp hineinrennen zu lassen.

lich viel zu stark paßveranlagter Walker, also ein laterales Pendant zu dem Traber aus Beispiel eins, hätte sich vielleicht einigermaßen zufrieden im Saddlegait eingependelt.

Auch daß der Isländer aus Beispiel drei keinen Tölt geht, ist letztlich die „Schuld“ der Reiterin. Hätte sie mehr Interesse an der Gangart, so könnte sie das Pferd selbstverständlich wieder darin schulen. Hier leidet jedoch niemand unter dem Verlust. Im Gegenteil, Reiterin und Pferd finden im Walk, der entspannteren Viertaktgangart, eine beide zufriedenstellende Alternative. Sie brauchten auch weder Kurse noch Bereiter und erst recht keine Spezialausrüstung, um zu „ihrem“ Viertakt zu finden. Walk ist für dieses Pferdeindividuum eine ebenso natürliche Gangart wie Tölt, auch wenn es darin natürlich nie zu so spektakulären Leistungen kommen wird wie in der für seine Rasse typischen Gangart.

Fassen wir also zusammen:

Selbstverständlich muß ein Pferd nicht allein deshalb eine perfekte Marcha Batida hinlegen, weil es zufällig ein Mangalarga Marchador ist, oder spitzenmäßigen Foxtrott zeigen, nur weil es das Wort im Rassennamen trägt. Wer sein Pferd nur deshalb schätzt, weil es eine spezielle Viertaktgangart geht, sollte sich überlegen, ob er vielleicht den falschen Sport gewählt hat. Für „markenbewußte" Käufer wie ihn böte zum Beispiel der Motorsport viel mehr Entfaltungsmöglichkeiten! Zwar tendieren die weitaus meisten Individuen einer Pferderasse bei gekonnter Förderung zu „ihrer" Gangart, wie unser Beispiel vier zeigt, aber der Kauf eines Jungpferdes und erst recht die Zucht eines Gangpferdes bergen immer ein gewisses Risiko.

Eine für die Rasse ungewöhnliche Gangart kann toleriert werden, wenn das Pferd sie freiwillig und ohne Zwang anbietet. Das wird dann eigentlich immer eine entspanntere Gangart sein, also meist Walk oder Foxtrott beim Vertreter einer Töltrasse (Ausnahmen dürften die Regel bestätigen, auch wenn wir bisher noch keine erlebt haben). Auch sehr knappe Viertaktgangarten, also gerade gebrochener Trab (Marcha Batida) oder Paß (Saddlegait) kommen vor. Das betrifft dann Pferde mit extrem geringer lateraler oder diagonaler Veranlagung, wobei letzteres sehr viel häufiger ist als ersteres. Das kaum lateral veranlagte Pferd kann man ja leicht als Dreigänger reiten, während ein Paßgänger meist wenig reiterlichen Genuß bietet.

Oder? Sind wir mit dem letzten Satz nicht wieder der Vorstellung aufgesessen, nur wer korrekt liefe, sei etwas wert? In der ersten Zeit der Islandpferdebegeisterung auf dem Kontinent kamen unzählige Pferde zu uns, die zumindest unter ihren wenig geschulten Reitern nie etwas anderes gingen als reinen Paß. Sie wurden trotzdem heiß geliebt und machten ihren Besitzern und deren Familien jahrzehntelang Freude. Und sicher wurden diese Menschen mit ihren Paßgängern glücklicher als die meisten modernen Cracks mit ihren Schleifenkästen!

Also: Stehen Sie zu Ihrem Pferd! Letztlich bestimmen nicht Rassetyp und Gang das gute Freizeitpferd, sondern nur das Maß an Liebe, das es in seinem Menschen erweckt.

Die Sache mit der Vorhandaktion

Je stärker der Showeffekt in den Vordergrund tritt, desto erwünschter wird Aktion.

Der Begriff „Vorhandaktion" bezeichnet den Raumgriff der Vorderbeine nach aufwärts-vorwärts. Je nach Pferderasse wünscht man sie sich weit und flach oder hoch und „stolz". Mitunter ist sie mit „Bügeln", einem Seitwärtsschlenkern der Vorderbeine aus dem Vorderfußwurzelgelenk heraus, verbunden.

Bei fast allen Gangpferderassen führt eine hohe Vorhandaktion zu besserer Turnierplazierung und gilt deshalb als wünschenswert. Dabei hat sie auf den Takt einer Gangart nur begrenzt Einfluß, und sie macht das Reiten auch nicht unbedingt bequemer. Im Gegenteil: Pferde mit hoher Aktion „werfen" oft mehr als solche mit flacher. Im Prinzip ist die ganze Angelegenheit also eher ein ästhetisches als ein reiterliches Problem. Besonders leicht kann man das anhand der Entwicklung im Dressursport und der deraus erwachsenden Zucht von Dreigängern mit mehr oder weniger Aktion verdeutlichen. Während der showorientierte Reiter des Barock spektakuläre „Knieaktion" schätzte und züchterisch förderte, wollte der Kavalleriereiter späterer Jahrhunderte eher Pferde, die kraftsparend über weite Strecken kamen. Die militärisch orientierten Reitmeister vollbrachten ihre ebenso bemerkenswerten Leistungen in der Dressur also auf Pferden mit geringerer Aktion. Der moderne Sportreiter wiederum wünscht sich die Gänge seines Dressurpferdes lang, flach und schwebend. Aber bei

Taugen Gangpferde zum Dressurreiten?

Dressur auf Gangpferden? Wenn sie so aussieht – warum nicht?

In diesem Buch raten wir Ihnen immer wieder zur Dressurarbeit mit Ihrem Gangpferd, aber vielen von Ihnen wird es passieren, daß Sie dabei nur verlacht werden. Manche Dressurtrainer lehnen Gangpferdereiter mit fadenscheinigen Begründungen ab, andere sagen ganz offen, daß sich diese Rassen ihrer Ansicht nach nicht zum Dressurreiten eignen. Nun muß man die Sache realistisch betrachten: Falls Sie vorhaben, die nächste Olympiade im Dressursattel zu bestreiten, so kaufen Sie sich besser kein Gangpferd! Auch der klassisch-iberische Weg zu Piaffe und Passage wird auf einem Isländer immer länger sein als etwa auf einem Friesen oder Andalusier – selbst dann, wenn das Pferd starke Trabveranlagung aufweist. Neigt es stärker zum Paß, so werden Sie dieses Ziel nie erreichen: Das Pferd hält die diagonale Gangart einfach nicht bis zu diesem Spannungsgrad, und wenn Sie jahrzehntelang üben!

allen unterschiedlichen Vorstellungen: Über die entscheidende Rolle des sauberen Trabtaktes in ihrer Kunst waren und sind sich alle Dressurreiter einig, und ein qualifizierter Turnierrichter wird den Takt immer stärker bewerten als die jeweils rassetypische Aktion.

Beim Gangpferd ist das natürlich auch nicht anders. Rein theoretisch gesehen, ist die Aktion auch hier nur Beiwerk, aber in der Praxis wird sie außerordentlich hoch benotet. Sehen wir uns die Sache also näher an.

Durch reelle reiterliche Einwirkung läßt sich natürliche Vorhandaktion um etwa 10 cm steigern.

Wie entsteht „Aktion"?

Mehr oder weniger hohe Vorhandaktion ist zunächst genetisch bedingt. Bei vielen, besonders bei barocken Pferderassen zeigen schon die jungen, noch nicht gerittenen Pferde viel Aktion, was auf gezielte Zucht „stolzer", „eleganter" Pferde über Generationen hinweg hindeutet. Allerdings hat die Sache auch Nachteile: Ein Pferd mit viel Aktion braucht immer mehr Energie für einen Schritt als eines mit weniger. Als Langstreckenpferde sind aktionsstarke Vertreter deshalb nicht sonderlich geeignet, und sie sind auch nicht sehr schnell. Die natürliche Auslese beim Lauf- und Fluchttier Pferd hätte die hohe Vorhandaktion also nicht gefördert, und selbst Reitervölker mit viel Freude am repräsentativen Tier übertrieben es im allgemeinen nicht mit der Aktionszucht. Was hätte man schließlich von einem Corrida-Pferd, das aufgrund übertriebener Vorhandaktion nicht mehr schneller ist als der Stier? Insofern hebt selbst ein aktionsstarkes Barockpferd seinen Unterarm gewöhnlich nicht über die Senkrechte hinaus, und auch eine so starke Aktion zeigt es meist nicht von Natur aus, sondern erst nach einigen Jahren der Ausbildung. Die Ausbildung des Pferdes spielt bei der Aktionsentwicklung nämlich die zweite, ent-

Nichtsdestoweniger ist Dressurreiten nützlich: für die Haltung des Pferdes, für Ihre reiterliche Fortbildung und ganz besonders für die Viertaktgangart. Fundierte Dressurarbeit macht jedes Pferd jeder Rasse leichtrittiger und schöner – und wie weit Sie letztlich kommen, hängt nicht nur von der Veranlagung des Pferdes, sondern auch von Übung und Bereitwilligkeit Ihres Vierbeiners ab.

Wenn ein Bereiter oder Reitlehrer das nicht einsieht, so schauen Sie sich nach einem anderen um. Wahrscheinlich haben Sie hier sowieso nichts versäumt. Einen guten Lehrer sollte die Aufgabe, mal ein ganz anderes Pferd mit anderen Anlagen zu trainieren, eher reizen als langweilen. Und falls bei Ihnen einmal Frust auftaucht, weil die anderen im Kurs so viel schneller vorwärtskommen: Gehen Sie ins Gelände und tölten (walken) Sie eine Runde! Dann wissen Sie die Qualitäten Ihres Pferdes wieder zu schätzen!

scheidende Rolle, aber dazu kommen wir gleich.

Die Gebrauchspferderassen unter den Gangpferden – allen voran der Isländer – können noch nicht über allzu lange Zeit hinweg auf Aktion hin gezüchtet worden sein. Auf der nordischen Insel – ebenso wie beim Zurücklegen der enormen Entfernungen im amerikanischen Süden – brauchte man keine „Strampler", sondern Pferde, die ökonomisch und schnell vorwärtskamen. Waren sie dabei auch noch bequem, so fand man das um so besser, aber Aktion war für den isländischen Bauern oder amerikanischen Landbesitzer sicher nur Beiwerk.

Das änderte sich, als das Gangpferd schwerpunktmäßig zum Sportpferd wurde, und hauptsächlich bei den Rassen, bei denen sich schnell eine Sportszene entwickelte. Heute wird Aktion in besonderem Maße vom Isländer, Saddler und Tennessee Walker erwartet, dazu natürlich vom Paso, der wohl die längste Showtradition aufzuweisen hat. Beim Missouri Foxtrotter, Mangalarga Marchador und anderen, immer noch als Gebrauchspferde gerittenen Rassen wird züchterisch nach wie vor weniger Wert auf Aktion gelegt. Sieht man sie in spektakulärer Aktion unter dem Reiter, so handelt es sich bei diesem höchstwahrscheinlich um einen Vertreter der sportlichen Gangpferdereiterei. Er hat gelernt, die Aktion auch beim mittelmäßig veranlagten Pferd zu steigern – mit mehr oder weniger erlaubten Mitteln ...

▸ Mehr Aktion durch gutes Reiten

Pferde mit viel natürlicher Vorhandaktion neigen oft dazu, mit wenig Raumgriff zu gehen. Darauf wie auch auf die Höhe der Aktion kann jedoch reiterlich eingewirkt werden. Im wesentlichen geschieht das dadurch, daß man das Pferd zunächst vorwärtsreitet, um die Schrittlänge zu vergrößern, und es dann „vorn leicht" macht, es also dazu bringt, sein Gewicht und das des Reiters verstärkt mit der Hinterhand zu tragen. Bei Barockrassen wird die Hinterhand dazu so gestärkt, daß sie letztlich die Levade, also ein Stehen auf den Hinterbeinen mit starker Hankenbiegung, aushält und dann auch noch die Kraft aufbringt, es nach oben in die Kurbette und die Kapriole zu schnellen. Um einen solchen Muskelaufbau zu erreichen braucht es jedoch Jahre des systematischen Dressurtrainings. Wenn Sie sich nun einen Tölter vorstellen, der sich zu einem aktionsstarken Renntölt mit einem einzigen Hinterbein abschnellt, so ist das durchaus mit den Leistungen des eben geschilderten Schulhengstes vergleichbar: Das Pferd braucht Kraft, Kraft kommt von Training, und Training braucht Zeit. Nicht zu Unrecht nannte man noch vor wenigen Jahren einen zehnjährigen Isländer das „Nachwuchspferd" seines Reiters. Gute Veranlagung und fünfjährige reelle Ausbildung schufen die Grundlage für Weltklassegänge.

Nach Ansicht amerikanischer Gangpferdetrainer ist es durch korrektes Training ohne künstliche Hilfsmittel möglich, die Vorhandaktion eines Pferdes um etwa 10 Zentimeter zu steigern. Barocke Dressurreiter dürften das bestätigen. Am Ende steht das Pferd, das seinen Unterarm etwa um 90 Grad anwinkelt und dann weit nach vorn ausgreift. Den Weg dorthin haben wir in früheren Kapiteln bereits beschrieben: Regelmäßig reiten, richtig treiben, das Pferd gymnastizieren und in jeder Hinsicht dazu ermuntern, seine Hinterhand verstärkt einzusetzen – monate- und jahrelang.

Nun sind die Anforderungen an ein Gangpferd (wie auch an viele Dressurpferde, die später geschilderten Manipulationsmethoden sind auch bei dreigängigen Rassen nicht unbekannt!) in den letzten Jahren erheblich gestiegen. Materialprüfungen, Auktionen und in Amerika auch hochdotierte Shows für zwei- und dreijährige Pferde verlangen bereits wenige Wochen nach dem Einreiten oder gar Jahre vor dem ersten Aufsitzen des Reiters spektakuläre Aktion. Wenn Sie jedoch einen Zweijährigen dazu bringen wollen, sich nur noch im Spanischen Schritt durch die Gegend zu bewegen, oder einen Dreijährigen im klassischen Viertaktcanter zeigen möchten, so geht das nicht durch Dressurarbeit und gutes Zureden! Wer hier erfolgreich sein will, greift fast zwangsläufig zu Zwangsmethoden ...

Beine hoch um jeden Preis

Als wir vor einigen Jahren die Mittel zur Gangpferdemanipulation publik machten, wurde uns u. a. vorgeworfen, wir gäben dem Freizeitreiter damit alle Informationen an die Hand, sein Pferd zu quälen. Und dabei, so fügten einige der Kritiker als klassisches Eigentor hinzu, stünde der Einsatz

Grundsätzlich ist der Einsatz von Glocken und Ketten nicht verwerflich.

solcher Methoden doch allenfalls dem Profi zu, der sie dosiert anwendet, damit das Pferd dabei keinen Schaden leidet.

Wir sind der Meinung, daß die Anwendung dieser Methoden niemandem zusteht. Ob ein Profispringreiter barrt oder ein Freizeitreiter – die Schmerzen für das Pferd und die mangelnde Fairneß gegenüber einem Konkurrenten, der ohne tierquälerische Methoden arbeitet, sind für uns das gleiche.

Das gilt auch für den Gangpferdesport. Mit der Schilderung der dazu manchmal angewandten Methoden möchten wir also keine Anweisung für Tierquälerei liefern – wer sich hierüber informieren wollte, hat dazu schon immer Mittel und Wege gefunden! – , sondern Reiter und Zuschauer aufklären und befähigen, kritischer hinzusehen. „Amerikanische Methoden" beginnen sich auch im europäischen Gangpferdesport einzuschleichen – und nur die Pferdekäufer, die Zuschauer bei Schauen und Turnieren, zusammengefaßt „der Markt rund ums Gangpferd", können hier vielleicht – hoffentlich! – noch regulierend einwirken.

GLOCKEN UND KETTEN

Einige Hilfsmittel zur Verbesserung des Ganges sind den meisten Freizeitreitern bekannt und wurden auch im Rahmen dieses Buches vorgestellt. Der Einsatz von Töltglocken und etwas schwererer Eisen ist grundsätzlich nichts Schlechtes, sondern kann dem Pferd sogar helfen, zu seinem Gang zu finden. Das gilt auch für die in Amerika favorisierten Ketten, die hierzulande oft als Inbegriff der Tierquälerei gelten. Bei alleiniger Verwendung entspricht ihre Wirkung ziemlich genau der von Glocken, eventuell etwas gesteigert durch die Bewegung oberhalb des Kronrandes und das klingelnde Geräusch. Besonders am Anfang greift das Pferd etwas weiter aus, um die lästigen Dinger „abzustrampeln", aber nur schlecht verschnallte Ketten schlagen auf den Kronrand und fügen dem Pferd damit Schmerzen zu. Gezielt wird das kaum ein

Der „Action-Trainer" – mehr lästig als schmerzhaft

Profi tun, denn es hinterläßt zu deutlich sichtbare Spuren.

Wie schon in früheren Kapiteln erklärt, verfolgt das Beschweren der Pferdebeine den Zweck, den beschwerten Huf etwas länger am Boden zu halten und damit den Zweitakt zum Viertakt hin zu brechen. Wird das ans Bein gebrachte Gewicht höher, so stellen sich auch noch weitere Wirkungen ein. So wird das Pferd zum Beispiel schneller, denn wie Sie leicht an sich selbst beobachten können, geht Gewichtheben besser mit Schwung. Hindert man das Pferd durch andere reiterliche Einwirkung (oder den Spanischen Reiter) daran zu rennen, so ersetzt es Geschwindigkeit durch Aktion. Ein mit viel Aktion hochgeschleuderter beschwerter Huf entwickelt automatisch auch Raumgriff, wenn auch natürlich nur in den Grenzen, die dem Pferd durch seinen Körperbau (Schulter) gesetzt sind. Probieren Sie ruhig einmal aus, wie weit Sie selbst „ausgreifen", wenn Sie zum Beispiel eine Hantel schleudern!

Aber all das ist noch nicht das Geheimnis der Ketten und Glocken. Ihre erstaunliche Wirkung auf die Aktion des Turnierpferdes beruht oft darauf, daß man nur selten allein damit arbeitet. Statt dessen werden sie im Training mit chemischen Mitteln kombiniert. Dabei lernt das Pferd, den durch die Einreibung erzeugten Schmerz mit dem Einsatz der Kette oder Glocke zu verbinden. Beim Turnier genügt es dann, die leichten Hilfsmittel anzulegen, um den gewünschten Effekt zu erzielen. Zudem baut das Pferd im Training Muskeln auf, wird auf die Dauer also auch ohne jedes Hilfsmittel stärkere Aktion und mehr Raumgriff zeigen.

AKTION DURCH GUMMIBÄNDER

Ein noch verhältnismäßig harmloses Trainingsmittel zur Erreichung dieses Muskelaufbaus ist der Einsatz des sogenannten „Action-Trainers". Hier handelt es sich um eine Form von Expander: Zwischen Sattel- bzw. Bauchgurt und Pferdehuf verlaufen straffe Gummibänder, die dem Pferd beim Aufsetzen der Vorhand Kraft abverlangen. Das Hochreißen des Hufes geht dagegen wie von selbst. Als einzigen Nachteil dieser sinnigen Konstruktion bezeichnen Trainer ihre Neigung, eine kurze Aktion zu fördern. In Amerika ist aber bereits eine Weiterentwicklung auf dem Markt, die auch Raumgriff „macht". Für das Pferd ist der Action-Trainer eher lästig als schmerzhaft – jedenfalls solange der Trainer es nicht übertreibt. Stundenlang angelegt dürfte er Muskelkater hervorrufen, und wenn man schon Jungpferde damit auf eine – einsame – Weide schickt, ist er sicherlich Gift für die Psyche.

VERÄNDERUNG DER HUFSTELLUNG

Schon durch die Verwendung nur eines Keiles – oder auch durch das Wachsenlassen der Zehe eines Pferdes – wird das Tier künstlich dazu gebracht, seine Vorhand zu entlasten. Bei bestimmten Korrekturbeschlägen ist das auch sehr sinnvoll. Bei Gangpferden gebraucht man es aber, um die Pferde künstlich auf die Hinterhand zu bringen. Das kann so weit gesteigert werden, daß die Pferde regelrecht auf Stelzen stehen, wie die berühmt-berüchtigten Pad-Horses unter den Tennessee Walkern.

Mit einer solchen Behandlung wird sehr schnell das gewünschte Resultat erzielt: Das Pferd tritt hervorragend unter und trägt sein eigenes sowie das Reitergewicht mit der Hinterhand. Die Muskeln und Sehnen der Hinterhand sind jedoch noch lange nicht dafür trainiert, es aufzunehmen. Die enorme Belastung verursacht im Extremfall so schweren Muskelkater, daß die betroffenen Pferde kreuzverschlagähnliche Erscheinungen zeigen. Wir haben in den USA fünfzehn Monate alte Fohlen gesehen, die in verzweifelter Agonie, mit glasigen Augen und zuckenden Hinterbeinen in ihren Boxen lagen – Trainingsalltag, wenn Manipulation zum Normalfall wird!

Auch sorgfältig vorbereitete Pad-Horses – verantwortungsvolle Trainer stellen die Pferde im Laufe einiger Wochen immer höher und nicht von einer Minute auf die andere – tendieren zu vorzeitigem Verschleiß.

CHEMIE

Die sicherste Methode, ein Pferd dazu zu bringen, sein Gewicht auf die Hinterhand zu verlagern, ist die, ihm beim Aufsetzen der Vorderhufe Schmerzen zuzufügen. In der Frühzeit des Gangpferdesportes tat man das schon mal durch gleichmäßiges Vernageln. Inzwischen gibt es „elegantere" Methoden.

Meist erreicht man den gewünschten Effekt durch Einreibung von Kronrand und Gelenk oberhalb des Hufes mit wärmeerzeugenden Mitteln. Die „harmloseren" darunter werden unter der Kette oder Glocke eingesetzt. Die Reibung der mechanischen Hilfsmittel auf der Haut verstärkt die Wärmeentwicklung, und das Pferd versucht, die störenden und vermeintlich den Schmerz verursachenden Glocken wegzuschleudern. So kommt es wieder zu höherer und weiterer Aktion.

Tiefere, also bis in die Gelenke wirkende Mittel erzeugen höhere Durchblutung. Dadurch soll im Huf selbst mehr Wärme und eine Ausdehnung der Blutgefäße erzeugt werden. Das Ergebnis ist eine „künstliche Hufrehe", die das Aufsetzen der Hufe schmerzhaft macht. Einige dieser Mittel müssen äußerst vorsichtig angewandt werden. Übertreibt man es nämlich, so steht auch das geduldigste Pferd nur noch auf den Hinterbeinen.

Typisch für so manipulierte Pferde ist ein „Tänzeln" auf der Vorhand. Der Zuschauer hält ihr hektisches Trippeln vor dem Turnierstart gewöhnlich für Nervosität. Das Aufsetzen der Vorhand beim Tölt wird dabei so weit wie möglich verzögert, der Boden nur „angetupft". Die Bewegung erscheint dem Betrachter faszinierend leichtfüßig und elegant. Gekonnt geritten zeigen solchen Pferde auch einen hervorragenden Trab. Klarer Rennpaß ist allerdings nicht mehr möglich. Er wird unweigerlich so stark gebrochen, daß es mit dem bloßen Auge sichtbar wird, und im allgemeinen ändert sich auch die Kopfhaltung in Richtung Tölt.

Der Einsatz von „Blendern" gehört bei amerikanischen Trainern zum Alltag.

BLIND TRAINIEREN

Mitunter arbeiten Gangpferdetrainer auch mit „Blendern", Kopfkappen, die dem Pferd die Sicht nehmen. Der Erfolg ihres Einsatzes beruht auf einer Verhaltensweise des Pferdes, die vom menschlichen Verhalten stark abweicht. Während wir nämlich beginnen, uns zögernd und verhalten zu bewegen, sobald wir blind sind, wird das Pferd schneller und macht längere Schritte. Das läßt sich beim Gangpferdetraining natürlich ausnutzen. Besonders skrupellose Trainer reiten oder führen das geblendete Pferd obendrein über Stangen oder schwieriges Gelände. Es lernt dann, die Beine höher zu nehmen.

„Schick" geblendet – auch diese „Scheuklappen" aus Südamerika verbessern den Gang.

Im Turnier sind Blender natürlich selbst im Manipulationswunderland USA verboten. Schließlich würden sie hier ja auch das Bild des ausdrucksstarken Walkers oder Tölters stören. Statt dessen benutzen manche Trainer Augentropfen, um die Pupille zu erweitern und das Pferd damit chemisch eine Zeitlang zu blenden.

„RASSETYPISCHE" MANIPULATIONEN

Die oben geschilderten Manipulationen funktionieren bei allen Gangpferderassen. Lediglich das „Auf-Stelzen-Stellen" verträgt der Tölter nicht so gut wie der Walker, aber das ist hierzulande ohnehin verboten.

Warum klappt's nur beim Passer? – Naturwalker/-tölter und Manipulation

Wir haben bereits mehrfach erwähnt, daß Gangmanipulation um so wirkungsvoller ist, je stärker das manipulierte Pferd zum Paß veranlagt ist. Die Aktion des echten Naturtölters oder Naturwalkers läßt sich dagegen kaum beeinflussen. Um zu verstehen, warum das so ist, stellen Sie sich am besten eine Waage vor, die im Gleichgewicht steht. Genauso voll ausbalanciert bewegt sich der Naturtölter/-walker unter seinem Reiter. Bringt man nun Gewichte an den Vorderbeinen des Tieres an – oder verändert die Balance anderweitig, indem man zum Beispiel extrem weit hinten sattelt – , so geht das Gleichgewicht verloren. Das Pferd wird meist zunächst zu trabig,

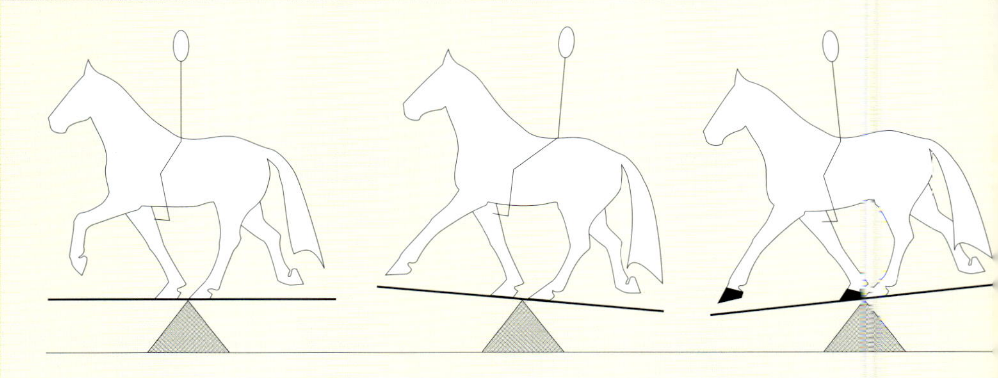

Stellt man sich ein Pferd auf der Waage vor, so bewegt sich der Naturtölter im Gleichgewicht oder mit leichter Aufwärtstendenz. Beschwert man seine Vorderhufe, so läuft er auf der Vorderhand und kommt aus dem Takt.

Sie werden allerdings nicht überall gleich angewandt. Der hypertemperamentvolle Saddler steckt zum Beispiel erheblich weniger Chemieeinsatz weg als die gelasseneneren Isländer oder Tennessee Walker. Letztere brauchen allerdings noch ein Spezialtraining, denn beim manipulierten Walk schwindet das rhythmische Kopfnicken. Da die Turnierrichter es sehen wollen, bringt man es den Pferden mit Hilfe spezieller Trainingszäume wieder bei.

Beim American Saddle Horse wird die Schrittlänge im Training nach vorn begrenzt, damit aller Raumgriff nach oben geht und in Aktion umgewandelt wird. Dazu reitet oder fährt man die Jungpferde mit Ketten zwischen den Vorderbeinen. Die Wirkung solcher Maßnahmen läßt sich noch steigern, indem man einen durchgeschnittenen Golfball zwischen den Huf und eine Leder- oder Kunststoffsohle legt, etwa in Höhe der Strahlspitze. Das verursacht Schmerzen beim Auftreten, und schon hat man wieder den edlen Tänzeleffekt. Zur Verbesserung der Haltung wird das junge Pferd zusätzlich mit Overcheck und Sidecheck gearbeitet. Die noble Halsform und -haltung erzielt man durch Schwitzpackungen und/oder mechanische Hilfsmittel. In Extremfällen steckt der Kopf der Pferde täglich stundenlang in einem an der Boxendecke aufgehängten Autoreifen.

Auch das Islandpferd braucht etwas mehr als Töltaktion, wenn es wirklich hohe Beurteilungen in Zucht und Sport erreichen soll. Hier ist jedoch keine besondere woraufhin der Reiter versucht, es durch Zügelzug wieder in die Balance zu zwingen. Davor flüchtet es unter Umständen in verspannten Paß. Klarer Tölt (Walk) mit höherer Aktion erhält man auf keinen Fall.

Das stärker paßveranlagte Pferd bewegt sich dagegen von Natur aus nicht im Gleichgewicht. Es neigt fast immer zur vermehrten Arbeit auf der Vorhand. Beschwert man nun seine Vorderbeine, so bringt man die Waage in Balance. Das Pferd töltet (walkt) sicherer und mit mehr Aktion. Insofern kann leichte Nachhilfe durch etwas schwereren Beschlag dem Pferd mit starker Paßneigung durchaus helfen, zum Gleichgewicht unter dem Reiter zu finden. Einem Pferd dieses Defizit jedoch gezielt anzuzüchten, um es dann durch übersteigerte Maßnahmen wieder ausgleichen zu können, ist selbstverständlich verwerflich!

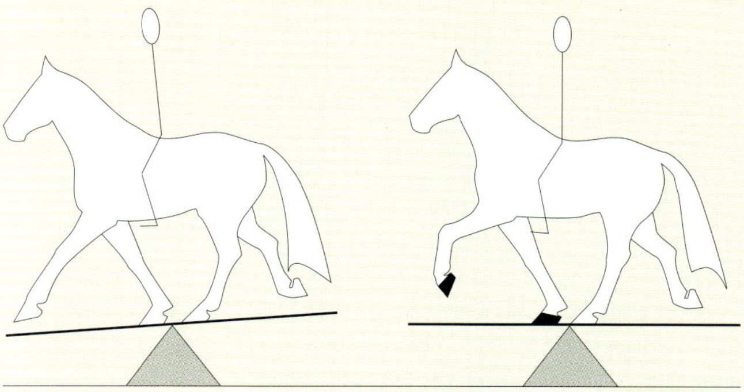

Der Paßtölter zeigt von Natur aus Abwärtstendenz. Das läßt sich durch Manipulation leicht beheben – und ins Gegenteil verkehren.

Schweifhaltung oder Halsung, sondern extremes Temperament gefragt. Zeigt das Pferd dies nicht von sich aus, so sperrt man es vor der Schau tagelang in eine abgedunkelte Box und bewegt es nicht. Sieht es dann zum ersten Mal seit Tagen die Sonne, so zeigt es verstärkten Gehwillen. Von dieser Maßnahme sind vor allem junge Pferde betroffen, die auf Materialprüfungen immer früher immer mehr Aktion und Vorwärtsdrang – aber um Himmels willen keine zu große Menschenbezogenheit! – zeigen sollen.

BEWEISE FÜR KONKRETE FÄLLE?

Woran erkennt man nun aber das manipulierte Pferd? Wäre es nicht möglich, einen oder mehrere Bereiter zu entlarven und damit einen Eklat auszulösen wie die berühmte Schockemöhle-Affaire im Springsport?

Abgesehen davon, daß es nicht allzuviel nützen würde, einen Sündenbock zu schaffen – die Aufdeckung von Gangpferdemanipulation ist außerordentlich schwierig. Genau wie beim Barren im Springsport müssen die Hilfsmittel ja nicht im Wettkampf selbst eingesetzt werden, sondern finden oft nur im Training Anwendung. Natürlich gibt es gewisse Indizienbeweise, die auf manipulierte Pferde hindeuten. Da ist zum Beispiel das schon erwähnte Trippeln vor dem Auftritt im Turnier – manche Pferde müssen von mehreren Helfern mit Brachialgewalt gehalten werden, bevor sie endlich im Renntölt in die Bahn können. Aber das kann auch Aufregung und schlich-

Längerfristige Auswirkungen

Abgesehen von der Tierquälerei am Einzelpferd, ist Gangpferdemanipulation auch aus zuchtplanerischen Gründen abzulehnen. Sie verwischt nämlich die Unterschiede zwischen Pferdeindividuen: Der künstlich „aufgepeppte" Paßgänger ist vom Trabtölter heute nicht mehr zu unterscheiden, der zwangsweise eingetöltete Dreigänger kann problemlos als großer Viertaktvererber vermarktet werden. Zumindest der Freizeitreiter kann die Gangveranlagung eines ihm als Reitpferd oder als Deckhengst für seine Stute angebotenen Pferdes in keiner Weise einschätzen. Dazu mangelt es ihm auch an Insiderwissen.

Bei der heutigen Verflechtung zwischen Zucht, Pferdehandel und Pferdeausbildung im Gangpferdesport sind die Profis kaum daran interessiert, leichttrittige Pferde hinterm Haus von Lieschen Müller aufwachsen zu sehen! Nur wenige werden den Freizeitreiter bei der Zuchtauswahl objektiv beraten. Und so kommen denn oft genug kleine Paßgänger im heimischen Offenstall zur Welt, obwohl man sich doch solche Mühe mit der Auswahl des trabveranlagten Deckhengstes für die eigene, etwas stark lateral veranlagte Stute gegeben hat. Damit das Fohlen dann Schauerfolge erringen kann, braucht es wieder einen Trainer ...

tes Angsttemperament sein. Da ist der „Spanische Schritt", der keinem Pferd angeboren ist, aber mitunter von Gangpferden als langsamste Gangart gezeigt wird – ebenso anormal wie der klassische Vierschlagcanter beim ganz jungen Pferd. Der Reiter wird hier allerdings mit dem Argument „Ausnahmepferd" kommen, und sicher findet sich jemand, der bestätigt, das Pferd habe diese Gänge auch schon als Fohlen gehabt ...

Typisch für manipulierte Pferde, die während der Arbeit Schmerzen leiden, ist auch ein betont „wacher", leuchtender Blick. Die Pferde scheinen „ganz da" und begeistert bei der Sache zu sein. Tatsächlich beruht das Ganze auf dem durch Aufregung und Schmerz verursachten verstärkten Ausstoß von Endorphinen, also körpereigenen Morphinen. Und bleibt der Effekt einmal aus und das Pferd schaut konsequent leidend, so hilft man zumindest in den USA mit einem Schuß Adrenalinspray in jedes Nasenloch nach ...

Experten erkennen chemische Manipulation oft auch am Haarwuchs. Durchblutungsfördernde Mittel regen den Fellwuchs an und führen oft zu lockigem Haar. Das kann aber auch eine persönliche Eigenheit des Pferdes sein – und darüber hinaus ist der Einsatz der Schermaschine schließlich nicht verboten.

Die glasklare Entlarvung einzelner Reiter wird also auf sich warten lassen. Der Freizeitreiter kann höchstens Verdachtsmomente sammeln und sich gut überlegen, ob er wirklich dem spektakulärsten Tölter zujubelt oder einem harmonisch gehenden Pferd mit normaler Aktion. Und wer selbst Ambitionen hat, sein Pferd an der Spitze mitlaufen zu sehen, sollte lange darüber nachdenken, ob sein Liebling wirklich das Potential hat, es ohne Hilfsmittel zu schaffen! Oft wenden Trainer Manipulation nämlich nur „unter Druck" an. Der Kunde ist König, und wenn man Hengst A nicht mit allen Mitteln durch die Körung spediert, dann findet sich sicher jemand anders, der es tut. Moralisch fragwürdig, klar, aber auch ein Gangpferdetrainer will leben. Also wie gesagt: Wir sind der Markt! Nur eine veränderte Einstellung zum Sport und zur Aktion wird für die Pferde etwas ändern!

Wenn Sie doch mal Hilfe brauchen – die Wahl des richtigen Trainers

Besonders im Islandpferdebereich ist das Ausbilder- und Trainerangebot inzwischen fast flächendeckend. Daraus ergeben sich aber die gleichen Probleme, die auch im Bereich des konventionellen Reitens bestehen: Quantität ist nicht immer gleich Qualität, und Anfängern und verunsicherten Pferdebesitzern fällt es schwer, die Spreu vom Weizen zu trennen.

Nicht jeder, der sich als Ausbilder anbietet, hat auch eine entsprechende Qualifikation, und selbst wenn er eine Prüfung oder einen Trainerschein nachweisen kann, sagt das nicht unbedingt etwas über seine Kenntnisse der klassischen Reitkunst. Mit Hilfe eines guten Pferdes sind Gangpferdeprüfungen relativ leicht zu bestehen, und was amerikanische Trainerscheine angeht – die gibt es oft schon gegen ein paar Dollar und die Empfehlung einiger gebürtiger Amerikaner! Einige „Gangpferdetrainer" machen sich denn auch gar nicht erst die Mühe mit dem Können schwarz auf weiß. Sie handeln einfach mit Pferden der von ihnen favorisierten Rasse und bieten dazu Reitkurse oder Beritt an. Wieder andere werben mit ihren Turniererfolgen und scharen sehr rasch eine Gruppe von ehrgeizigen und folglich ziemlich kritiklosen Bewunderern um sich. Hindern kann sie daran keiner, die Berufsbezeichnungen „Reitlehrer" und „Bereiter" sind nach wie vor nicht geschützt.

Insofern sollten Sie genau hinsehen, wem Sie sich und Ihr Pferd zur Ausbildung anvertrauen. Lassen Sie sich nicht durch Kumpelhaftigkeit und zwangloses Auftreten täuschen. Bereiter sind fast immer nett. Die meisten von ihnen handeln schließlich mit Pferden und streben insofern eine gewisse Kundenbindung an: Auch wenn Sie jetzt mit einem selbstgezogenen oder anderswo erstandenen Pferd kommen – Ihr nächstes Pferd soll von ihnen sein. Die schwarzen Schafe der Zunft werden auch sehr schnell versuchen, Ihnen Ihr aktuelles Reitpferd madig zu machen.

Lassen Sie sich davon nicht beirren. Ein guter Ausbilder sollte immer versuchen, Ihnen gemeinsam mit Ihrem Pferd weiterzuhelfen, besonders wenn es nur Gangprobleme sind, die Ihre Beziehung be-

Ein Trainer sollte individuell auf Sie und Ihr Pferd eingehen.

lasten. Die lassen sich nämlich in aller Regel durch Unterricht lösen, während sie durch einen Pferdewechsel meist nur verschoben werden: Fast immer zeigt das neue Pferd bald das gleiche oder ein vergleichbares Problem.

Vorsicht auch bei Ausbildern, die Ihnen einreden wollen, daß an sich alles ganz einfach sei: Ein Beritt bei ihnen, und Ihr Pferd würde schon „funktionieren". Ein Bereiter, der Sie wirklich ernst nimmt, wird Ihnen die Ursachen der Probleme verständlich erklären und Sie nicht darüber im unklaren lassen, daß ihre Beseitigung Zeit und Arbeit und vielleicht auch Abkehr von liebgewordenen Gewohnheiten (bierselige Vereinsausritte mit Töltrennen) fordern kann.

Wie erkennen Sie nun den geeigneten Bereiter? Achten Sie zum Beispiel auf folgendes:

1. Reiterfahrung

Wer dieses Buch gelesen hat, weiß inzwischen, daß Gangpferdereiten keine Reitweise ist, sondern eine Erweiterung der reiterlichen Fertigkeiten. Ein/e gute/r Lehrer/in sollte deshalb über möglichst fundierte allgemeine Reitkenntnisse verfügen. Fragen Sie also nach seinem/ihrem Werdegang:

Ist er/sie schon als Kind geritten?

Hat er/sie vielleicht eine Ausbildung als Berufsreiter im konventionellen Bereich oder zumindest eine Reitabzeichenprüfung auf Dreigängern absolviert?

Wann und warum ist er/sie zum Gangpferdereiten gewechselt?

Wie steht es mit Erfahrungen in verschiedenen Reitweisen?

An welchem klassischen Ausbilder (oder erfahrenen Westernausbilder) orientiert er sich am ehesten?

Die Lektüre welcher Bücher würde er Ihnen vorschlagen, damit Sie Ihr Pferd besser verstehen und nach dem Beritt besser nachreiten können?

Sie können auch durchaus nach Turniererfolgen in verschiedenen reiterlichen Disziplinen fragen. Dabei finden Sie zumindest heraus, ob der Meister wirklich aus Überzeugung vom Springen zum Islandpferdereiten gewechselt ist oder nur deshalb, weil er in ersterem Sport erfolglos war ...

2. Theoretische Kenntnisse

Wahrscheinlich könnte man die Spreu vom Weizen im Ausbilderbereich sehr schnell trennen, wenn man den Bereiter vor Antritt des Beritts die Gangdiagramme von Walk und Tölt aufzeichnen ließe. Schon bei der schlichten Unterscheidung der wichtigsten Viertaktgangarten zeigen sich nämlich oft die ersten Defizite. Leider läßt sich ein solcher Test kaum durchführen, ohne den Ausbilder vor den Kopf zu stoßen. Mit etwas Phantasie finden sich aber vielleicht andere Testfragen.

Lassen Sie sich zum Beispiel erklären, ob Ihr Pferd eher ein Trab- oder ein Paßtölter ist und wo die Unterschiede liegen, oder stellen Sie einfach die Fragen, die Ihnen speziell am Herzen liegen. Die Antworten darauf sollten verständlich und nachvollziehbar sein. Witzelt der Ausbilder nur herum, zeigt er sich arrogant oder lassen sich seine Antworten, genau abgeklopft, zu einem einfachen „Das ist nun einmal so" zusammenfassen, dann suchen Sie besser einen anderen.

3. Reiterfahrung auf Gangpferden

Es spricht für einen Bereiter, wenn er sich für viele verschiedene Gangpferderassen interessiert und Erfahrungen mit ihrem Beritt gesammelt hat. Natürlich, einige sind dabei schwerpunktmäßig auf der Suche nach neuen Methoden der Manipulation, aber im großen und ganzen ist Weltoffenheit ein Plus. Insofern können Sie es auch meist positiv beurteilen, wenn Pferde unterschiedlicher Rassen – vielleicht auch Dreigänger zur Dressurausbildung! – zum Beritt auf dem Hof stehen.

4. Verhältnis zu den Pferden

Beauftragen Sie einen Bereiter besser nicht, bevor Sie ihn gesehen haben – sowohl beim Reiten als auch beim Umgang mit seinen Pferden. Am besten fahren Sie einen Tag lang auf seinen Hof, um den Betrieb in Ruhe anzusehen und mitzuerleben. Fast überall werden Pferde auch sonntags geritten und verkauft, insofern ist das keine große Sache. Melden Sie sich an und bitten Sie um ein Beratungsgespräch. Vorher und hinterher schauen Sie zu und prüfen die folgenden Fragen:

- Arbeiten die Pferde hier gern mit, oder verkriechen sie sich in der letzten Ecke, wenn der Meister den Auslauf betritt?
- Wirken die Arbeitseinheiten mit den Pferden geschäftsmäßig und übertrieben rasant, oder wird ruhig mit viel Lob gearbeitet? Natürlich muß ein Bereiter mehrere Pferde nacheinander „dran nehmen", wenn er oder sie im Laufe des Tages etwas schaffen will. Zum langen Putzen und Knutschen zwischendurch hat er verständlicherweise keine Zeit. Mit etwas Feeling erkennt man aber trotzdem den Unterschied zwischen dem Fließbandarbeiter und dem sensiblen Bereiter. Und wenn es nur daran liegt, daß letzterer seine Berittpferde in der Regel mit Namen kennt ...
- Wird mit Hilfszügeln gearbeitet, und tragen die Pferde atembeengende Zäumungen? Hierbei ist natürlich zu beachten, daß man sonntags am ehesten Verkaufspferde bei der Arbeit sieht, die dann natürlich nicht mit Hilfszügeln ausgestattet sind. Auf Islandpferdehöfen sind Hannoversche Reithalfter zudem derart die Regel, daß Sie kaum einen Hof finden werden, wo sie nicht verwendet werden. Der/die Bereiter/in kann trotzdem weit besser sein als der Durchschnitt.
- Auch die Atmosphäre auf dem Hof kann einiges aussagen. Wird nur fürs Turnier trainiert, oder sieht man auch Leute beim Putzen und Grasenlassen ihrer Pferde? Reden die Einsteller und Angestellten über Pferde und ihre Eigenheiten oder nur über Erfolge?

Und zu guter Letzt: Schauen Sie sich den Bereiter auf dem Pferd an! Wenn Sie reiterlich so weit sind, daß Sie selbst ein Pferd haben und reiten wollen, sollten Sie erkennen können, ob er richtig sitzt und ob das Pferd gelassen und versammelt arbeitet. Weicht der Sitz des Meisters stark vom klassischen Ideal ab, reitet er mit starker Zügelanlehnung, gehen die Pferde mit hochgerissenem Kopf in Außenstellung um die Kurven der Reitbahn und zeigen sie offensichtliche Übernervosität und Angsttemperament, so ist das mit Sicherheit falsch. Suchen Sie sich und Ihrem Pferd einen anderen Ausbilder! Ganz gleich, wie viele Pokale der Experte vielleicht schon im Schrank stehen hat!

Die Hauptrolle spielt Harmonie.

Schlußwort: Gangpferde als Partner

Am Anfang dieses Buches haben wir Ihnen gesagt, daß das Reiten von Tölt und Walk keine besondere Reitweise darstellt. Wir wollten Ihnen die weiterführenden Kenntnisse vermitteln, die das Reiten von Spezialgangarten erfordert, und hoffen sehr, daß uns das zumindest theoretisch gelungen ist. Die Praxis müssen Sie sich wie bei jedem Reiten selbst und/oder mit Hilfe eines guten Lehrers erarbeiten. Das dauert, aber es lohnt sich.

Zum Schluß möchten wir noch ein paar Worte zu den Pferden sagen: Wie Gangpferdereiten keine besondere Reitweise ist, so unterscheiden sich auch Gangpferde nicht übermäßig von ihren dreigängigen Artgenossen. Natürlich ist Ihr Glaumur oder Ihre Love ein ganz besonderes Pferd – aber nicht deshalb, weil es sich zufällig um einen Isländer oder Tennessee Walker handelt, sondern deshalb, weil jedes Pferd ein ganz eigenes und liebenswertes Individuum darstellt. Die Tatsache, daß ein Pferd zusätzliche Gangarten zeigt, macht es nicht belastbarer für Importe und Zwangsmaßnahmen. Sie sichert keinen besonders umgänglichen – oder leidensfähigen! – Charakter und hat keinen Einfluß auf Robustheit und Gesundheit. Ein Reitpferd ist immer das Ergebnis von Veranlagung und Erziehung. Sie als sein Besitzer haben es in der Hand, ob es scheu und „respektvoll" vor Ihnen zurückweicht oder vertrauensvoll herankommt und gern mit Ihnen zusammen ist, ob es seine Arbeit verkrampft und voller Angst verrichtet oder entspannt in gelöster Stimmung.

Bereiter und Verkäufer können Ihnen das nur bedingt abnehmen. Hüten Sie sich also vor der Konsumentenmentalität, die im Gangpferdebereich aus kommerziellen Gründen leider gern gefördert wird. Wenn Sie ein Pferd erstehen, so kaufen Sie kein mehr oder weniger gut funktionierendes Produkt mit Umtauschgarantie, sondern Sie gehen eine Partnerschaft ein. So etwas ist immer mit Glück, aber auch mit Konflikten verbunden: Ihr Pferd kann und wird austesten, wie weit es bei Ihnen gehen kann. Es kann mal aufmüpfig oder frech sein – aber dann auch wieder aufmerksam und gelehrig. Sie werden lernen müssen, seine Stimmungen zu erkennen und zu interpretieren, im richtigen Moment streng zu sein oder die Zügel zu lockern. Umgang mit Pferden ist Interaktion, das macht ihren Reiz aus.

Wir möchten Sie hier nochmals ermuntern, Ihr Gangpferd als Individuum kennen- und schätzen zu lernen und sich von den Zwängen rund um das Reiten von Tölt und Walk zu befreien. Lassen Sie sich Ihr Zusammensein mit Bangsi oder Furiosa nicht dadurch verderben, daß der restliche Verein permanent bis vier zählt! Die zusätzliche Gangart ist *ein* Aspekt in Ihrem gemeinsamen Leben, und vielleicht sogar ein wichtiger. Aber später, wenn Ihr Pferd einmal alt ist, sollten Sie sich an mehr erinnern können als an das möglichst rasante Umrunden einer Ovalbahn.

Also: Mut zur Partnerschaft und zur Freude am Pferd! Mut auch zur Ehrlichkeit: Wenn Sie sich auf Ihrem alten Paßgänger am wohlsten fühlen, warum sollten Sie sich dann einen neuen Supertölter zulegen? Und verkaufen Sie um Himmels willen nicht Ihren Haflinger oder Traber, nur weil Ihr Nachbar jetzt einen Saddler hat!

Sehen Sie Ihr Leben mit Ihrem ganz besonderen Pferd als ein Zusammenspiel: Ob im Dreitakt, im Viertakt oder in welchem Takt auch immer:

Die Hauptrolle spielt Harmonie!

Zum Nach- und Weiterlesen

Adalsteinsson, Reynir: Reynirs Islandpferde-Reitschule, Franckh Kosmos 1998
Gohl/Dresel: Das schwierige Pferd, Franckh Kosmos 1995
Haller, Martin: Der Kosmos Pferdeführer, Franckh Kosmos 1994
Holtappel, Antje: Go West – für Einsteiger, Aussteiger und Umsteiger, Franckh Kosmos 1996
Kapitzke, Gerhard: Barocke Pferde, Franckh Kosmos 1997
Spohr, Peter: Die Logik in der Reitkunst, Olms Presse, Documenta Hippologica, 1979
Stern, Horst: So verdient man sich die Sporen, akt. Neuausgabe, Franckh Kosmos 1998
Tellington-Jones, Linda: Die Linda Tellington-Jones-Reitschule, Franckh Kosmos 1996

Englischsprachige Literatur zum Thema:
Green, Ben: Biography of the Tennessee Walking Horse, Neubearb., Four Craftsmen Publishing 1996
Imus, Brenda: Heavenly Gaits – The Complete Guide to Gaited Riding Horses, Breakthrough Publications 1982
Imus, Brenda: Gaits of Gold: Selecting, Fitting and Training of the Naturally Gaited Horse, Cross Over Publications 1998
Jackson, Allanna Lea: Backyard Walkin' Training Tips, Four Craftsmen Publishing 1992
Musselman, Judy: The Saddlebred: America's Horse of Distinction, Harmony House Pub., Louisville 1991
Webb, Joe: The Care and Training of the Tennessee Walking Horse, Selbstverlag Lamar, Arkansas
Womack, Bob: The Echo of the Hoofbeats, Dabora Inc., Shelbyville 1984

Register